L'INVESTIGATION EN CRIMINALITÉ FINANCIÈRE

Pr. Kelly Mua Kingsly

IEM PRESS

PO Box 831001, Richardson, TX 75080

A Subsidiary of IEM APPROACH

IEM PRESS (PO Box 831001, Richardson, TX 75080) a le plaisir de présenter cet ouvrage ainsi que son auteur. Les opinions exprimées dans cet ouvrage sont celles de l'auteur. IEM Press offre notre label d'impression, synonyme d'excellence de conception, de contenus créatifs et de production de haute qualité.

ISBN: 978-1-947662-82-7
Numéro de contrôle de la Bibliothèque du Congrès: 2020907433

Table des matières

Préface

Le crime financier est la menace la plus insidieuse pour notre mode de vie, nos marchés et nos économies. Ayant lui-même été, comme citoyen lambda de la communauté internationale, victime d'un crime financier, cela était particulièrement pertinent pour mon cher ami et collègue (le **Pr Kelly Mua Kingsly**) de concevoir une œuvre aussi documentée. Comme l'a récemment illustré la grande récession à travers le monde, la criminalité financière est une importante préoccupation tant pour les marchés que pour les citoyens de toutes les nations. La grande récession a montré que le crime financier est un problème prolifique qui affecte chaque individu de la communauté. Indépendamment des investissements dans l'immobilier ou dans les valeurs mobilières, comme Bernie Madoff l'a douloureusement démontré à plusieurs des investisseurs les plus avertis de Wall Street, en les dépouillant de milliards de dollars. Beaucoup ont perdu toutes leurs épargnes et n'avaient absolument aucun moyen de recours pour demander des réparations ; tandis qu'en raison d'autres pratiques louches ou contraires à l'éthique, beaucoup d'autres ont perdu leur plus gros investissement, le capital de leurs maisons.

Le fait que ces crimes affectent tous les membres de la société, indépendamment de leur classe, de leur profession ou de leur statut, amène inévitablement le lecteur à s'arrêter un moment pour prendre la pleine mesure de l'ampleur et de la portée des crimes financiers dans sa communauté. De plus, ce livre traite de la disparité de perception entre la criminalité « violente » et la criminalité financière ou « en col blanc ». Il met en lumière, d'une part, la manière dont les crimes violents n'affectent généralement qu'un individu ou un petit groupe de personnes et, d'autre part, la façon dont les crimes financiers affectent non seulement les marchés et des nations entières, mais aussi l'ensemble de la communauté mondiale. Il m'a paru clairement, en lisant et en relisant ce travail passionnant et même parfois teinté d'humour, que ce livre traite en réalité de l'éthique des affaires, et de la manière dont l'environnement et la pression des affaires conduisent les uns et les autres à tout miser sur le résultat de leur entreprise sans se soucier des conséquences économiques pour la nation ou la communauté internationale.

Ma chère amie et collègue Asifa Baig du gouvernement prudentiel de l'Ontario a récemment écrit : « L'idée que les entreprises n'ont pas une plus grande responsabilité envers la communauté est un suicide économique... où est la responsabilité des entreprises envers leurs communautés ? » Elle a ensuite inventé la notion de *Return on Humanity (ROH),* ou « retour pour l'humanité », déclarant : « le retour pour l'humanité est un concept qui devrait être ajouté à tous les bilans des entreprises. » De plus, ce qui rend les délits financiers si insidieux, ce sont les nombreuses déclinaisons à travers lesquelles ils se manifestent. L'année dernière, alors que je travaillais avec le ministre des Finances à la retraite de l'Ukraine, le Dr Volodymyr Ryaboshlyk, un « Prince » est passé au-dessus de moi et l'a contacté directement pour « le rencontrer en secret » et « échanger de l'argent non traçable » afin de fournir un financement de démarrage pour un projet à venir. Les phrases reprises entre guillemets ont soulevé des signaux d'alarme pour toutes les personnes impliquées et suscité de profondes préoccupations non seulement à l'égard des origines probablement illégales des prétendus fonds, mais aussi pour la sécurité personnelle de mon ami et collègue si une telle réunion était organisée.

Cet ouvrage rédigé de mains d'expert répond à ces préoccupations, permettant ainsi à tout lecteur, même occasionnel, d'avoir une connaissance approfondie de l'investigation en criminalité financière. Que vous visiez un poste dans un service d'investigation financière au sein d'un département ministériel ou d'une autorité de réglementation, que vous soyez un investisseur souhaitant avoir le cœur net avant de vous lancer dans un projet, ou tout simplement un citoyen curieux cherchant à faire la différence dans votre environnement local, ce livre est pour vous. Il s'adresse à tous les rédacteurs politiques professionnels, universitaires, étudiants, et à tous ceux qui attachent un grand prix à la vertu et au bien-être de l'humanité.

Lee Common
Fondateur, Creative Movement in Sovereign Wealth and Sovereign Wealth US

PRELUDE

Les crimes financiers dus à l'essor rapide des technologies de l'information et de la communication ont fait un bond en avant. Il s'agit d'un phénomène dont nous parlons, dont nous nous plaignons, dont nous reconnaissons l'impact négatif, mais pour lequel notre niveau de tolérance est incroyablement élevé. L'investigation et la poursuite efficaces des fraudes et autres crimes en col blanc sont toujours aussi difficiles aujourd'hui qu'elles ne l'étaient en 1948, lorsque la division anti-fraude de la Metropolitan and City of London Police Company a été créée pour faire face à l'augmentation des cas de fraude observée après la deuxième Guerre mondiale « Perry novy ».

Au cours des 30 dernières années, la criminalité financière est devenue une source de préoccupation grandissante pour les gouvernements du monde entier. Il est aujourd'hui mondialement reconnu que la prévalence de la criminalité à motivation économique dans de nombreuses sociétés constitue une menace importante pour le développement et la stabilité des économies. Les délits financiers sont une forme de vol/larcin qui survient lorsqu'une personne ou une entité prend de l'argent ou des biens ou les utilise de manière illicite dans le but d'en tirer un avantage. Ce livre présentera au lecteur les différents types de crimes financiers, tels que la corruption, la contrefaçon, la fraude par carte de crédit, le détournement de fonds, le blanchiment d'argent, l'évasion fiscale, les crimes financiers organisés, les délits financiers transnationaux et le financement du terrorisme.

L'organe judiciaire prend une part active à la lutte contre phénomène plutôt difficile à enrayer, et qui explique le ralentissement observé dans le processus de développement des pays émergents. L'on ne saurait trop insister sur le rôle de la police dans cette lutte. Cependant, s'il vrai qu'il faut être deux pour danser un tango, cette lutte ne concerne pas pour autant seulement les corps juridique et judiciaire. Le recours à l'investigation en criminalité financière sous-entend qu'une infraction ou infraction présumée a été commise, ce que le processus juridique permettra certainement de déterminer et de réprimer, si la faute est avérée.

Ayant compris le problème soulevé par ce prisme, l'on intègre aisément qu'il s'agit d'une conséquence de l'effondrement de la société qui a conduit à cette pratique. Si nous devons chercher un coupable ; il est impératif qu'en tant que peuple, nous commencions par assumer la responsabilité de ce que nous avons fait pour perpétrer cet acte. Ce n'est qu'en assumant la responsabilité de notre action ou de notre inaction que nous pourrons aider les institutions en place à juguler ce crime au cours de l'enquête.

Ces articles visent à éclairer des questions importantes concernant le concept d'investigation en criminalité financière et les obstacles à cette activité.

Au terme de la lecture de cet ouvrage minutieusement élaboré, le lecteur sera en mesure de :

- Recenser les principales composantes de la criminalité financière ;
- Définir les bases de l'investigation en criminalité financière ;
- Décrire le lien entre les principes comptables et l'investigation en criminalité financière ;
- Décrire comment le droit et les règlements en matière de criminalité sont liés à l'investigation sur les délits économiques ;
- Expliquer le rôle de la technologie dans l'étiologie du crime financier et la lutte contre la criminalité financière ;
- Appliquer les principes comptables appropriés dans les entreprises et les gouvernements ;
- Effectuer des analyses quantitatives et qualitatives des données relatives à des crimes financiers et interpréter les résultats de ces analyses ;
- Faire la distinction entre les comportements éthiques et contraires à l'éthique dans l'investigation en criminalité financière ; et
- Communiquer efficacement sur la prévention des délits financiers.

Gregory Oliver W. Coleman
Inspecteur général, Police nationale libérienne

CHAP 1 :

La criminalité financière : généralités, points communs et convergences

La criminalité financière : généralités

Le monde est inondé de criminalité financière. Aucune personne ni organisation, publique ou privée, laïque ou religieuse, à but lucratif ou non lucratif n'est à l'abri. Les auteurs de crimes financiers se présentent sous plusieurs formes, utilisant souvent comme couverture des sociétés écrans ou des entités légales fictives pour mener à bien leurs activités criminelles.

Les revenus immenses des criminels financiers et de leurs complices à travers le monde sont difficilement calculables mais sont estimés à plusieurs milliers de milliards de dollars par an. À titre d'exemple de sources de profits illicites des criminels financiers, citons les programmes de santé publics et privés que de nombreux pays mettent en place pour leurs citoyens. Le gouvernement américain, par exemple, affirme que son programme Medicare subit des pertes imputables à la fraude d'environ 70 milliards de dollars par an, soit 192 millions de dollars par jour. Tout comme avec d'autres crimes financiers, les conséquences vont largement au-delà du seul cadre de ces programmes de soins de santé, et comprennent notamment une augmentation des taxes et des primes d'assurance, ainsi qu'une hausse des dépenses gouvernementales consacrées au suivi et à la supervision de l'intégrité des programmes.

Une grande partie de ces fraudes et des milliers d'autres cas similaires dans le monde sont facilités par la corruption des participants aux programmes ou des organismes publics qui les exécutent. Des contrôles et des audits laxistes, une mauvaise supervision par les régulateurs, une application inadéquate par les organismes d'investigation et le manque de détermination pour récupérer les avoirs volés par les criminels financiers enhardissent les escrocs hésitants et multiplient les délits financiers.

Les organismes gouvernementaux et les entités du secteur privé victimes de crimes financiers réussissent difficilement à récupérer les fonds qui leur ont été prélevés illégalement. Bien qu'il soit fondamentalement difficile de faire des estimations, les statistiques publiées par les agences gouvernementales montrent que seulement 2 à 5 % des actifs que les victimes des secteurs privé et public perdent au profit des criminels financiers sont récupérés.

Le crime financier et ses variantes

Les variantes et les auteurs de crimes financiers évoluent constamment. À chaque instant, des personnes dans toutes les régions du monde conçoivent de nouvelles façons illicites de prendre de l'argent ou de profiter économiquement de victimes organisationnelles et individuelles.

À l'exception des crimes passionnels et des crimes idéologiques comme le terrorisme, tous les crimes sont commis dans le but de gagner de l'argent ou d'obtenir un avantage économique. Même les crimes purement passionnels ont parfois une dimension financière, comme dans le cas d'une personne complotant pour le meurtre d'un membre de sa famille afin d'hériter d'une police d'assurance-vie souscrite par la victime.

La plupart des crimes financiers se déroulent en quatre phases : la phase pendant laquelle le crime est planifié, la phase pendant laquelle le crime est commis, la phase pendant laquelle le produit du crime est blanchi, et la phase durant laquelle les pertes de la victime sont identifiées et où le recouvrement d'avoirs est nécessaire.

Ce livre traite surtout des crimes visant un avantage monétaire ou économique. Cependant, il n'aborde pas certains crimes à but lucratif tels que le trafic de drogue, le trafic d'êtres humains, le jeu illégal, le trafic nucléaire, la prostitution et d'autres délits similaires. Bien que ces crimes soient également motivés par le gain d'argent, ils ne rentrent pas dans les catégories de crimes financiers qui font l'objet central de ce livre.

Ces crimes ne sont abordés qu'à partir du moment où les auteurs en détiennent ou en contrôlent les produits. Quand c'est le cas, tous ces malfaiteurs suivent certaines des étapes communes à tous les criminels financiers. Le blanchiment des produits du crime est essentiel à tous les criminels financiers. Le blanchiment d'argent est présent dans tous les crimes financiers, quelle que soit la provenance des fonds.

Qu'est-ce que le crime financier?

Une bonne définition à utiliser comme base de travail est qu'il s'agit d'une action non violente qui aboutit à la prise, au déplacement, à la dissimulation ou au déguisement illicites de sommes d'argent ou d'autres biens de valeur au moyen de la ruse, de l'artifice, de la corruption ou de la tromperie au profit de l'auteur ou d'un tiers.

La criminalité financière est un terme général qui englobe maintes activités illégales : falsification de livres comptables, pots-de-vin, corruption, blanchiment d'argent, fraude, évasion fiscale et violations de sanctions. Chacune de ces activités constitue une catégorie ayant des sous-ensembles, des ramifications ou des corollaires. Par exemple, le vol d'identité et le détournement de fonds sont des sous-ensembles de la fraude. La corruption existe dans les secteurs public et privé. Le blanchiment d'argent peut être pratiqué de nombreuses manières et peut impliquer des personnes de tous horizons et des organisations des secteurs privé et public. Un type de crime financier en chevauche souvent un autre, comme nous le verrons plus loin dans la section consacrée aux points communs des délits financiers.

Les crimes financiers peuvent traverser les frontières nationales, et les enquêtes et poursuites en la matière nécessitent souvent que les autorités d'un certain nombre de juridictions collaborent pour pouvoir traduire les auteurs présumés en justice.

Les crimes financiers, parfois appelés crimes « en col blanc », sont des actes criminels non violents qui impliquent le vol ou le détournement d'argent. Comme ils ne font pas appel à la violence, ils sont parfois considérés comme moins répréhensibles que les autres types de crimes, mais ils peuvent en réalité avoir de graves répercussions sur les finances personnelles et même sur des marchés financiers entiers. Les crimes en col blanc sont des crimes non violents commis dans des situations commerciales par des individus, des groupes ou des sociétés dans l'optique d'un gain financier.

> L'article 46 de la loi EFCC de 2004 définit les crimes économiques et financiers comme *des activités criminelles et illicites non violentes commises dans le but de gagner illégalement des biens économiques, individuellement ou en groupe ou de manière organisée, violant ainsi la législation existante régissant les activités économiques du gouvernement et de son administration* ; elles *comprennent toute forme de fraude, trafic de stupéfiants, blanchiment d'argent, détournement de fonds, corruption, pillage et toute forme de pratiques frauduleuses corrompues, commerce illégal d'armes, contrebande, traite d'*êtres humains et travail des enfants, soutage pétrolier illégal, *exploitation minière illégale, évasion fiscale, fraude professionnelle en matière de change (y compris la contrefaçon de devises), vol de propriété intellectuelle et piratage, abus du*

marché libre, déversement de déchets toxiques et les marchandises interdites,...etc.

Pour une meilleure compréhension de sa nature et de sa portée, le manuel passe en revue le concept de criminalité en col blanc et la conceptualisation moderne, comme indiqué ci-dessous.

Portée de la criminalité financière ou du crime en col blanc

Déterminer l'ampleur de la criminalité en col blanc n'est pas une tâche simple. Deux facteurs rendent particulièrement difficile la détermination précise de la fréquence des délits en col blanc. Premièrement, de nombreux crimes en col blanc ne sont pas signalés aux organismes d'intervention officiels. Lorsque des individus sont victimes de crimes en col blanc, ils peuvent ne pas signaler le cas en raison de la honte, des craintes que la dénonciation soit futile ou d'un déni général sur la nature criminelle du délit. Lorsque des commerces ou des entreprises sont victimes de délits financiers, ils peuvent s'abstenir de le signaler afin d'éviter la publicité négative qui accompagne le fait d'avoir été « dupé » par un employé. Si les victimes ne sont pas disposées à signaler leur victimisation, ces cas ne seront pas inclus dans les statistiques officielles.

Un deuxième facteur qui rend difficile la détermination de l'ampleur de la criminalité en col blanc est lié à l'ambiguïté conceptuelle entourant le terme lui-même. Selon la façon dont on définit la criminalité en col blanc, l'on pourrait trouver différentes estimations sur l'ampleur de ce. Le gouvernement fédéral et d'autres organismes gouvernementaux proposent des définitions différentes de la criminalité en col blanc que de nombreux universitaires et chercheurs pourraient utiliser. Le résultat est que les chercheurs en criminalité en col blanc font généralement preuve de prudence lorsqu'ils s'appuient sur des statistiques officielles ou des **enquêtes de victimisation** pour déterminer l'étendue de la victimisation en matière de criminalité en col blanc. Malgré cette mise en garde, les trois principaux moyens que nous apprenons sur l'ampleur de la criminalité en col blanc proviennent des statistiques officielles fournies par les organismes gouvernementaux, des enquêtes de victimisation et des études de recherche portant sur des types spécifiques de criminalité en col blanc.

Une mise en garde s'impose lors de l'examen de ces estimations. Tous les criminologues ne conviennent pas que ces infractions sont des indicateurs appropriés des délits en col blanc. Bon nombre de ces infractions peuvent avoir été commises hors du champ de l'emploi. De plus, vu que les statistiques officielles n'enregistrent pas d'informations sur le statut des délinquants, il n'est pas possible de classer les délits selon les systèmes professionnels dans lesquels les délits ont été commis.

Les enquêtes de victimisation offrent la possibilité de surmonter certains de ces problèmes. Ces enquêtes constituent un échantillon des résidents et estiment l'étendue de la victimisation à partir des résultats de l'enquête. S'il est difficile d'évaluer l'ampleur de la criminalité en col blanc, tout indique que ces infractions se produisent avec une grande régularité. La régularité de ces infractions aggrave leurs conséquences.

La technologie modifie le visage du crime financier

Le crime financier n'est pas statique. Il évolue et s'adapte aux circonstances et aux opportunités. Le vol d'identité, par exemple, n'est pas un nouveau type de crime, mais les progrès de la technologie ont stimulé sa croissance et en ont fait une menace mondiale. De même, la cybercriminalité n'existait pas avant l'arrivée de la technologie informatique, d'Internet et du World Wide Web.

La criminalité financière est aujourd'hui plus étendue, complexe et axée sur la technologie que jamais. De même que les efforts du gouvernement et du secteur privé pour éradiquer ce phénomène. Les procédures d'enquête et d'exécution et les mesures réglementaires qui visent à bloquer ou à détecter les délits financiers doivent se développer au rythme de l'évolution des techniques des criminels financiers.

De nouvelles lois et réglementations, des accords multinationaux, des traités et conventions et des groupes de travail visent tous à lutter contre la criminalité financière. Des organisations non gouvernementales telles que le Groupe d'action financière sur le financement (GAFI), le Groupe Egmont, Interpol et d'autres ont été constituées au cours du dernier quart de siècle pour aider les organisations des secteurs public et privé à lutter contre la criminalité financière. À partir de 1990, avec la création du *Financial Crimes Enforcement Network* (FinCEN) des États-Unis, les nations ont commencé à créer des agences qui sont maintenant connues sous le nom de *Financial Intelligence Units* (FIU) et qui facilitent le partage et la coopération internationale des informations. Le succès de ces efforts dépend souvent de la volonté politique des nations de les accepter, de les adopter et de les faire respecter.

La mosaïque d'exigences et de normes nationales et internationales impose aux institutions financières, aux entreprises et à d'autres organisations le devoir de surveiller, d'enquêter, de rapporter, de former et de remédier, le tout à un prix très élevé.

Même face à ces puissants efforts défensifs et offensifs composés d'organisations des secteurs privés et public, la criminalité financière continue de croître. Les criminels financiers sont assidus et profitent des faiblesses, des lacunes, de la négligence ou de la corruption pour faciliter leurs crimes.

La mondialisation de la criminalité financière

La criminalité financière fleurit lorsqu'elle franchit les frontières nationales. En s'expatriant, le criminel financier complique les efforts des forces de l'ordre en forçant les agences d'un pays à obtenir la coopération de leurs homologues dans d'autres pays afin de recueillir des preuves ou de localiser des suspects et des témoins. Lorsque le crime financier franchit les frontières nationales, il oblige généralement les autorités compétentes à rechercher l'appui d'un traité, d'une convention ou d'un accord international, ou d'une organisation internationale telle qu'Interpol.

Cela prend plus de temps, ce qui favorise le criminel financier. Avec le temps, le criminel financier est plus en mesure de trouver un refuge pour le produit de son crime, de falsifier les preuves et même de chercher refuge pour lui-même.

Les soixante « paradis secrets » à travers le monde, allant des îles obscures comme Nauru et Tortola, aux paradis de longue date comme le Lichtenstein et la Suisse, sont une ressource pratique et vitale pour les criminels financiers qui facilitent le mouvement et la dissimulation des actifs criminels. Ils fournissent aux criminels financiers une ressource cruciale dans la partie finale de leur crime.

Criminalité financière ou crime en col blanc : Un concept en évolution

Si Edwin Sutherland est le pionnier de l'étude de la criminalité financière ou de la criminalité en col blanc, le développement du domaine et l'introduction du concept de criminalité en col blanc ont démarré bien avant. En effet, les travaux universitaires antérieurs et les changements de société ont influencé la recherche de Sutherland, et sa recherche, à son tour, a eu une énorme influence sur la criminologie et la justice pénale. Le fait de retracer la source du concept de criminalité financière/criminalité en col blanc et de décrire ses variations subséquentes aide à démontrer l'importance de conceptualiser diverses formes d'inconduite en col blanc.

Sutherland n'était pas le premier spécialiste des sciences sociales à écrire sur les crimes commis par les gens de la classe supérieure. Dans son texte sur la criminologie de 1934, Sutherland a utilisé le terme « criminalité en col blanc » en référence au concept de « criminalité » utilisé initialement par E. A. Ross (1907) dans *Sin and Society*. En se basant sur des cas d'hommes d'affaires qui se sont livrés à des actes préjudiciables sous le masque de la respectabilité, Ross a en outre écrit que le criminalité est « l'ennemi le plus dangereux de la société, de loin plus redoutable que le simple criminel, car il arbore le masque de la vertu et opère à une échelle titanesque. » S'appuyant sur ces idées, Sutherland a attiré l'attention sur le fait que les crimes n'étaient pas commis uniquement par des membres de la classe inférieure. Comme indiqué dans l'introduction, Sutherland (1949) a défini le crime en col blanc comme « un crime commis par une personne de respectabilité et de statut social élevés au cours de son activité professionnelle ».

L'appel lancé par Sutherland aux spécialistes des sciences sociales pour élargir leur champ d'action afin d'inclure les crimes des délinquants de la classe supérieure a été à la fois applaudi et critiqué. D'une part, Sutherland a été salué pour avoir élargi le champ des sciences sociales. D'autre part, la façon dont Sutherland a défini et étudié la criminalité en col blanc a été largement critiquée par une multitude de spécialistes des sciences sociales et juridiques. La plupart des critiques portaient sur cinq préoccupations des universitaires concernant l'utilisation par Sutherland du concept de criminalité en col blanc. Ces préoccupations comprenaient (1) l'ambiguïté conceptuelle, (2) l'ambiguïté empirique, (3) l'ambiguïté méthodologique, (4) l'ambiguïté juridique et (5) l'ambiguïté politique.

Pour ce qui est de l'*ambiguïté conceptuelle*, les critiques ont noté que la criminalité en col blanc était définie de manière vague et floue par Sutherland (Robin 1974). Robin a ajouté que le flou entourant la définition a favorisé une utilisation ambiguë du terme et des interprétations vagues par les universitaires et les praticiens. En se concentrant sur le lien entre l'érudition et la pratique, un auteur a suggéré que le concept était « totalement inadéquat » pour caractériser les types de comportements qui sont à l'origine des phénomènes. Décrivant plus en détail les réactions à cette ambiguïté conceptuelle, le spécialiste de la criminalité en col blanc David Friedrichs (2002) a écrit : « Aucun autre domaine de la théorie criminologique n'a probablement été plus en proie à la confusion conceptuelle que celui du crime en col blanc. »

La critique sur le travail de Sutherland s'est également portée sur l'*ambiguïté empirique* entourant le concept. En effet, certains ont argué du fait que le concept ne reflétait que très peu la réalité. Par exemple, un auteur (Mannheim 1949) a déclaré que la définition de Sutherland sous-estimait l'influence de la pauvreté sur d'autres formes de criminalité. Un autre auteur (Edelhertz 1983) a fait valoir qu'en se concentrant sur le délinquant (en termes de statut) et sur la localisation (le lieu de travail) plutôt que sur l'infraction, le concept ne reflétait pas avec précision les comportements qui devaient être traités. Edelhertz est allé jusqu'à suggérer que cette vague conceptualisation empirique a créé des barrières avec les praticiens et a entrainé un manque de recherche sur la criminalité en col blanc entre les années 1950 et 1970. Shapiro (1990) a également reconnu les problèmes que la conceptualisation de la criminalité en col blanc a créés pour les futurs chercheurs. Elle a écrit :

> *Le concept a créé son propre mal cognitif. Il est fondé sur une corrélation fallacieuse qui amène les sociologues à mal comprendre l'impulsion structurelle de ces infractions, les problèmes que les infractions créent pour les systèmes de contrôle social, et les sources et les conséquences des préjugés de classes sociales dans le système juridique. (p. 346)*

Les conséquences de cette ambiguïté empirique sont telles que les résultats des études sur la criminalité en col blanc remettent parfois en cause la nature des criminels en cols blancs. Une étude sur les cols blancs condamnés dans sept districts fédéraux entre 1976 et 1978, par exemple, a révélé que la plupart des infractions décrites comme cols blancs étaient en fait « commises par ceux qui appartiennent aux classes moyennes de notre société ».

Sutherland a également été critiqué pour son *ambiguïté méthodologique*. Il a défini les crimes en col blanc comme des comportements commis par des membres de la classe supérieure, mais ses recherches se sont concentrées sur toutes sortes d'infractions, notamment le vol en milieu de travail, la fraude par des mécaniciens, la tromperie par des vendeurs de chaussures et les crimes par des sociétés. On pourrait dire que Sutherland a réalisé une « publicité-appât » en définissant un type de crime tout en recherchant en fait une autre variété de ce crime.

Une quatrième critique du chercheur en criminalité en col blanc Sutherland peut être appelée d'*ambiguïté juridique*. Certains juristes ont soutenu que le concept était trop sociologique au détriment des définitions juridiques de la criminalité en col blanc. Pour certains, les crimes en col blanc devraient être définis de façon pointue afin d'inclure les comportements qui sont criminellement illégaux. Certains vont même plus loin et suggèrent que les criminels en col blanc sont des individus reconnus coupables de crimes en col blanc (ce qui suggère que si l'on n'était pas reconnu coupable, alors on ne serait pas un criminel en col blanc). Sutherland et d'autres ont contré cet argument en suggérant que la condamnation n'est pas pertinente pour déterminer si les comportements constituent des crimes en col blanc.

Une dernière critique du concept de criminalité en col blanc est liée à l'*ambiguïté politique* entourant le concept. Précisément, certains chercheurs ont fait valoir que le flou de la définition et son orientation purement académique ont créé un décalage entre ceux qui élaborent des politiques et des mesures répondant à la criminalité en col blanc et ceux qui étudient la criminalité en col blanc. Au cours de la dernière décennie, les criminologues se sont fait davantage entendre sur la nécessité de pratiques fondées sur des preuves pour guider les politiques et les activités de justice pénale. En ce qui concerne la criminalité en col blanc, l'un des problèmes souvent posés est que les définitions peu claires de la criminalité en col blanc rendent extrêmement difficile pour les décideurs politiques et les praticiens l'utilisation des informations criminologiques pour guider l'élaboration des politiques et les pratiques de justice pénale. En effet, comment les criminologues peuvent-ils exiger des pratiques fondées sur des types de crimes lorsqu'ils n'ont pas fourni les preuves nécessaires pour développer des pratiques ultérieures ?

Sutherland était conscient des préoccupations concernant la dimension potentiellement vague du concept. Il a indiqué que son intention n'était pas d'être précis mais de souligner à quel point le crime en col blanc est « identique dans ses caractéristiques générales à un autre crime et non différent » (Sutherland 1941, p. 112). Il a écrit :

> *Le concept du crime en col blanc a pour objet d'attirer l'attention sur un vaste domaine du comportement criminel qui est généralement ignoré en tant que tel, et qui est rarement pris en compte dans l'élaboration des théories du comportement criminel et qui, lorsqu'il est inclus,*

> *entraine des modifications dans les théories habituelles du comportement criminel.*

Ainsi, Sutherland a concédé que le concept était vague à la base, mais ce flou était nécessaire afin de favoriser une discussion plus approfondie sur le concept. Sutherland a réussi à susciter de nouvelles discussions sur le phénomène, bien que le sujet n'ait reçu que très peu d'attention dans les années 1950 et 1960. Cela a commencé à changer au début des années 70 lorsque les criminologues Marshall Clinard et Richard Quinney ont publié *Criminal Behavior Systems*. S'appuyant sur les travaux de Sutherland, Clinard et Quinney (1973) soutiennent que la criminalité en col blanc peut être divisée en deux catégories : la criminalité d'entreprise et la criminalité professionnelle. Ils ont axé leur définition du crime d'entreprise sur les comportements illégaux commis par les employés d'une structure au profit de cette structure. En revanche, ils ont défini la *criminalité professionnelle* comme « des violations des codes juridiques dans le cadre d'une activité dans l'exercice d'une profession légitime ». En établissant une distinction entre les délits commis par des sociétés et les délits commis contre les sociétés, Clinard et Quinney ont franchi une étape importante en résolvant en partie le problème d'ambiguïté entourant le concept de criminalité en col blanc. En effet, la criminalité des entreprises et la criminalité professionnelle sont considérées comme « les deux principales formes ou « pures » formes de criminalité en col blanc. »

Après les travaux de Clinard et Quinney, la recherche sur la criminalité en col blanc par des criminologues s'est intensifiée dans les années 70 et 80. Une grande partie de cette recherche a porté sur les moyens de conceptualiser et de définir le phénomène de manière à répondre aux critiques entourant la définition de Sutherland. Le tableau 1.1 présente huit concepts et définitions différents que les criminologues ont utilisés pour décrire ces comportements. Tout comme la définition de Sutherland qui a été critiquée, chacun des concepts fournis dans le tableau 1.1 est imparfait. Pourtant, ils illustrent l'impact de la recherche sur la criminalité en col blanc de Sutherland sur la criminologie et la justice pénale.

Cette imperfection entraine au moins cinq problèmes. Premièrement, l'absence d'une définition solide de la criminalité en col blanc a entravé les efforts de détection. Deuxièmement, sans une définition concrète de la criminalité en col blanc, les réponses les plus efficaces au problème ne peuvent être évaluées.

Troisièmement, la diversité des définitions parmi les chercheurs a rendu difficile la comparaison de différentes études sur la criminalité en col blanc. Quatrièmement, les conceptualisations vagues ont rendu plus difficile l'identification des causes du comportement. Enfin, des définitions variées de la criminalité en col blanc ont rendu difficile la détermination exacte de l'étendue réelle de la criminalité en col blanc.

Table 1.1 : Evolution financière / Concept de crime à col blanc

Concept	Définition	Reference
criminaloid	l'immunité dont jouit l'auteur de nouveaux péchés a fait naître une classe pour laquelle on peut appeler le terme criminaloid. par ce que nous désignons comme prospérer par des pratiques flagrantes qui ne sont pas encore tombées sous le coup de l'interdiction effective de l'opinion publique. souvent, en effet, ils sont coupables aux yeux de la loi; mais comme ils ne sont pas coupables aux yeux du public et à leurs yeux, leur attitude spirituelle n'est pas celle du criminel. le législateur peut faire de leurs méfaits des crimes, mais tant que la moralité reste immobile dans les vieilles voies, ils échappent à la fois à la punition et à l'ignominie.	E.A Ross (Sin and Society, 1970, p.48)
Criminalité à col blanc	crime commis par une personne de respectabilité et de statut social élevé au cours de son occupation	Sutherland (1949)
Crime d'entreprise	les infractions commises par des dirigeants d'entreprise pour leur société et les infractions de la société elle-même	Clinard and Yeager (1980, p. 189)
Criminalité professionnelle	les délits commis par des particuliers dans l'exercice de leur profession et les délits des salariés contre leur employeur	Clinard and Yeager (1980, p. 189)
Déviance organisationnelle	actions contraires aux normes maintenues par des tiers en dehors de l'organisation ... (mais) soutenues par les normes de fonctionnement internes de l'organisation	Ermann and Lundman (1978,p. 7
Deviance d'Elite	actes commis par des personnes appartenant aux couches les plus élevées de la société ... certains actes sont des crimes ... peuvent être de nature criminelle ou non criminelle	Simon (2006 p.12
Crime organisationnel	actes illégaux d'omission ou de commission d'un individu ou d'un groupe d'individus dans une organisation formelle conformément aux objectifs opérationnels de l'organisation, qui ont un impact physique ou économique grave sur les employés, les consommateurs ou le grand public	Schrager and Short (1978, P.408
Criminalité professionnelle	tout acte punissable par la loi qui est commis par une opportunité créée au cours d'une occupation légitime	Green 1990

Conceptualisations modernes du crime en col blanc

Aujourd'hui, les criminologues et les spécialistes des sciences sociales proposent différentes manières de définir la criminalité en col blanc (voir figure 1.1). Ces variations ont tendance à se chevaucher et se déclinent comme suit :

- La criminalité en col blanc comme violations morales ou éthiques
- La criminalité en col blanc comme préjudice social
- La criminalité en col blanc comme violations du droit pénal

- La criminalité en col blanc comme violations du droit civil
- La criminalité en col blanc comme violations des lois réglementaires
- Le crime en col blanc comme déviance au travail
- La criminalité en col blanc comme définitions socialement construites par les entreprises
- La criminalité en col blanc comme définitions de la recherche
- La criminalité en col blanc comme définitions officielles du gouvernement
- Le crime en col blanc comme abus de confiance
- La criminalité en col blanc comme délits professionnels
- La criminalité en col blanc comme violations survenant dans les systèmes professionnels

Figure 1.1: Définitions du crime financier/en col blanc

Définir la *criminalité en col blanc comme une violation morale ou éthique* obéit aux idéaux inhérents aux principes de ce que l'on appelle la loi naturelle. La *loi naturelle* se concentre sur les comportements ou les activités qui sont définis comme mauvais parce qu'ils violent les principes éthiques d'une culture, d'une sous-culture ou d'un groupe particulier. Le caractère immoral des activités est considéré comme la base de la définition de certains types d'activités en col blanc comme criminelles. Certaines personnes, par exemple, définissent toute activité commerciale qui détruit la vie animale ou végétale comme immorale et contraire à l'éthique. Pour ces personnes, les comportements des individus et des entreprises participant à ces activités seraient définis comme des crimes en col blanc.

Certains préfèrent définir la criminalité en col blanc comme une *violation du droit pénal*. Dans ce cadre, les crimes en col blanc sont des comportements criminellement illégaux commis par des individus de la classe supérieure au cours de leur activité professionnelle. D'un point de vue systémique, ceux qui travaillent dans le système de justice pénale définiraient probablement la criminalité en col blanc comme des comportements criminellement illégaux. Dans ce contexte, le crime est défini comme « un acte ou une omission intentionnelle commis en violation du droit pénal sans défense ni justification et sanctionné par l'État comme un crime ou un délit. » La définition du droit pénal institue les crimes en col blanc comme des actes criminellement illégaux commis par un individu au cours de son activité professionnelle. Ci-dessous quelques llustrations :

- Un comptable détourne des fonds de son employeur.
- Deux infirmières volent de la drogue sur leur lieu de travail et les vendent à des toxicomanes.
- Un investisseur financier vole l'argent des investisseurs.
- Un procureur accepte un pot-de-vin pour abandonner des accusations criminelles.

Deux investisseurs partagent des informations privilégiées qui leur permettent de réorienter leurs achats d'actions.

Une employée mécontente détruit les enregistrements informatiques d'une entreprise lors de sa démission.

Tous ces actes sont des cas où le droit pénal a été violé au cours de l'emploi. À ce titre, les membres de la justice pénale pourraient être mis à contribution pour sanctionner ces méfaits.

Par contre, certaines infractions sur le lieu de travail ne vont pas nécessairement jusqu'au niveau du comportement criminel, mais elles peuvent violer des lois civiles. Par conséquent, certains pourraient définir *la criminalité en col blanc comme une violation du droit civil.* Considérez les cas d'actes répréhensibles d'entreprises contre les consommateurs Dans ces situations, il est rare que le droit pénal soit utilisé pour sanctionner la société fautive. Le plus souvent, les affaires sont portées devant le système de justice civile.

Certains ont également défini *la criminalité en col blanc comme une violation de la loi réglementaire.* Certains méfaits sur le lieu de travail peuvent ne pas enfreindre les lois pénales ou civiles, mais peuvent violer les lois réglementaires d'une profession particulière. La plupart des professions et des entreprises ont des normes, des procédures et des règlements conçus pour guider et diriger administrativement les activités en milieu de travail. L'industrie des maisons de soins infirmiers en est un bon exemple. Le gouvernement a élaboré un ensemble de normes que les administrateurs des maisons de soins infirmiers devraient suivre pour dispenser des soins à leurs résidents. À différents moments de l'année, les représentants du gouvernement inspectent les maisons de soins infirmiers afin de s'assurer qu'ils respectent la réglementation. Dans la plupart des cas, des actes répréhensibles sont découverts. Ces exemples d'actes répréhensibles ne sont cependant pas des violations du droit pénal ou du droit civil ; ce sont plutôt des violations du droit réglementaire. Par conséquent, certains auteurs définissent les crimes en col blanc comme violations des lois réglementaires.

Parfois, les comportements exécutés dans le cadre d'une routine professionnelle peuvent être incorrects mais pas nécessairement illégaux selon les définitions criminelles, civiles ou réglementaires. En conséquence, certains préfèrent opter pour la définition de *la criminalité en col blanc comme déviance au travail.* Il s'agit d'une façon plus large de définir la criminalité en col blanc, et une telle approche inclurait tous les actes sur le lieu de travail qui violent les normes ou les standards du lieu de travail, qu'ils soient formellement définis comme illégaux ou non. Les violations des lois pénales, civiles et réglementaires seraient incluses, de même que les violations fixées par le lieu de travail lui-même. Au-delà de ces violations formelles de la loi, considérons les situations suivantes comme des exemples de déviance au travail :

- Un professeur annule un cours simplement parce qu'il n'a pas envie d'aller en cours.
- Une employée prend une pause de trente minutes alors qu'elle n'était censée faire qu'une pause de quinze minutes.
- Un travailleur appelle son patron et dit qu'il est trop malade pour venir travailler alors qu'en fait il n'est pas malade (mais il utilise une « fausse voix de malade » dans le cadre de son stratagème).
- Un photographe de mariage s'enivre au mariage d'un client, prend des photos horribles et frappe le marié.
- Un auteur utilise des exemples stupides pour essayer de faire passer son message.

Dans chacun de ces cas, aucune loi n'a nécessairement été enfreinte ; cependant, on pourrait faire valoir le fait que les règles du lieu de travail ou les normes professionnelles peuvent avoir été violées.

Proche de cette définition, on a également *la criminalité en col blanc comme ensemble de définitions socialement construites par les entreprises.* Cela signifie qu'une entreprise ou une société donnée peut définir des comportements qu'elle estime inappropriés. Ce qui est considéré mal dans une entreprise ne l'est pas nécessairement dans une autre. Certaines entreprises peuvent avoir des codes vestimentaires formels tandis que d'autres pourraient accepter les tenues du vendredi décontracté. Certaines entreprises peuvent tolérer que des travailleurs emportent chaque nuit de petites quantités des biens qu'elles produisent à la maison, tandis que d'autres peuvent définir ce comportement comme inapproprié et criminel. Les attentes en matière de comportement au travail sont alors définies par le lieu de travail. Soit dit en passant, certains experts ont suggéré que les attentes soient définies de manière à accepter au moins des formes mineures d'actes répréhensibles. La base de cette suggestion est que les individus sont plus satisfaits de leur emploi s'ils sont capables d'enfreindre les règles de leur travail au moins de temps en temps. À titre d'exemple simple, où préféreriez-vous travailler (1) dans un lieu de travail qui ferme les yeux sur le fait que de temps à autre, vous vous accordiez des pauses plus longues que la norme ou (2) dans un lieu de travail où il vous est retranché doublement de votre salaire chaque minute que vous prenez au-delà de la pause allouée ?

Dans certains cas, les comportements en milieu de travail peuvent ne pas être illégaux ni déviants, mais peuvent en fait créer des formes de préjudice pour diverses personnes. En conséquence, certains préfèrent définir la *criminalité en col blanc comme un préjudice social.* Ceux qui définissent la criminalité en col blanc dans le cadre de cette approche sont plus préoccupés par le tort causé par les activités professionnelles que par la définition formelle ou informelle du comportement comme illégal ou déviant. D'autres exemples de crimes en col blanc qui sont des exemples de cette perspective de préjudice social sont les « crimes » suivants qui se produisent sans qu'il y ait infraction à la loi : abus professionnels transfrontaliers, réglementations environnementales asymétriques, pratiques de corruption, travail des enfants dans les communautés pauvres et pratiques pharmaceutiques comme celles qui autorisent la conduite de tests de médicaments dans les pays du tiers monde.

Une autre façon de définir ces comportements consiste à considérer la criminalité en col blanc comme définitions de la recherche. Lorsque les chercheurs étudient et collectent des données sur la criminalité en col blanc, ils doivent opérationnaliser ou définir la criminalité en col blanc de manière à leur permettre de mesurer de manière fiable et valide le comportement. Les chercheurs ont défini les crimes en col blanc comme « des actes illégaux ou contraires à l'éthique qui violent la responsabilité fiduciaire ou la confiance du public pour un gain personnel ou organisationnel » (Kane & Wall 2006). En utilisant cette définition comme fondement, les chercheurs ont pu mener une étude qui mesurait les caractéristiques de la criminalité en col blanc, ses conséquences et les facteurs contributifs. Notez que s'ils avaient choisi une définition différente, leurs résultats auraient pu être différents. La façon dont nous définissons les phénomènes influencera les observations que nous ferons sur ces phénomènes.

Une autre façon de définir ces comportements est de considérer *la criminalité en col blanc comme définitions officielles du gouvernement.* Les organismes gouvernementaux et les employés de ces organismes auront des définitions de la criminalité en col blanc qui peuvent ou non correspondre à la façon dont d'autres la définissent. Le Bureau fédéral d'investigation (FBI), par exemple, a utilisé une approche basée sur l'infraction pour définir la criminalité en col blanc dans le cadre de son programme *Uniform Crime Reporting*. Le FBI définit la criminalité en col blanc comme

> *Des actes illégaux caractérisés par la tromperie, la dissimulation ou l'abus de confiance et qui ne dépendent pas de l'application ni de la menace de l'utilisation de force physique ou de violence. Les individus et les organisations commettent ces actes pour obtenir de l'argent, des biens ou des services ; pour éviter le paiement ou la perte d'argent ou de services ; ou pour obtenir un avantage personnel ou professionnel. (Ministère de la Justice des États-Unis, 1989, p. 3 ; tel que cité dans Barnett, sans date)*

En suivant cette définition, le FBI a tendance à adopter une définition plus large de la criminalité en col blanc que celle de nombreux chercheurs et experts du domaine. Le vol d'identité en est un exemple. Le FBI considère le vol d'identité comme une forme de crime en col blanc. Certains universitaires estiment cependant qu'une telle classification est inappropriée. Une équipe de recherche a mené des entretiens avec 59 voleurs d'identité reconnus coupables et a constaté que les infractions et leurs auteurs ne répondaient pas aux caractéristiques traditionnelles des crimes en col blanc ou des auteurs de tels crimes. De nombreux délinquants étaient au chômage et travaillaient de manière indépendante, ce qui signifie que leurs infractions n'étaient pas commises dans le cadre d'une occupation légitime ou au cours de leur activité professionnelle.

Une autre façon de définir la criminalité en col blanc consiste à la voir comme *une violation de la confiance* qui se produit au cours d'un emploi légitime. La criminologue Susan Shapiro (1990) a plaidé pour la nécessité de considérer le crime en col blanc comme un abus de confiance, et a suggéré que les chercheurs se focalisent sur l'acte plutôt que sur l'acteur. Elle a écrit :

> *Les délinquants, sous des visages très différents, mentent, volent, falsifient, fabriquent, exagèrent, omettent, trompent, dissimulent, se dérobent, détournent, s'approprient, s'auto-favorisent et se livrent à la corruption ou au non-conformisme en abusant de leurs positions de confiance. Il s'avère que la plupart d'entre eux ne sont pas de la classe supérieure. (p. 358)*

En fait, Shapiro demandait une définition plus large du crime en col blanc qui ne se limite pas à la couleur du col des chemises du délinquant.

D'autres ont également appelé à des conceptualisations plus larges qui ne se limitent pas aux vêtements ni aux statuts professionnels. À la suite de la conceptualisation de Clinard et Quinney en 1973, certains ont suggéré que ces comportements soient classés comme *crimes en col blanc dans la catégorie crimes professionnels*. Un auteur définit les crimes professionnels comme « des violations qui se produisent au cours de l'activité professionnelle et sont liées à l'emploi » (Robin 1974). Robin plaide avec véhémence pour une conceptualisation plus large de la criminalité en col blanc. Il a noté que diverses formes d'infractions sur le lieu de travail de classe inférieure « sont plus similaires à la criminalité en col blanc sur le plan méthodologique que comportemental », suggérant que de nombreux criminels professionnels ont tendance à utiliser les mêmes méthodes pour commettre leurs transgressions. Il a en outre déclaré que l'incapacité des universitaires à concevoir la criminalité en col blanc de façon plus large « entraine une sous-estimation de l'ampleur du phénomène, fausse les fréquences relatives de la typologie des crimes, produit un profil biaisé des caractéristiques personnelles et sociales des contrevenants et affecte ainsi notre théorie de la criminalité. »

Le criminologue Gary Green (1990) est un ardent défenseur de la focalisation sur la criminalité professionnelle plutôt que sur une conceptualisation limitée de la criminalité en col blanc. Il a défini la criminalité professionnelle comme « tout acte punissable par la loi qui est commis par le biais d'opportunités créées au cours d'une occupation légale » (p. 13). Green a décrit quatre variétés de crimes professionnels : (1) les crimes professionnels liés à l'organisation, qui désignent les crimes commis par des sociétés ; (2) les crimes professionnels des autorités publiques, qui sont les crimes des gouvernements ; (3) les crimes professionnels, qui désignent les crimes commis par des individus dans des emplois de classe supérieure ; et (4) les délits professionnels individuels, qui sont les délits commis par des individus dans des emplois de classe inférieure. L'avantage de cette conceptualisation est qu'elle élargit la criminalité en col blanc pour tenir compte de toutes les formes de méfaits commis par les employés et les entreprises au cours de leur emploi.

En utilisant chacune des définitions ci-dessus comme cadre, la criminalité en col blanc peut également être définie comme *violations survenant dans les systèmes professionnels*. Le présent document utilise un tel cadre pour fournir une approche systémique générale sur la criminalité en col blanc. La criminalité en col blanc peut donc être définie comme « toute violation des lois pénales, civiles ou réglementaires - ou des actions déviantes, préjudiciables ou contraires à l'éthique - commises au cours de l'emploi dans divers systèmes professionnels ». Cette définition nous permet de considérer de nombreux types d'inconduite au travail ainsi que les interactions entre ces comportements et les systèmes plus larges impliqués dans la prévention et la réponse aux délits en col blanc. Comme on le verra dans les paragraphes suivants, l'ampleur de ces crimes est énorme.

Points communs de tous les crimes financiers

Il existe de nombreux types de crimes financiers, tels que le blanchiment d'argent, la fraude et la corruption, chacun avec des sous-ensembles distincts, tels que le terrorisme et les menaces à la stabilité financière, le vol d'identité et la corruption commerciale. Mais tous ces types de crimes financiers partagent plusieurs points communs constants. Ces points communs les rendent plus semblables que différents.

Reconnaître et exploiter ces points communs aide les organisations des secteurs privés et public à bâtir une approche cohérente, globale et collaborative de la criminalité financière et peut-être à obtenir de meilleurs résultats. La question de la convergence est abordée ci-dessous dans cette conférence.

Les crimes financiers ont les points communs ci-dessous :

Tous les délits financiers impliquent le blanchiment d'argent. La planification et l'exécution des crimes financiers impliquent un blanchiment d'argent à un moment ou à un autre. Une entreprise impliquée dans un paiement étranger corrompu, un fonctionnaire qui reçoit des paiements illicites, un contrevenant aux lois répressives, un voleur d'identité et d'autres criminels financiers, à un moment donné, doivent tous cacher ou déguiser le produit de leurs crimes ou le mouvement national ou international de l'argent « propre » en vue de commettre un délit financier. Le blanchiment d'argent est une fonction nécessaire du criminel financier car il lui permet de masquer son implication dans le crime financier, d'échapper au paiement des impôts et de déplacer l'argent pour le cacher aux victimes et aux autorités gouvernementales. La large portée de la plupart des lois sur le blanchiment d'argent et les infractions principales qui déclenchent des poursuites pour blanchiment d'argent, ainsi que les normes internationales de contrôle du blanchiment d'argent du Groupe d'action financière (GAFI) et d'autres organismes mondiaux, confèrent de la crédibilité au fait que tous les crimes financiers impliquent le blanchiment d'argent.

Tous les délits financiers entraînent une évasion fiscale. Il serait difficile de trouver un criminel financier unique qui après s'être donné beaucoup de mal pour voler et déguiser ses gains, inscrive les revenus de son crime dans une déclaration de revenus. L'évasion fiscale est commise par les parties des deux côtés de la plupart des transactions de crimes financiers, par exemple dans des cas impliquant la corruption. Lorsqu'une transaction implique une corruption officielle, par exemple, l'évasion fiscale est généralement commise par les deux parties engagées dans la transaction. Le corrupteur falsifie sa déclaration de revenus en dénaturant le retrait ou la transmission de fonds ou la génération de liquidités destinées au fonctionnaire corrompu. L'agent public qui reçoit le paiement corrompu ne déclarera pas le revenu ou en falsifiera la source sur les déclarations de revenus qu'il peut produire.

L'évasion fiscale n'est pas seulement un crime financier à part entière, mais c'est aussi un sous-produit d'autres crimes. Le Groupe d'action financière a annoncé en février 2012 qu'il élargissait ses « 40 recommandations » sur le blanchiment d'argent après vingt-deux ans pour inclure une recommandation de mesures contre l'évasion fiscale. Cela peut être considéré comme une validation importante de la corrélation entre criminalité financière et évasion fiscale.

En dehors de cette étape importante vers un effort mondial plus actif contre l'évasion fiscale, la promulgation de lois de conformité fiscale de grande envergure avec une portée multinationale, comme le *US Foreign Account Tax Compliance Act* (FATCA) de 2010, est un signe avant-coureur d'une lutte internationale plus active contre l'évasion fiscale et de sa classification comme nouvelle priorité internationale. Ces développements historiques, symbolisés par la FATCA, qui touche les institutions financières du monde entier, figurent parmi les principaux développements de la criminalité financière du début du XXIe siècle.

Tous les crimes financiers nécessitent une institution financière. Aucun crime financier de quelque ampleur qu'il soit ne peut être commis sans une institution financière. Le terme « institution financière » n'englobe pas seulement les banques. Au sens large, il comprend également les banques privées, les coopératives de crédit, les institutions coopératives, les courtiers en valeurs mobilières, les compagnies d'assurance, les négociants en matières premières, les émetteurs de fonds et d'autres entités où le public peut effectuer des transactions financières.

Les ressources du Groupe d'action financière offrent une mine d'informations sur la criminalité financière, y compris le large éventail d'institutions financières utilisées par les criminels financiers. Le GAFI publie également un large éventail de typologies et de commentaires sur la criminalité financière que les spécialistes en la matière trouveront utiles. Les nombreux types d'institutions financières et d'entreprises impliquées dans des affaires de criminalité financière témoignent du caractère indispensable des institutions financières pour les criminels financiers et de leur diversité.

La vulnérabilité de ces entreprises à exploiter dans un crime financier est aggravée par les risques que présentent leurs employés, qui peuvent être corrompus ou compromis. Toutes les institutions et les entreprises sont confrontées à cette menace commune de « l'ennemi venant de l'intérieur ». Ce sont les employés ou les initiés qui peuvent compromettre les opérations, voler ou divulguer des informations confidentielles, corrompre les processus internes, truquer les paramètres et les programmes technologiques, affaiblir les défenses organisationnelles, aider les criminels financiers internes ou externes et infliger des dommages que leur position unique leur permet de causer.

Un employé corrompu ou compromis peut faire autant de ravages ou plus dans une organisation du secteur privé ou public que n'importe quel criminel financier extérieur. L'ironie est que, malgré cette capacité à infliger tant de dommages, les employés ou les initiés subissent souvent beaucoup moins de contrôles et de vérifications préalables que les clients avant d'être assignés à leur poste. Les institutions financières consacrent beaucoup de temps et d'argent à des vérifications préalables sur les clients, mais pour les employés ou autres initiés, ils dépensent relativement peu pour le contrôle préalable à l'emploi et le suivi après l'emploi. Les employés sont souvent embauchés après examen préalable et approbation des seuls services des ressources humaines. L'enquête et la surveillance des employés après l'embauche et de la conduite d'initiés relèvent généralement des services de sécurité de l'entreprise.

Les criminels financiers apprécient la valeur d'un complice interne et sont généralement désireux de promouvoir l'emploi d'un complice par une organisation qu'ils visent.

Tous les délits financiers interfèrent avec les agences gouvernementales. Chaque crime financier produit ou active une interface préexistante pour une institution financière ou une entreprise affectée avec un organisme gouvernemental. Pour la plupart des institutions financières, un organisme de réglementation ou de surveillance qui supervise la conformité devra normalement être informé de la survenance du crime financier ou de la suspicion d'un crime financier dans un rapport d'activité suspecte1 (SAR) ou toute autre communication avec un organisme.

Si un crime financier se produit dans ou via une entreprise qui n'est pas tenue de déposer des rapports d'activités suspectes, l'entreprise communiquera invariablement avec un organisme gouvernemental lorsque des agents arriveront pour enquêter sur le crime ou rechercher des documents relatifs au crime.

Dans la plupart des pays, les données des rapports d'activités suspectes et d'autres formulaires de déclaration du gouvernement sont traitées par les

« unités de renseignement financier » du gouvernement. Plus de 120 pays ont des CRF, qui se regroupent dans une confédération connue sous le nom de Groupe Egmont2. Le Groupe facilite l'échange de données et de renseignements entre ses membres, dans le cadre de protocoles de sécurité, dans le but d'améliorer les efforts multinationaux contre la criminalité financière.

Tous les délits financiers créent le besoin de recouvrement d'avoir. Tout crime financier laisse une personne plus démunie qu'avant. Les grands délits financiers récents, tels que la combine pyramidale de Bernard Madoff, la méga-fraude bancaire internationale d'Allen Stanford, la fraude sur règlement judiciaire de Scott Rothstein, et bien d'autres, ont fait des dizaines de milliers de victimes avec des milliards de dollars de pertes.

Des milliers de criminels financiers moins célèbres dans le monde font des millions d'autres victimes. Les victimes qui ont les ressources pour tenter de récupérer leurs avoirs réussissent rarement dans ces efforts. Les agences gouvernementales qui cherchent à récupérer les fonds volés dans le cadre de programmes gouvernementaux ne réussissent pas beaucoup plus dans leurs efforts, malgré les solides armes de recouvrement d'avoir et les armes juridiques et judiciaires dont ils disposent.

Le recouvrement d'avoir est la partie négligée du continuum de la criminalité financière. L'incapacité à récupérer les avoirs pris par les criminels financiers est l'une des principales causes de la croissance de la criminalité financière. Il manque l'effet dissuasif qu'une récupération réussie des actifs pourrait avoir. Les criminels financiers ont la satisfaction d'être rarement tenus de renoncer à l'argent qu'ils prennent à leurs victimes - même s'ils vont en prison.

On parle alors de transactions suspectes (DOS) dans de nombreuses juridictions. Pour en savoir plus, veuillez-vous rendre à cette adresse : www.egmontgroup.org .

Tous les délits financiers (majeurs) impliquent plus d'un pays. Qu'il s'agisse de l'emplacement de la victime du crime financier ou de la base d'opérations du criminel financier ou de ses complices ou du domicile des institutions financières qu'ils utilisent ou des pays où les produits du crime ont transité ou ont été appliqués, tous les crimes financiers majeurs impliquent plusieurs pays, en particulier compte tenu de la dimension électronique du monde d'aujourd'hui.

Les nombreux accords bilatéraux et traités multinationaux, traités d'entraide judiciaire, accords d'échange d'informations fiscales, accords d'échange d'informations financières, les accords intergouvernementaux, les traités d'extradition et d'autres accords internationaux de coopération portant sur la criminalité financière soulignent le caractère international de ces crimes.

Certaines lois ont une dimension internationale par définition ou par leur nom même. La loi américaine *Foreign Corrupt Practices Act* (FCPA) en est un exemple. Le placement d'agents chargés de l'application des lois d'un pays dans les ambassades de leur pays à l'étranger et le travail d'organisations internationales, telles qu'Interpol et le GAFI, mettent tous en évidence la nature transfrontalière des principaux crimes financiers.

La criminalité financière implique souvent la corruption du secteur public ou privé. Rien ne facilite plus la criminalité financière qu'un initié ou un agent public corrompu ou complice. La corruption est le moteur de la plupart des grands crimes financiers internationaux. L'appréciation de l'effet corrosif de la corruption a poussé de nombreuses organisations à lancer une vaste attaque contre la corruption ces dernières années, comme en témoignent en partie les 40 recommandations révisées du Groupe d'action financière. La lutte mondiale contre la corruption est traitée dans un chapitre entier du manuel.

La corruption des secteurs public et privé présente de nombreuses variantes. À titre d'exemple, l'on peut citer le paiement illégal par une entreprise à l'employé d'une autre entreprise afin d'obtenir des secrets commerciaux, ou la corruption d'un régulateur pour fermer les yeux sur des activités criminelles dans une institution financière ou un autre type d'entreprise.

Capitaliser sur les « points communs » et analyser la « convergence »

En examinant ces points communs, les spécialistes de la criminalité financière dans les différents domaines de la lutte contre le blanchiment d'argent (LBC), la fraude, la lutte contre la corruption mondiale et autres peuvent déterminer si l'adoption d'une approche coordonnée et intégrée, loin de l'approche éclatée ou cloisonnée qui caractérise actuellement les efforts de criminalité financière est souhaitable. Actuellement, les efforts de détection, de prévention, de réglementation et d'application visant la criminalité financière suivent une approche cloisonnée. Une approche unifiée ou « convergente » peut permettre aux entités privées et publiques de mettre fin à la sous-utilisation des disciplines et permettre aux unités internes d'atteindre une plus grande efficience, une plus grande rentabilité et une plus grande efficacité.

Comprendre et apprécier les points communs peut conduire au développement d'une approche globale cohérente et plus efficace de la criminalité financière dans les entités des secteurs public et privé. Le point culminant de cette approche réside dans la création d'unités convergentes avec des noms comme le «*Financial Crime Risk Management Group* » au sein des institutions et des organisations. Cette approche a le potentiel d'améliorer les résultats, de rationaliser les procédures, de mettre à niveau l'utilité des informations et des renseignements, d'augmenter la collaboration entre divers employés et organisations et d'économiser de l'argent.

L'unification des fonctions qui opèrent aujourd'hui séparément pourrait permettre aux enquêteurs d'apprendre et d'exploiter les outils de surveillance utilisés par les analystes de lutte contre le blanchiment d'argent et en même temps de donner à ces derniers et aux autres analystes l'accès à l'expertise des agents d'enquête des unités anti-fraude.

Si les liens communs que partagent les délits financiers plaident en faveur d'une approche centralisée, alors la convergence peut être la meilleure solution. Les points communs semblent justifier un examen approfondi de la façon dont les délits financiers sont traités par les entités des secteurs privé et public. Ils appellent à un effort rationalisé et unifié qui améliore l'efficacité.

Conséquences de la criminalité en col blanc

Le crime, de par sa nature même, a des conséquences pour les individus et les communautés. La criminalité financière ou criminalité en col blanc, en particulier, a un ensemble de conséquences qui peuvent être sensiblement différentes des conséquences qui découlent des crimes de rue. En particulier, les conséquences peuvent être (1) des pertes économiques individuelles, (2) des pertes économiques sociétales, (3) des conséquences émotionnelles, (4) des dommages physiques et (5) des conséquences « positives ».

Les *pertes économiques individuelles* se réfèrent aux pertes financières que les victimes individuelles ou les entreprises subissent en raison des crimes en col blanc. Une des méthodes utilisée par les criminologues pour matérialiser ces pertes est de les comparer aux pertes subies par les victimes de crimes conventionnels. Selon certaines estimations, le montant moyen perdu par détournement de fonds, par exemple, est d'environ 1 000 000 $ (« *The Marquette Report* », 2009). Par comparaison, considérez ce qui suit :

- Le vol moyen dans la rue ou sur la route entraîne des pertes de 1 032 $.
- Le vol moyen d'une station-service entraîne des pertes de 1 007 $.
- Le vol moyen d'un dépanneur entraîne des pertes de 712 $ (*Federal Bureau of Investigation*, 2009b).

Il est important de noter qu'un petit groupe de délinquants peut entraîner d'importantes pertes financières. En fait, Sutherland (1949) a soutenu que les crimes en col blanc coûtent bien plus que les crimes de rue en termes de pertes financières. Bien que cette estimation date de quelques décennies, il n'en reste pas moins qu'un crime en col blanc entraînera probablement des pertes en dollars plus importantes pour les victimes qu'un crime de rue.

Les pertes économiques de la société désignent le montant total des pertes subies par la société à cause de la criminalité en col blanc. En termes de faillites d'entreprises, une estimation suggère qu'entre un tiers et la moitié des défaillances d'entreprises sont attribuables au vol d'employés (*National White Collar Crime Center*, 2009). En ce qui concerne les frais de recouvrement, les contribuables paient des milliards de dollars pour soutenir les efforts des systèmes de justice pénale, civile et réglementaire. Pour illustrer la façon dont ces coûts peuvent s'accumuler rapidement, on peut citer le cas d'un criminel en col blanc impliqué dans une pyramide de Ponzi à 7 millions de dollars qui a finalement tout perdu et n'a même pas pu payer son propre avocat. Le bureau du défenseur public fédéral a alors été chargé de représenter l'accusé. Les frais d'avocat dans les affaires de criminalité en col blanc seraient particulièrement exorbitants.

Des conséquences émotionnelles sont également ressenties par les victimes de crimes en col blanc et tous les membres de la société exposés à cette faute. Ces conséquences émotionnelles sont le stress causé par la victimisation, l'abus de confiance et les atteintes à la morale publique. En ce qui concerne le stress, toute expérience de victimisation est stressante, mais l'expérience de victimisation criminelle en col blanc est considérée comme particulièrement stressante. Une grande partie du stress provient de la violation de la confiance qui accompagne les crimes en col blanc.

pertes subies du fait de la victimisation, voient leur confiance violée par le contrevenant. Il y a des raisons de croire que le niveau de confiance peut être lié au niveau de confiance spécifique accordé aux différents types de cols blancs (par exemple, nous n'accordons pas le même degré de confiance aux médecins et aux pharmaciens qu'aux mécaniciens automobiles). S'appuyant sur les idées de Sutherland, Moore et Mills (1990) ont recensé les conséquences suivantes de la criminalité en col blanc :

> Diminution de la confiance dans une économie libre et dans les chefs d'entreprise
> Érosion de la moralité publique
> Perte de confiance dans les institutions politiques, les processus et les dirigeants

Les préjudices physiques peuvent également résulter d'une victimisation criminelle en col blanc. Parfois, les dommages physiques peuvent être le résultat direct de l'infraction de col blanc. Par exemple, les cas de maltraitance physique ou sexuelle de patients entraîneront un préjudice physique pour les victimes. D'autres fois, subir des dommages financiers peut entraîner des problèmes physiques. Il a été constaté, par exemple, que la perte de l'ensemble de son épargne-retraite contribuait aux problèmes de santé des victimes des crimes financiers. La mort ou des blessures graves sont également une conséquence possible des crimes en col blanc.

L'intégration communautaire est une quatrième fonction de la criminalité en col blanc. En particulier, des groupes d'individus qui, autrement, ne se seraient pas connus les uns les autres, peuvent se regrouper dans leur lutte contre le crime en col blanc. Lorsqu'il y a une épidémie de criminalité dans un quartier, les riverains se réunissent afin de partager leurs expériences et rendre leur quartier plus fort. Une éclosion de crime dans une entreprise pourrait avoir le même résultat. Des collègues qui ne se sont jamais parlés peuvent soudainement devenir des compagnons de cantine simplement parce qu'ils éprouvent le besoin de se réunir pour parler des crimes qui se sont produits sur leur lieu de travail. De plus, au niveau de la société, de nouveaux groupes ont été formés pour prévenir et combattre la criminalité en col blanc.

Conclusion

Le domaine de la criminalité financière mondiale est complexe et évolue rapidement, mais la reconnaissance des points communs et des intersections entre tous les crimes financiers est un point de départ nécessaire. Une approche plus globale de la criminalité financière peut offrir une réponse plus coordonnée et plus efficace dans les domaines de la conformité, des enquêtes et de l'application. Il sert également de moyen pour introduire le large éventail de sujets qui seront traités dans les conférences suivantes.

Quizz d'entraînement

1. Lequel des énoncés suivants est VRAI ou FAUX concernant les points communs des délits financiers ?

   Tous les crimes financiers impliquent le blanchiment d'argent ❑ Vrai ❑ Faux
   Tous les crimes financiers entraînent l'évasion fiscale ❑ Vrai ❑ Faux
   Interface de tous les crimes financiers sans agences gouvernementales ❑ Vrai ❑ Faux Tous les crimes financiers créent le besoin de recouvrement d'avoirs ❑ Vrai ❑ Faux
   Tous les (principaux) crimes financiers impliquent plus d'un pays ❑ Vrai ❑ Faux

2. Dans la déclaration suivante, cochez VRAI ou FAUX selon le cas.

Les autorisations et les auteurs de crimes financiers évoluent constamment [❑ Vrai ❑ Faux] car le crime financier est statique [❑ Vrai ❑ Faux] ; par conséquent, l'enquêteur judiciaire doit être en avance sur les fraudeurs en termes de connaissances, de compétences et d'aptitudes [❑ Vrai ❑ Faux].

3. Lequel des énoncés suivants n'est pas une conséquence du crime financier ?
   a. Conséquence émotionnelle
   b. Blessure physique
   c. Pertes économiques sociétales
   d. Droit économique individuel
   e. Intégration communautaire

4. La plupart des délits financiers comportent quatre phases [❑ Vrai ❑ Faux]. Identifier la phrase intruse.
   a. quand le crime est planifié
   b. quand il est commis
   c. quand commettre le crime
   d. lorsque le produit est blanchi
   e. lorsque les pertes de la victime sont identifiées et que le recouvrement d'avoirs est nécessaire

5. Déterminer l'étendue de la criminalité financière n'est pas une tâche simple. Deux facteurs rendent particulièrement difficile la détermination précise de la fréquence des crimes en col blanc.
   a. Les crimes financiers ne sont pas signalés aux organismes d'intervention officiels ; et la difficulté de déterminer l'étendue des délits financiers tient à l'ambiguïté conceptuelle entourant le concept.

b. Les crimes financiers ne sont pas signalés aux organismes d'intervention officiels ; et les statistiques officielles non disponibles des agences gouvernementales.
c. La difficulté à déterminer l'étendue des crimes financiers tient à l'ambiguïté conceptuelle entourant le concept ; et aux statistiques officielles non disponibles des agences gouvernementales.
d. La difficulté à déterminer l'étendue des crimes financiers tient à l'ambiguïté conceptuelle entourant le concept ; et aux statistiques officielles non disponibles des agences gouvernementales.
e. Non disponibilité des enregistrements de statistiques officielles et des enquêtes de victimisation des agences gouvernementales.

6. Ci-dessous trois principaux moyens que nous avons appris sur l'étendue des crimes financiers SAUF
   a. statistiques officielles fournies par les agences gouvernementales
   b. enquêtes de victimisation
   c. estimations
   d. études de recherche portant sur des types spécifiques de crimes financiers

7. Les criminologistes et les spécialistes des sciences sociales proposent différentes façons de définir les crimes en col blanc.

8. Ces variations ont tendance à se chevaucher et se résument dans les phrases ci-dessous SAUF :
   a. Le crime en col blanc comme violations morales ou éthiques

b. Le crime en col blanc comme menace pour la société
c. La criminalité en col blanc comme définitions socialement construites par les entreprises
d. La criminalité en col blanc comme crimes professionnels
e. La criminalité en col blanc comme violations survenant dans les systèmes professionnels

(Pour les réponses, veuillez-vous reporter à l'annexe A)

CHAP 2 :

Typologie de la criminalité financière

Introduction

Il existe de nombreux types de crimes financiers. Certains de ces crimes peuvent être élucidés en peu de temps, tandis que d'autres prendront beaucoup plus de temps. Le temps nécessaire est directement lié à la complexité du crime. Dans le cas de crimes financiers complexes, il faut beaucoup de temps pour rassembler d'énormes quantités de documents financiers à l'appui d'une condamnation. Cependant, tous les crimes financiers ont un dénominateur commun : la cupidité. La plupart des gens sont honnêtes et dignes de confiance tant que l'occasion ne se présente pas.

Trois facteurs sont présents dans les crimes financiers : (1) un bien de valeur ; (2) une occasion de prendre ce bien de valeur sans se faire repérer ; (3) un auteur disposé à commettre l'infraction. Les crimes financiers ou les crimes en col blanc se déclinent, sans s'y limiter, dans les quatre catégories principales suivantes :

Corruption : fait d'octroyer, de demander, de recevoir ou d'accepter un avantage indu lié à un poste ou à un bureau. Quelques exemples : dessous de table, pots-de-vin, corruption organisationnelle ou publique.

Fraude : détournement délibéré de la vérité dans le but d'inciter une personne à faire suffisamment confiance au criminel pour se séparer d'un bien de valeur lui appartenant ou pour renoncer à un droit légal. On recense plusieurs types de fraude, notamment la fraude bancaire, la fraude à la consommation, la fraude par carte de crédit.

Vol : acte qui consiste à prendre illégalement possession des biens d'une victime sans le consentement de celle-ci. Exemples : vol de trésorerie ou vol de stock.

Manipulation : un moyen d'obtenir un contrôle ou une influence illicite sur les activités, les moyens et les résultats d'autrui, par exemple, la faillite orchestrée, le truquage d'offres, les ententes illicites, le crime informatique, la contrefaçon de monnaie, la cybercriminalité, les employés fantômes, les factures gonflées et le crime fiscal.

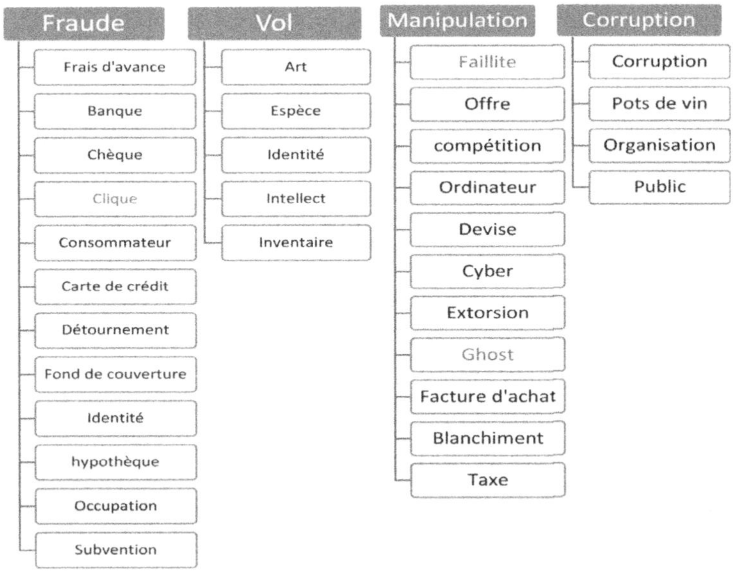

Ces quatre principales catégories de crimes financiers sont brièvement expliquées ci-dessous.

La fraude

La fraude peut être définie comme le détournement délibéré de la vérité dans le but d'inciter une personne à faire suffisamment confiance au criminel pour se séparer d'un bien de valeur lui appartenant ou pour renoncer à un droit légal. La fraude est une création illégale et intentionnelle de fausses déclarations, qui cause un préjudice réel ou potentiel à autrui.

Fraude par paiements anticipés

Les victimes sont approchées par lettre, par fax ou par e-mail, sans contact préalable. Les adresses des victimes sont obtenues dans des annuaires téléphoniques et électroniques, dans des revues professionnelles, dans des magazines et dans des journaux. La plupart du temps, une lettre de fraude par paiement anticipé décrit la nécessité de déplacer des fonds hors du Nigéria ou de tout autre pays d'Afrique subsaharienne, il s'agit généralement du recouvrement de fonds contractuels, des expéditions de pétrole brut ou de l'héritage de rois ou gouverneurs tardifs. On est en présence ici, d'un schéma de fraude externe, où les fraudeurs tentent d'obtenir le paiement en avance d'une commission pour un engagement qui n'est jamais réellement rempli ou pour un travail qui n'est jamais effectué au final.

Les victimes sont souvent naïves et avides, ou, pire encore, prêtes à encourager de graves infractions criminelles telles que le pillage de deniers publics dans un État africain pauvre. La fraude par paiements anticipés existe depuis des siècles, et a été rendue célèbre à travers le cas d'une escroquerie de prisonniers espagnols (Ampratwum 2009, 68) :

> *Il s'agissait d'un riche commerçant qui avait été contacté par un étranger, lequel cherchait de l'aide pour faire sortir un membre fictif de sa famille d'une prison espagnole. En échange du financement du « sauvetage », le commerçant s'est vu promettre une récompense qui, bien sûr, n'a jamais été remise.*

La fraude par paiements anticipés se développe rapidement sur Internet. L'avènement d'Internet et la prolifération de son utilisation au cours des dernières décennies en font un outil idéal pour semer des appâts à tout va, permettant une portée mondiale. Les fraudeurs par paiements anticipés ont tendance à utiliser des méthodes spécifiques qui exploitent la rationalité limitée et le comportement automatique des victimes. Ces méthodes sont : l'affirmation de l'autorité et du pouvoir d'expert, le référencement de personnes et d'organisations respectées, la fourniture d'une preuve partielle de légitimité, la création de l'urgence et l'insinuation de la rareté et du privilège.

Fraude bancaire

La fraude bancaire est une infraction pénale consistant à exécuter en toute conscience un stratagème afin de tromper une institution financière. Par exemple, en

Chine, la fraude bancaire devrait augmenter à la fois en complexité et en quantité, car les criminels continuent de mettre à jour leurs méthodes et techniques de fraude. En raison de la forte inclinaison pénale du droit criminel chinois, des peines sévères, entre autres la peine de mort et l'emprisonnement à vie, ont été fréquemment prononcées dans des cas de graves fraudes bancaires et de corruption. La loi incertaine et les pratiques d'application incohérentes ont rendu les délinquants plus fatalistes à ce sujet, les amenant à simplement espérer qu'ils ne feraient pas partie des malchanceux pris sur le fait.

La fraude financière dans le secteur bancaire est un acte criminel souvent lié à des instruments financiers, dans la mesure où les investisseurs sont incités à investir de l'argent dans un instrument financier censé rapporter un profit élevé. Les investisseurs perdent leur argent car soit aucun investissement n'est effectivement réalisé ; soit l'instrument n'existe pas ; soit encore l'investissement est incapable de produire le profit annoncé ; ou alors il s'agit d'un investissement à très haut risque inconnu de l'investisseur. L'argent est généralement réparti entre la personne qui a parlé de l'opération à l'investisseur et les différents intermédiaires, qui ont tous joué un rôle dans le stratagème.

La fraude par chèque

Lorsqu'un chèque d'entreprise est volé, modifié ou falsifié, il peut être détourné vers une personne non autorisée qui accède aux fonds, puis ferme le compte ou disparaît tout simplement.

Fraude aux clics

On parle de fraude aux clics lorsqu'un individu ou un programme informatique clique frauduleusement sur une publicité en ligne sans aucune intention d'en savoir plus sur l'annonceur ni d'effectuer un achat. Lorsque vous cliquez sur une publicité affichée par un moteur de recherche, l'annonceur est généralement facturé pour chaque clic, lequel est censé diriger les acheteurs potentiels vers son produit. La fraude aux clics est devenue un problème grave pour Google et d'autres sites Web proposant des publicités en ligne avec paiement par clic. Certaines entreprises engagent des tiers (généralement dans des pays où la main d'œuvre est bon marché) pour cliquer frauduleusement sur les publicités d'un concurrent afin de l'affaiblir en augmentant ses coûts de commercialisation. La fraude au clic peut également être perpétrée au moyen de logiciels qui réalisent le clic.

La fraude à la consommation

La fraude à la consommation consiste à contraindre les consommateurs à payer pour des produits non reçus ou de qualité inférieure, non conformes aux spécifications, ou encore surfacturés. L'utilisation croissante des sites Internet, comme alternative à la prospection téléphonique ou au porte-à-porte aggrave ce problème.

La fraude à la consommation est un terme également utilisé dans le sens inverse, lorsque le consommateur est le fraudeur. L'un des exemples bien connu de ce type de fraude est la fraude à l'assurance des consommateurs, qui est définie comme une tromperie délibérée perpétrée contre une compagnie d'assurance à des fins de gain financier. Le plus souvent, l'on a : la fausse déclaration des faits sur une demande d'assurance, la présentation de réclamations pour des blessures ou des dommages qui ne se sont jamais produits, l'organisation d'accidents et le gonflement des réclamations réelles. La fraude à l'assurance est un problème économique mondial qui menace la solidité financière des assureurs et la survie des institutions d'assurance.

Fraude par carte de crédit

La fraude par carte de crédit fait référence à l'utilisation non autorisée d'une carte de crédit pour effectuer des achats. La plupart des cartes de crédit volées le sont avant d'avoir atteint le client visé, bien que de nombreux numéros de cartes de crédit soient volés par des caissiers ou d'autres employés de magasins.

La fraude par carte de crédit cause des pertes de plusieurs millions de dollars et nuit aux entreprises et au public. La plupart des fraudes par carte de crédit sont contrôlées par le crime organisé. Le schéma est assez classique. Les cartes de crédit sont volées, clôturées et envoyées ailleurs. Généralement, ces cartes sont volées avant que le titulaire de la carte de crédit ne soit en mesure de signaler sa disparition ou avant que la société émettrice ne puisse avertir ses abonnés du vol afin que ceux-ci puissent y faire opposition.

Les cartes de crédit sont généralement obtenues de l'une des manières suivantes :

- La carte de crédit est volée lors du processus de livraison ;

- Les cartes de crédit sont volées ou dupliquées lors du processus d'impression ;
- Les cartes de crédit sont volées au cours du processus de retour à l'émetteur (en cas de refus ou d'impossibilité de livraison).
- Les cartes de crédit sont parfois volées dans la rue comme de l'argent ou des chèques ;
- Les employés des entreprises « oublient » délibérément de retourner les cartes de crédit à leurs clients ;
- Les cartes de crédit sont contrefaites ;
- Les numéros de carte de crédit sont subtilisés auprès de clients légitimes et sont ensuite utilisés pour effectuer des achats.

Dans certains cas, les cartes de crédit sont contrefaites à partir de numéros légitimes. D'après le schéma classique, ces cartes de crédit volées sont utilisées pour acheter des marchandises destinées à un vendeur illicite. Ce dernier vend à son tour la marchandise au comptant. Ou encore dans le cadre de groupes de crime organisé, les marchandises ainsi achetées sont expédiées à l'étranger pour y être revendues. Le véritable titulaire de la carte n'est pas responsable des achats s'il signale le vol à la société émettrice de la carte de crédit dans les trente (30) jours. Les sociétés émettrices de cartes de crédit signalent des pertes de plusieurs millions de dollars à cause de la fraude par carte de crédit.

Détournement de fonds

Le détournement de fonds se produit lorsqu'une personne à qui l'on confie des fonds pour la garde, comme un fiduciaire de la succession ou un directeur financier, utilise ces fonds sans autorisation, pour son propre bénéfice. Le détournement de fonds peut être observé entre des amis de confiance ou même des proches, ou encore dans une simple activité commerciale. En examinant minutieusement les dossiers financiers, le fiduciaire ou le propriétaire du fonds peut aider à révéler des signes de détournement, tels que des fonds manquants, des chèques en double ou des erreurs comptables.

Fraude aux fonds spéculatifs

La fraude aux fonds spéculatifs peut entraîner des pertes substantielles pour les investisseurs. Un fonds spéculatif est défini par Muhtaseb et Yang (2008) comme un investissement commun qui est organisé et administré par une société de gestion professionnelle et qui n'est pas largement accessible au public. Les gestionnaires de fonds investissent souvent une part considérable de leur propre fortune dans les fonds qu'ils gèrent. Ils ont tendance à refuser de discuter de leurs stratégies commerciales dans le souci de garder un train d'avance sur la concurrence. Muhtaseb et Yang (2008) ont présenté le cas de fraude aux fonds spéculatifs suivant.

> *Samuel Israel, James Marquez et Daniel Marino ont créé et géré les Fonds Bayou en 1996. Marquez*

avait une bonne réputation et était bien connecté dans l'industrie, car il était un ancien trader du gestionnaire de fonds spéculatifs milliardaire George Soros. Les clients ont investi plus de 450 millions de dollars dans le fonds Bayou de 1996 à 2005. Les fonds restants étaient d'environ 100 millions de dollars. Pour cacher et perpétuer leur stratagème frauduleux, les gérants ont sciemment déformé la valeur et la performance des fonds Bayou et publié des documents financiers faux et trompeurs aux investisseurs. En 2005, Israël a envoyé une lettre aux investisseurs les informant que le fonds Bayou fermerait à la fin du **mois.** *Il a dit qu'il voulait passer plus de temps avec ses enfants après son divorce. Les investisseurs ont commencé à demander à récupérer leur investissement. Israël a envoyé une autre lettre pour expliquer que le processus avait été ralenti par des travaux d'audit car ils devaient s'assurer que les fonds se fermaient avec des registres comptables exacts. La lettre indiquait également que les investisseurs recevraient 90% de leur argent la semaine suivante, et le reste du capital un peu plus tard. Cependant, aucun des investisseurs ne reçut un seul sou. La vérité fut révélée par la lettre de suicide de Marino tapée sur six pages à la fin de l'année 2005.*

Vol d'identité

Il existe de nombreux signalements de cas où des personnes ont dû faire face à des réclamations parce que d'autres individus leur avaient volé leur identité en utilisant des données personnelles telles que le numéro de sécurité sociale, l'adresse et la date de naissance. La fraude à l'identité est fondée sur le vol d'identité, un crime par lequel un imposteur obtient des informations clés, telles que des numéros d'identification de sécurité sociale, des numéros de permis de conduire ou des numéros de carte de crédit pour usurper l'identité d'une autre personne. Les informations ainsi volées peuvent être utilisées pour obtenir un crédit, des marchandises ou des services au nom de la victime ou encore pour fournir au voleur de fausses informations d'identification. La fraude d'identité est le crime en col blanc qui connaît la croissance la plus rapide dans de nombreux pays, en particulier dans les pays développés.

Fraude hypothécaire

Pour obtenir une hypothèque dans le cadre de l'acquisition d'un bien immobilier, un individu doit au préalable déclarer ses revenus. Avant la crise financière de 2008 aux États-Unis, il était établi que 60 % des demandeurs de prêts examinés surestimaient leurs revenus de 50 % ou plus. Souvent, les emprunteurs et les professionnels de l'immobilier s'associaient pour se livrer à des stratagèmes de fraude à but lucratif. Ces stratagèmes exploitaient les caractéristiques déterminantes des prêts à risques tels que le financement à 100 % et les faibles normes de souscription. Dans une industrie basée sur des commissions versées pour chaque prêt, les agents de crédit étaient encouragés à participer à des fraudes.

Plus les représentants des prêteurs pouvaient obtenir de prêts, plus ils gagnaient d'argent. Les courtiers en hypothèques et les particuliers au sein des établissements de crédit étaient donc fortement incités à adhérer aux stratagèmes de fraude hypothécaire en étoffant les dossiers de prêt. Ils montaient des dossiers avec de faux documents et ignoraient les fausses déclarations évidentes figurant sur les documents de prêt.

Fraude professionnelle

La plupart des pays développés ont connu un certain nombre de cas de fraude professionnelle au cours de la dernière décennie, notamment les cas Enron, WorldCom, Société Générale et Parmalat. Peltier-Rivest (2009) définit la fraude professionnelle comme l'utilisation d'une profession à des fins d'enrichissement personnel par le biais d'une mauvaise utilisation ou d'une mauvaise application délibérée des ressources ou des actifs de l'organisation employeuse. Toute fraude commise par un employé, un cadre, un dirigeant ou le propriétaire d'une organisation, dont la victime est l'organisation elle-même, peut être considérée comme une fraude professionnelle, parfois appelée fraude interne. Souvent étiquetés comme éléments caractéristiques de fraude aux états financiers, des montants de revenus inexacts peuvent également être utilisés comme base pour le calcul de primes de performance.

Au rang des fraudes professionnelles, l'on compte entre autres la fraude basique en entreprise. Par exemple, lorsqu'un employé simule une maladie afin d'obtenir un congé de maladie payé, soumet des demandes d'heures supplémentaires surestimées ou se sert de l'équipement de l'entreprise à des fins non autorisées, par exemple pour gérer une entreprise privée. Les détournements d'actifs peuvent concerner de l'argent liquide ou des biens en nature. Parmi les détournements en espèces, l'on peut citer le vol d'argent, l'écrémage ou les débours frauduleux tels que des fausses factures, la fraude à la paie, la falsification de chèques et les remboursements

de frais frauduleux. Les détournements non monétaires concernent entre autres le vol de stocks, le vol d'équipements, le vol d'informations exclusives et le vol de titres.

L'arnaque aux subventions

L'arnaque aux subventions concerne des infractions pénales commises lorsque des subventions gouvernementales sont accordées. Une personne ou une entreprise peut fournir des informations incorrectes lors de sa demande de subventions gouvernementales ou utiliser ces subventions à des fins autres que celles prévues dans les intentions et les accords signés. À titre d'exemple les cartels illégaux de fixation des prix ou la subvention annuelle au carburant au Nigéria.

Vols

Le vol peut être défini comme la prise illégale des biens appartenant à une autre personne, à un groupe ou à une organisation sans son consentement.

Vol artistique

Le vol artistique désigne le vol d'œuvres d'art impliquant un cambriolage, un vol qualifié, une tromperie (fraudes, contrefaçons, falsification et fausse attribution) et potentiellement le blanchiment d'argent. Hill (2008) suggère que la valeur monétaire des œuvres d'art volées n'est pas aussi grande que la valeur des fraudes artistiques, des contrefaçons, des falsifications, des attributions douteuses et de certificats d'origine fictifs dans le monde de l'art, des objets anciens et des antiquités.

Un exemple de vol d'art est le crime artistique par trophée qui consiste, pour certains criminels violents, à faire montre de leur estime d'eux-mêmes, de l'égoïsme et de la décadence qui les transcendent lorsqu'ils commettent des crimes artistiques de grande envergure à des moments spécifiques, souvent à des moments où les ressources des forces de l'ordre sont sollicitées. Ci-après quelques illustrations (Hill 2008, 445) :

- Le vol de la version originale du « Scream » d'Edvard Munch volé à la National Gallery d'Oslo le premier jour des Jeux olympiques d'hiver de Lillehammer en 1994 ;
- Le vol du repos du Titien *Rest on the Flight into Egypt* ainsi que de deux autres photos du XVIe siècle de Longleat House, *Wiltshire on Twelfth Night*, 6 janvier 1995 ;
- Le vol de la seule Cézanne de l'Ashmolean à Oxford le soir du réveillon du millénaire 2000 ;
- Le vol à main armée au musée Isabella Stewart Gardner de Boston, dans le Massachusetts, dans la nuit de la Saint-Patrick 1990, au cours duquel plusieurs Rembrandts, un Vermeer et d'autres œuvres d'art très importantes ont été volés.

La valeur financière des œuvres d'art volées varie, car le marché de ces objets volés est limité. Hill (2008) soutient que le blanchiment d'argent par le biais d'œuvres d'art est grave mais relève davantage de l'évasion fiscale que du blanchiment des profits de la drogue illicite.

Vol d'argent

Dans cette catégorie, on peut citer l'écrémage qui se produit lorsque de l'argent est subtilisé avant d'être enregistré dans les livres. Il y a également le détournement de fonds qui implique un abus de confiance direct lorsque quelqu'un à qui l'argent est confié le détourne pour un usage personnel. On a aussi le rodage qui est une technique par laquelle le vol d'espèces ou de chèques est couvert par l'utilisation de reçus ultérieurs afin que l'écart de fonds ne soit pas remarqué.

Vol d'identité

Une distinction peut être établie entre la fraude d'identité et le vol d'identité. Alors que la fraude d'identité fait référence à une utilisation abusive réelle des identifiants obtenus et à des activités illégales commises par l'usurpation de l'identité des victimes, le vol d'identité fait référence à l'obtention des identifiants d'une personne sans son consentement. En règle générale, le vol d'identité est un préalable à la fraude d'identité. Le vol d'identité consiste à acquérir les informations personnelles d'un autre à son insu. C'est l'acquisition de données suffisantes pour permettre à une personne d'usurper l'identité d'une autre. Il s'agit de sécuriser des éléments des informations personnelles d'un individu (par exemple, son numéro de naissance, son permis de conduire, son numéro de sécurité sociale) et d'utiliser les informations extraites de ces modes d'identification afin d'usurper l'identité de la personne.

Le vol d'identité combiné à la fraude d'identité est l'utilisation illégale des informations d'identification personnelle d'autrui. Il s'agit d'informations financières ou autres informations personnelles volées dans le but d'établir l'identité d'une autre personne comme étant celle du voleur. Cela se produit lorsque quelqu'un utilise des informations d'identification personnelle, telles que le nom, le numéro de sécurité sociale, la date de naissance, le numéro de passeport officiel ou le numéro de carte de crédit sans l'autorisation des propriétaires pour commettre une fraude ou d'autres délits. Le vol d'identité est un phénomène qui menace la croissance et le développement des économies dans le monde et qui a été érigé au rang de crime du nouveau millénaire. Au cours de plusieurs études, il a été constaté que les États comptant plus d'hommes, une mobilité résidentielle plus élevée et plus d'établissements de divertissement sont susceptibles d'avoir plus de plaintes de vol d'identité.

Criminalité en matière de propriété intellectuelle

La criminalité liée à la propriété intellectuelle est une préoccupation financière majeure pour les constructeurs automobiles, les fabricants de produits de luxe, les entreprises médiatiques et les sociétés pharmaceutiques. De manière plus alarmante, selon Interpol (2009), la contrefaçon met en danger la santé publique, en particulier dans les pays en développement, où l'Organisation Mondiale de la Santé estime que plus de

60 % des produits pharmaceutiques sont des produits contrefaits.

Interpol (2009) a lancé une nouvelle base de données sur les délits internationaux en matière de propriété intellectuelle, qui a été créée pour combler le vide dans les données recueillies par divers organismes internationaux et le secteur privé. Sur 1 710 entités de la base de données, des vérifications par rapport à d'autres bases de données d'Interpol ont révélé des liens avec la contrefaçon de cartes de crédit et de devises, la fraude, le blanchiment d'argent, le vol, les crimes violents, le trafic d'êtres humains et le trafic d'armes et de drogues. Cela démontre le rôle du crime organisé dans la contrefaçon et le piratage à grande échelle.

Vol de stocks

Le vol de stocks se produit en entreprise, il s'agit de vol de marchandises appartenant à l'entreprise.

Manipulation

La manipulation peut être définie comme un moyen d'obtenir un contrôle ou une influence illicite sur les activités, les moyens et les résultats d'autrui.

Faillite orchestrée

La faillite orchestrée est un acte criminel commis dans le cadre d'une procédure de faillite ou de liquidation. La fraude en matière de faillite est commise par des entreprises ou des particuliers, qui dissimulent des actifs, induisent en erreur les créanciers, déclarent faussement faillite, déposent plusieurs demandes de mise en faillite ou lancent des pétitions. Une personne qui demande la mise en faillite ou une entreprise qui a été mise en liquidation peut cacher des actifs après l'ouverture de la procédure, empêchant ainsi les créanciers de recouvrer leurs créances. La fraude sur stocks est un autre type de faillite orchestrée. Le stock est généralement expédié dans les locaux de l'entreprise. Par la suite, il est transporté vers une autre entreprise, qui est gérée par les mêmes directeurs. Là, il est vendu et les bénéfices sont détournés vers les mandants. Normalement, un bouclier d'entreprise sera en place pour cacher les principaux acteurs impliqués dans ce scénario.

Le crime organisé va reprendre une entreprise non pas pour la maintenir en vie et en bonne santé, mais pour forcer l'entreprise à la faillite après avoir réalisé un rapide bénéfice. Les particuliers orchestrent une faillite en ne divulguant pas ou en cachant des actifs au syndic. Pour les petites entreprises, cela peut s'avérer dévastateur. Car elles ne sont généralement pas en mesure de récupérer les pertes. Les grandes entreprises quant à elles répercutent la perte - qui peut prendre des semaines, des mois, voire des années à se rétablir - sur d'autres clients en augmentant leurs prix. La principale caractéristique de la fraude en matière de faillite est la dissimulation ou la non-divulgation d'actifs. Cela laisse peu ou pas de moyens de recouvrement par les créanciers. C'est ce qu'on appelle le « *bust out* ». Les *bust out* sont devenus plus fréquents ces dernières années, en particulier dans les entreprises à forte rotation de stocks. Ce crime nécessite généralement l'identification du stock acheté, stock vendu et stock « soustrait ».

Truquage des offres

Le truquage d'offres se produit lorsqu'un fournisseur bénéficie d'un avantage déloyal afin de vaincre un concurrent dans le cadre d'un appel d'offres ouvert pour un contrat donné. Un fournisseur peut recevoir des informations supplémentaires pour faire une offre basse, mais augmenter ensuite ses revenus grâce à de nombreuses variantes du contrat défini. Cela peut être lié à la réception de pots-de-vin.

Fraude à la concurrence

Les fraudes liées à la concurrence consistent à collaborer avec des concurrents pour influencer les prix, les bénéfices et les remises. L'on a également dans cette rubrique, la collaboration pour les appels d'offres et le partage du marché. Les règles d'interdiction contenues dans les lois sur la concurrence visent tout d'abord les cartels dans lesquels les acteurs du marché d'une industrie particulière collaborent afin de limiter la concurrence. Ils peuvent diviser le marché entre eux et convenir des prix à facturer à leurs clients. Les prix seront plus élevés qu'en situation de véritable concurrence sur le marché.

Criminalité informatique

La criminalité informatique est définie comme toute violation du droit pénal qui, pour être perpétrée ou investiguée, requiert la connaissance de la technologie informatique Le rôle initial des technologies de l'information et de la communication (TIC) était d'améliorer l'efficience et l'efficacité des organisations.

Cependant, la quête d'efficience et d'efficacité sert des objectifs plus obscurs car les fraudeurs exploitent la dimension électronique à des fins personnelles. La criminalité informatique est un problème majeur qui a étendu l'éventail de la typologie de la criminalité. Les exemples de crimes informatiques vont du sabotage au piratage de logiciels en passant par le vol de données personnelles. Dans la terminologie de la criminalité informatique, le terme *pirate* est généralement utilisé pour désigner un pirate informatique ayant une intention criminelle. L'ampleur du problème de la criminalité informatique demeure encore floue - combien de systèmes sont envahis, combien de personnes se livrent à cette pratique ou quel est le total des dommages économiques ? Les types de cybercriminalités informatiques les plus dommageables sur le plan économique sont les attaques par déni de service, où les commandes des clients peuvent être réacheminées vers un autre fournisseur.

Falsification des billets

La falsification des billets et le blanchiment d'argent peuvent déstabiliser les économies nationales et menacer la sécurité mondiale, car ces activités sont parfois utilisées par des terroristes et d'autres criminels dangereux pour financer leurs activités ou dissimuler leurs bénéfices. La falsification de billets est un délit aussi vieux que l'argent lui-même. Dans le passé, les nations utilisaient la fausse monnaie comme arme de guerre. L'idée était de saturer l'économie ennemie de faux billets de façon à réduire la valeur réelle de cette monnaie et à attaquer ainsi l'économie et le bien-être général d'une société.

Cybercriminalité

Les attaques contre l'infrastructure de cybersécurité des entreprises peuvent avoir plusieurs objectifs. L'un des objectifs poursuivis par les criminels est d'obtenir un accès non autorisé aux informations sensibles de la cible. La plupart des entreprises dépendent de manière vitale de leurs informations stratégiques, notamment les informations sur les nouveaux produits, les dossiers du personnel, les listes de prix et les chiffres de vente. Une personne mal intentionnée peut tirer des avantages économiques directs de l'accès à, et/ou de la vente de ces informations ; ou infliger des dommages à une organisation en impactant ces informations. Une fois l'accès aux informations sensibles obtenu, les criminels peuvent non seulement les extraire et les utiliser ou les vendre, mais également les modifier ou les supprimer, ce qui entraîne des conséquences importantes pour leurs cibles.

La cybercriminalité et la criminalité informatique sont toutes deux liées à la criminalité sur Internet. Internet est une « épée à double tranchant » qui offre de nombreuses opportunités aux individus et aux organisations de se développer. Dans le même temps, Internet a créé de nouvelles opportunités de commettre des crimes. La criminalité sur Internet est devenue un problème mondial qui nécessite la pleine coopération et la participation des pays en développement et des pays développés au niveau international.

Extorsion

L'extorsion est une infraction pénale, qui se produit lorsqu'une personne obtient illégalement de l'argent, des biens ou des services d'une personne, d'une entité ou d'une institution par la contrainte. La coercition consiste à contraindre une personne ou à la forcer à se comporter de manière involontaire. L'un des abus courants de l'autorité publique dans certains pays est lié à l'application des règles de la circulation routière (ou d'autres infractions mineures) où des amendes informelles sur le terrain (ou pots-de-vin) sont négociées avec le contrevenant présumé, plutôt que des poursuites officielles ou d'autres procédures légales engagées. Dans des circonstances extrêmes, ce type d'abus peut être considéré par certains comme la manière normale de faire des affaires. Les évaluateurs sont aux premières loges face à ce type d'abus.

Employés fantômes

Le phénomène d'employés fantômes consiste à introduire des noms additionnels fictifs sur l'état de salaire d'une entreprise et de détourner les fonds vers un compte bancaire spécialement configuré pour cette arnaque. Un employé peut par exemple continuer à figurer sur l'état de salaire après avoir quitté l'entreprise et des fonds supplémentaires peuvent ainsi être détournés pendant un certain temps.

Factures majorées

Il s'agit pour une entreprise de majorer ses factures sans l'accord du payeur, qui peut être un client. À l'inverse, un employé peut prendre des dispositions pour payer un fournisseur plus que ce qui est dû en échange d'un paiement non autorisé ou de toute autre compensation. De même, l'on observe des demandes de remboursement de frais de voyage et de divertissement (séjour) falsifiées, majorées, ou encore d'autres types classiques d'abus en entreprise. Les schémas d'appropriation illicite sont également similaires à ce type de fraude : modification des chiffres de ventes, annulation de revenus réellement reçus, obtention de bons de commande vierges, modification de la documentation, détournement des remises des fournisseurs et radiation des soldes,…etc.

Le blanchiment d'argent

Le blanchiment d'argent est un pan très important de la plupart des activités criminelles. Il permet la sécurisation des revenus générés par un acte criminel. Ces revenus doivent être intégrés dans le circuit de l'économie légale pour que les criminels puissent en jouir. Le blanchiment d'argent a pour but de faire croire que les revenus ont été acquis légalement et d'en dissimuler les origines illégales.

Il s'agit d'une technique pratiquée dans tous les types de crimes motivés par l'appât du gain, tels que le détournement de fonds, la fraude, l'appropriation illicite, la corruption, le vol, la distribution de stupéfiants et la traite des êtres humains.

Le blanchiment d'argent a souvent été défini comme un processus en trois étapes qui nécessite (1) d'éliminer l'association directe entre les fonds et le crime ; (2) de déguiser la piste afin de déjouer les poursuites et (3) de les mettre à nouveau à la disposition du criminel avec leurs origines professionnelles et géographiques cachées. La première étape est la plus risquée pour les criminels puisque l'argent provenant des activités criminelles est introduit dans le système financier. L'étape 1 est souvent appelée étape de placement. L'étape 2 est appelée étape de superposition. L'argent est alors déplacé afin de dissimuler ou de supprimer les liens directs avec l'infraction commise. L'argent peut être acheminé via plusieurs transactions, qui pourraient impliquer un certain nombre de comptes, d'institutions financières, d'entreprises et de fonds, ainsi que le recours à des professionnels, tels que des avocats, des courtiers et des consultants, en tant qu'intermédiaires. L'étape 3 est souvent appelée étape d'intégration. Au cours de cette phase, une base légitime pour l'origine des actifs est créée. L'argent est mis à la disposition du criminel et peut être utilisé librement pour la consommation privée, les achats de luxe, l'investissement immobilier ou l'investissement dans des entreprises légales. Le blanchiment d'argent a également été décrit comme un processus en cinq étapes : placement, superposition, intégration, justification et incorporation.

Évasion fiscale

Le non-respect des lois fiscales nationales est l'un des délits financiers les plus répandus dans de nombreux pays. L'évasion fiscale peut être divisée en trois catégories principales : travail/entreprise non déclaré, planification et ajustement illégaux des impôts et exploitation d'ambiguïtés ou de prétendues « échappatoires » dans la législation afin d'obtenir des avantages fiscaux illégitimes.

L'évitement fiscal est le fait de profiter des opportunités légalement disponibles pour minimiser son impôt à payer. Les particuliers et les personnes morales ont tendance à choisir les options fiscales qui encourront le moins d'impôts sur le revenu. C'est ce qu'on appelle la planification fiscale, et qui se pratique dans certaines limites légales. Cependant, les stratégies de planification fiscale rencontrent des limites parfois difficiles à identifier. Par exemple, il existe une zone grise entre l'évitement fiscal, qui est une économie fiscale légale et l'évasion fiscale, qui est illégale.

L'évasion fiscale est définie comme la tentative délibérée de défier ou de contourner la loi fiscale afin de réduire illégalement sa responsabilité fiscale. L'évasion fiscale est illégale tandis que l'évitement fiscal est une approche légale pour économiser des impôts. Dans de nombreuses régions législatives, le délit d'évasion fiscale nécessite une action positive. Une simple négligence passive de l'obligation légale ne suffit donc pas à établir la violation. Des actes tels que la soumission de relevés de compte incorrects,la saisie de fausses entrées ou des modifications, ou de faux livres ou registres, la destruction de livres et registres, la dissimulation d'actifs ou la dissimulation de sources de revenus constituent une évasion fiscale. La fraude à la taxe sur la valeur ajoutée (TVA) est un type particulier de fraude fiscale.

Corruption

La corruption est définie comme l'octroi, la demande, la réception ou l'acceptation d'un avantage abusif lié à un poste, à un bureau ou à une tâche. L'avantage abusif n'a pas forcément à être lié à une action spécifique ni au fait de ne pas effectuer cette action. Il suffira qu'il puisse être lié au poste, au bureau ou à la tâche d'une personne. Un individu ou un groupe se rend coupable de corruption lorsqu'il accepte de l'argent ou toute compensation à valeur monétaire pour avoir fait une tâche qu'il a l'obligation de faire de toute façon, une tâche qui lui est interdite dans le cadre de sa fonction, ou sur laquelle il exerce un pouvoir discrétionnaire légitime, pour des raisons inadéquates. La corruption consiste à détruire ou à pervertir l'intégrité ou la fidélité d'une personne dans l'exercice de ses fonctions. Corrompre veut dire inciter à agir malhonnêtement ou infidèlement, rendre une personne vénale, la soudoyer.

La corruption implique un comportement de la part de fonctionnaires des secteurs public ou privé par lequel ils s'enrichissent indûment et illégalement et/ou enrichissent leurs proches ou encore incitent d'autres à le faire en abusant de la position qu'ils occupent. La corruption couvre un large éventail d'activités illégales telles que les pots-de-vin, les détournements de fonds et l'extorsion. Le blanchiment d'argent en fait également partie. La corruption peut être sporadique ou systémique, bureaucratique ou politique, grande ou petite et active ou passive.

D'un point de vue économique, la corruption est généralement définie comme l'abus de position d'autorité à des fins privées ou personnelles en raison d'influences externes. L'influence extérieure offre des avantages pour résoudre un problème. En règle générale, un problème est résolu en offrant des avantages aux personnes occupant des postes d'autorité. La corruption reflète le comportement rationnel et intéressé du corrompu utilisant son pouvoir discrétionnaire pour orienter les allocations vers d'autres acteurs sociaux qui offrent des récompenses en échange d'un traitement discrétionnaire favorable. La corruption est une réponse à des situations qui présentent des opportunités de gain et le pouvoir discrétionnaire de s'approprier ce gain.

Les pots-de-vin

Les pots-de-vin constituent un type de corruption destinée à l'obtention d'un traitement favorable. Par exemple,unentrepreneurcrimineldépendd'untraitement favorable pour réussir dans le crime organisé. Une organisation d'individus corrompus est un phénomène comportemental, tandis qu'une organisation corrompue est un phénomène descendant dans lequel un groupe de membres de l'organisation entreprend des actions de corruption. Les actes de corruption sont commis par la coalition dominante, les élites organisationnelles ou l'équipe de direction, directement ou par l'intermédiaire de leurs subordonnés au profit de l'organisation.

La décision de soudoyer est le résultat d'une équation de résolution de problèmes. L'activité de corruption peut impliquer des organisations dans leur pays d'origine ou à l'étranger et peut impliquer les gouvernements locaux ou étrangers avec lesquels ces organisations pourraient interagir. L'activité de corruption diffère en fonction de la personne qui fournit plutôt que de la demande des pots-de-vin et de la participation des institutions publiques ou privées.

Dessous de table

Un employé ayant une influence sur le choix de l'entreprise qui obtient un contrat particulier est apte et disposé à obtenir quelque chose pour aider l'entrepreneur qui souhaite obtenir ce contrat. De même, des pots-de-vin peuvent être versés à des inspecteurs afin qu'ils ferment les yeux sur des marchandises de qualité inférieure arrivant dans un quai de chargement. Si les pots-de-vin ne fonctionnent pas, le fraudeur dédié peut très bien passer au chantage et constituer une menace. Les systèmes de justice pénale modernes s'emploient à garantir que les victimes d'actes criminels soient indemnisées pour les blessures et les pertes subies par l'accusé.

Corruption organisationnelle

La corruption organisationnelle, que Lange (2008) définit comme la poursuite d'intérêts par les acteurs organisationnels à travers la mauvaise orientation intentionnelle des ressources organisationnelles ou la perversion des routines organisationnelles, pourrait en fin de compte entraver la capacité de l'organisation à atteindre son objectif légitime et menacer sa survie même.

a. Corruption publique

Il s'agit de l'abus de pouvoir par des dirigeants politiques à des fins d'enrichissement personnel. L'effet corrosif de la corruption mine tous les efforts visant à améliorer la gouvernance et à favoriser le développement. La corruption est tout autant un problème économique que politique et social car c'est un « cancer » qui pèse sur les pauvres des pays en développement (Berkman et al. 2008, 125) :

> *La corruption contribue à saper les projets de développement de trois manières principales. Premièrement, les pauvres du monde ne profitent pas toujours pleinement de l'aide au développement, car jusqu'à 10, 20, 30 et même des pourcentages plus élevés de prêts au développement sont détournés - souvent sous forme de pots-de-vin - par des acteurs corrompus, tels que des fonctionnaires, des sous-traitants et, dans de rares cas, par des employés d'organisations internationales. Les payeurs de pots-de-vin à leur tour modifient le projet, par exemple, en utilisant des matériaux de qualité inférieure ou font des prestations en dessous des spécifications requises, afin de payer ces pots-de-vin.*
>
> *Deuxièmement, même si les bénéficiaires de l'aide ne peuvent en conséquence recevoir qu'une fraction des bénéfices de chaque dollar ou euro*

> *dépensé pour l'aide au développement en raison de la corruption, ils doivent néanmoins rembourser le montant total du prêt au développement, souvent avec intérêts. Le fardeau de la dette qui en résulte pour les pauvres du monde étouffe toute chance qu'ils pourraient avoir de se libérer du cycle infernal de la pauvreté et de la dette. Pire encore, les pauvres des pays en développement deviennent cyniques envers les organisations internationales qui prêtent de l'argent aux dirigeants corrompus tout en assurant peu ou pas de surveillance pour garantir que ces prêts sont utilisés aux fins prévues.*
>
> *Troisièmement, la corruption entraîne la lassitude des donateurs. Les contribuables des pays donateurs, ainsi que leurs représentants élus chargés d'approuver les budgets d'aide au développement, sont de plus en plus sceptiques quant à la mise en œuvre efficace des projets de développement. Les plaidoyers des agences d'aide internationales stipulant que davantage d'aide est nécessaire pour les projets de développement ou pour la lutte contre la famine ont de moins en moins des échos favorables auprès des contribuables, qui estiment que les organisations internationales ignorent, ou ne font pas grand-chose, pour arrêter la corruption qui se moque de l'aide internationale.*

La corruption publique se retrouve partout dans le monde. Elle joue un rôle important dans le développement des organisations criminelles car celles-ci arrivent à étendre leurs activités illégales en soudoyant des fonctionnaires locaux.

Bilan et réflexion

1. Trois facteurs sont présents dans les crimes financiers, SAUF :
   a. un bien de valeur
   b. une occasion de prendre un bien de valeur sans être découvert
   c. un facteur de motivation pour qu'un auteur soit disposé à commettre l'infraction
   d. un auteur disposé à commettre l'infraction

2. La prise illégale des biens d'une autre personne sans son consentement est un(e)
   a. Corruption
   b. Vol
   c. Manipulation

3. Le moyen d'obtenir un contrôle ou une influence illicite sur les activités, les moyens et les résultats d'autrui est appelé
   a. Fraude
   b. Corruption
   c. Vol
   d. Manipulation

4. Le vol d'œuvres d'art est un crime impliquant tous les éléments suivants SAUF :
   a. le cambriolage, le vol qualifié, la tromperie

b. les fraudes, la falsification, la contrefaçon et la fausse attribution
c. le vol par cambriolage, le vol qualifié, le blanchiment d'argent
d. les fraudes, la falsification, la contrefaçon et le vol

(Pour les réponses, veuillez-vous reporter à l'annexe A)

CHAP 3 :

Les motivations de la criminalité financière

Introduction

Les études montrent que tout le monde peut commettre un crime financier ou une fraude. Les auteurs de crimes financiers ne peuvent généralement pas être distingués des autres individus sur la base de caractéristiques démographiques ou psychologiques. La plupart des criminels financiers ont des profils qui ressemblent à ceux d'autres honnêtes gens. Il y a plusieurs années, une étude a été menée afin de déterminer les caractéristiques physiques et comportementales des auteurs de crimes financiers. Dans cette étude, les auteurs de fraudes ont été comparés à (1) des détenus incarcérés pour des infractions commises sur des biens et (2) à un échantillon d'étudiants non criminels. Les antécédents personnels et les profils psychologiques des trois groupes ont été comparés. Les résultats ont indiqué que les auteurs de fraude incarcérés étaient très différents des autres détenus.

Les auteurs de crimes financiers étaient mieux éduqués, plus religieux, moins susceptibles d'avoir des antécédents judiciaires, moins susceptibles d'avoir abusé de l'alcool et considérablement moins susceptibles d'avoir consommé des drogues. Ils étaient également en meilleure santé psychologique. Ils jouissaient de plus d'optimisme, plus d'estime de soi, plus d'autosuffisance, plus de succès, plus de motivation et plus d'harmonie familiale que les autres contrevenants. Les auteurs de crimes financiers semblaient également exprimer plus de conformité sociale, plus de maîtrise de soi, plus de gentillesse et plus d'empathie que les autres contrevenants. Il s'agit généralement de personnes comme vous et moi, mais qui ont compromis leur intégrité et sont empêtrées dans des crimes financiers ou des fraudes financières.

Il est important de comprendre les caractéristiques des auteurs de crimes financiers ou de fraudes financières, car ils présentent la plupart des caractéristiques que les organisations recherchent au moment de l'embauche d'employés, de la prospection de clients et de la sélection de fournisseurs. Ce phénomène nous aide à comprendre que (1) la plupart des employés, clients, fournisseurs, associés et partenaires commerciaux correspondent au profil des auteurs de fraude et sont capables de commettre une fraude, et (2) il est impossible de prédire à l'avance quels employés, fournisseurs, clients, et autres deviendront malhonnêtes. En fait, lorsqu'une fraude se produit, la réaction la plus courante de ceux qui l'entourent est le déni. Les victimes ont du mal à croire que des collègues ou des amis de confiance se sont comportés de manière malhonnête.

Les fraudeurs

Traits de personnalité des fraudeurs

Dans cette partie, nous examinerons les traits caractéristiques des personnes qui commettent ou sont susceptibles de commettre une fraude en entreprise. Bien que rien n'implique forcément qu'une personne présentant ces caractéristiques commettra à coup sûr une fraude, ces caractéristiques pourraient guider les auditeurs d'enquête pour détecter une fraude potentielle.

- *Genre.* Une enquête menée par l'*Association of Certified Fraud Examiners* (ACFE) auprès de 2 000 fraudeurs a révélé de nombreuses caractéristiques des fraudeurs. Selon cette enquête, trois personnes sur quatre qui commettent des fraudes dans les entreprises sont des hommes. Cette différence est également notable dans la valeur monétaire des cas de fraude.
- État civil. Il est démontré que le nombre d'employés mariés qui tentent de commettre une fraude est plus élevé que les employés non mariés. En ce qui concerne le montant de la fraude, la différence va du simple au triple. De plus, beaucoup d'entre eux ont des enfants et un mariage heureux.
- *Niveau d'éducation.* Généralement, à mesure que le niveau de scolarité augmente, le nombre et le montant de la fraude augmentent également. Le montant de la fraude est beaucoup plus élevé, en particulier avec les employés qui ont reçu une bonne éducation.
- *Niveau de QI.* Les employés ayant des niveaux de QI plus élevés ou ceux qui le prétendent ont un plus haut niveau de désir de commettre une fraude. La raison sous-jacente de cette situation est que ce type de personnes remet en question

les structures de contrôle interne et les systèmes de sécurité des entreprises dans lesquelles ils travaillent, et éprouve une certaine satisfaction à les déjouer.

- *Tranche d'âge.* Les employés de tout âge peuvent tenter de commettre une fraude, mais le nombre et le montant de la fraude sont plus élevés chez les personnes âgées. Le nombre de fraudes commises par des personnes âgées est 28 fois plus élevé que celles que les jeunes commettent.
- *Conditions de travail.* Généralement, les employés qui arrivent le plus tôt et repartent en dernier commettent plus d'activités frauduleuses. En particulier, les employés qui présentent leur emploi inachevé comme une excuse et qui souhaitent travailler seuls jusqu'à tard dans la nuit ont une probabilité plus élevée de commettre une fraude. De plus, on estime que bon nombre des cadres pris à la suite d'activités frauduleuses ne prennent pas de congé sans y être obligés. La raison en est qu'ils pensent que la personne chargée de les remplacer lorsqu'ils sont absents découvrirait et signalerait les irrégularités avant leur retour.
- *Position dans l'entreprise.* Toute personne travaillant dans l'entreprise est susceptible de commettre une fraude. Cependant, des études indiquent qu'en ce qui concerne le nombre de fraudes, les employés occupant des postes de direction sont de loin en avance sur les autres employés. Lorsque les employés occupent un

poste de confiance, ils sont moins surveillés ; la confiance étant un préalable à leur affectation à ce poste. De plus, en raison de leur position, ils sont plus à même de comprendre les structures de contrôle interne de l'entité et leurs lacunes, et sont ainsi en mesure de mener plus facilement des activités frauduleuses. Mais hélas, la première réaction de nombreuses victimes de fraude est la suivante : « Je n'aurais jamais pensé qu'il/elle le ferait ».

- *Relations en dehors de l'entreprise.* Un autre indicateur est le niveau de relations que les employés entretiennent avec des tiers de l'entreprise. Lorsqu'un employé devient très intime avec des personnes qui achètent/vendent des biens et services de l'entreprise, les conditions deviennent propices à la perpétration d'une fraude.

Profilage des fraudeurs

Les fraudeurs appartiennent généralement à l'une des trois catégories suivantes :

- Les fraudeurs de sang-froid, qui dès le début, ont l'intention de commettre une fraude. Il peut s'agir d'acteurs à court terme, comme beaucoup de ceux qui utilisent des cartes de crédit volées ou de faux numéros de sécurité sociale, ou à plus long terme, comme les organisateurs de faillite et ceux qui exécutent des stratagèmes complexes de blanchiment d'argent.
- Les fraudeurs intermédiaires, qui commencent

honnêtement mais se tournent vers la fraude lorsque les temps deviennent difficiles ou lorsque des événements de la vie, tels que l'irritation de s'être vu refuser une promotion ou la nécessité de payer les soins d'un membre de la famille, changent la donne.

- Les fraudeurs à pente glissante, qui continuent simplement leurs activités même lorsque, de manière objective, ils ne sont pas en mesure de payer leurs dettes. Cela peut s'appliquer aux commerçants ordinaires ou aux grands hommes d'affaires

En 2007, KPMG a effectué des recherches sur le profil du fraudeur (enquête KPMG) en utilisant des détails de cas de fraude en Europe, en Inde, au Moyen-Orient et en Afrique du Sud. L'ACFE a mené des recherches similaires sur les fraudes commises aux États-Unis. Ces enquêtes mettent en évidence les faits et chiffres suivants concernant les fraudeurs :

- Les contrevenants sont généralement des hommes ayant fait des études collégiales ;
- La plupart des fraudeurs sont âgés de 36 à 55 ans ;
- La majorité des fraudes sont commises par des hommes ;
- Les pertes médianes causées par les hommes sont

deux fois plus importantes que celles causées par les femmes ;

- ✓ Un pourcentage élevé de fraudes est commis par la haute direction (y compris les propriétaires et les cadres) ;
- ✓ Les pertes causées par les dirigeants sont généralement plus du double de celles causées par les employés ;
- ✓ Les pertes moyennes causées par les propriétaires et les cadres sont près de douze fois celles des employés ;

- Les employés à long terme ont tendance à commettre des fraudes beaucoup plus importantes ;
- Les fraudeurs travaillent le plus souvent dans le département financier, les opérations/ventes ou comme PDG.

Le rapport de l'ACFE a également fait ressortir un lien entre le profil de la personne qui commet l'infraction et la nature de la fraude perpétrée. Les employés sont plus susceptibles d'être impliqués dans le détournement d'actifs, tandis que les propriétaires et les cadres sont responsables de la majorité des fraudes aux états financiers. Parmi les employés, le pourcentage le plus élevé de cas de fraudes impliquait ceux du service comptable. Ces employés sont responsables du traitement et de l'enregistrement des transactions financières de l'organisation et ont donc souvent le plus grand accès à ses actifs financiers et davantage de possibilités de dissimuler la fraude.

Le triangle de la fraude et le diamant de la fraude

Pourquoi commet-on une fraude?

Après analyse, l'on constate que trois éléments se rejoignent lors de la commission du crime en col blanc. Ce sont la pression, l'opportunité et la justification qui constituent le « triangle de la fraude ». Les composants du triangle de la fraude sont similaires au carburant, aux étincelles et à l'oxygène qui, ensemble, provoquent un incendie. Lorsque les trois se rejoignent, inévitablement, le feu éclate. Du point de vue du fraudeur, il est nécessaire de tenir compte des :

- motivations des délinquants potentiels ;
- conditions dans lesquelles les gens peuvent rationaliser leurs crimes potentiels ;
- occasions de commettre un (des)crime(s) ;
- adéquation perçue des cibles pour la fraude ;
- capacité technique du fraudeur ;
- risque de découverte prévu et réel après la fraude ;
- attentes des conséquences de la découverte (notamment les conséquences non pénales telles que la perte d'emploi et la stigmatisation familiale, la confiscation des produits du crime et les sanctions pénales traditionnelles) ; et

- conséquences réelles de la découverte.

Un modèle courant qui regroupe bon nombre de ces aspects est le modèle du triangle de la fraude et du diamant de la fraude. Le modèle du triangle de la fraude part du principe que la fraude est susceptible de résulter d'une combinaison de trois facteurs : (1) les incitations/ pressions perçues, (2) les opportunités perçues et (3) la rationalisation des comportements frauduleux. Le modèle du diamant de la fraude ajoute une quatrième variable aux trois facteurs du triangle de la fraude, les « capacités ».

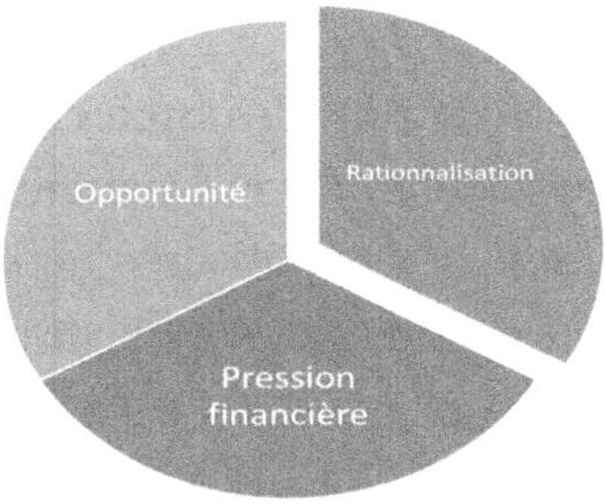

Pression

La pression (ou l'incitation ou la motivation) fait référence à un évènement qui s'est produit dans la vie personnelle du fraudeur et qui crée un besoin stressant le motivant à voler. Habituellement, cette motivation est centrée sur une certaine pression financière, la cupidité ou le besoin, mais cela pourrait être le symptôme d'autres types de pressions. Au-delà du domaine de la survie concurrentielle et économique, les autres motifs de fraude sont (1) les pressions non financières, telles que l'espérance de bons résultats au travail, l'imposition d'objectifs irréalisables ou la nécessité de dissimuler un travail mal exécuté. (2) La survie sociale et politique crée des incitations sous forme de motifs égocentriques et idéologiques. (3) Psychotique - cette motivation ne peut pas être expliquée en termes de comportement rationnel, mais se retrouve chez les menteurs pathologiques, les personnes ayant une grande confiance professionnelle et les kleptomanes.

Les facteurs de pression peuvent être classés en trois groupes :

1. **Pressions à contenu financier**
   Les pressions à contenu financier se manifestent généralement lorsque les gens ont besoin d'argent. Ces pressions pourraient être classées comme suit :
   - Soif d'argent et cupidité ;
   - Désir de bien vivre ;
   - Montants de dettes personnelles élevés ;
   - Montants élevés des dépenses de santé ;
   - Besoins financiers inattendus.

   La toute première raison de la fraude des employés est qu'ils sont pauvres en raison du revenu inférieur qu'ils reçoivent et veulent vivre dans de meilleures conditions. Des pressions à contenu financier pourraient se manifester à long terme comme à court terme. Un employé qui travaille dans l'entreprise depuis plusieurs années pourrait commettre une fraude pour une raison quelconque.

2. **Pressions liées aux mauvaises habitudes**
   Les pressions résultant de mauvaises habitudes ont des attributs liés aux pressions à contenu financier. Être un joueur, un toxicomane ou un alcoolique et un passionné de la vie nocturne sont parmi les nombreuses raisons de la fraude. Ce type d'habitude est considéré comme le pire type de facteurs motivant la fraude. Il existe de nombreux exemples de femmes employées qui fraudent pour acheter de la drogue ou de l'alcool pour leurs enfants ou leurs maris ou encore des dirigeants qui réussissent très bien dans leur vie professionnelle mais commettent une fraude en raison de leur addiction aux jeux.

3. **Pressions liées au travail**
   Les pressions liées à l'emploi pourraient s'expliquer par le fait d'être insatisfait de l'emploi, l'idée d'une attitude injuste, de ne pas être promu comme prévu, d'avoir travaillé avec un salaire inférieur ou de ne pas être admiré par les superviseurs.

Opportunité

> Les fraudeurs ont toujours les connaissances et la possibilité de commettre la fraude, et le fraudeur est souvent persuadé que la fraude peut être commise en toute impunité. Des études antérieures telles que l'*Association of Certified Fraud Examiners' Report to the Nation* (RTTN) montrent que les employés et les cadres ayant une longue expérience dans une entreprise ont une parfaite connaissance des faiblesses des contrôles internes et ont acquis une connaissance suffisante quant à la façon de commettre le crime avec succès. Des contrôles absents ou inefficaces, un manque de supervision ou une séparation insuffisante des tâches peuvent offrir de telles opportunités. Le principal facteur d'opportunité est donc le contrôle interne.

La fraude est plus probable dans les entreprises où le système de contrôle interne est faible, la sécurité des biens de l'entreprise est faible, la peur de l'exposition et de la probabilité de détection est faible, ou les politiques concernant les comportements acceptables sont peu claires. Les études ont montré que certains employés sont totalement honnêtes, certains sont totalement malhonnêtes, mais beaucoup sont influencés par les opportunités. Lorsque la motivation est associée à de telles opportunités, le potentiel de fraude est accru.

La structure de contrôle de l'entreprise et le risque de fraude ont une corrélation inverse. Le moyen le plus efficace de réduire les fraudes des employés est de mettre en place un « système de contrôle interne ».

Les points importants lors de la mise en place du système sont les suivants :

- Un environnement de contrôle interne sain
- Un bon système comptable
- Des procédures de contrôle efficaces

Les autres facteurs qui donnent aux employés la possibilité de commettre une fraude sont les suivants :

- Principes moraux faibles
- Contrats tacites conclus avec des tiers et des partenaires
- Incapacité à évaluer la qualité du travail effectué par les employés
- Absence d'un environnement disciplinaire strict dans lequel les fraudeurs seront punis
- Faiblesse du flux d'informations entre les employés de l'entreprise
- Ignorance, indifférence et incapacité de la haute direction
- Absence de travaux d'audit sains

Lorsqu'il arrive des cas où le cadre pour sanctionner le fraudeur est absent en raison de préoccupations telles que la perte de prestige et la contre-menace, le sentiment de « vous pouvez vous en tirer » sera évoqué parmi les employés ; et ainsi, l'entreprise sera exposée à des fraudes.

Rationalisation

La rationalisation est le processus par lequel un employé établit dans son esprit que son comportement frauduleux est « correct ». De nombreuses excuses pourraient servir de rationalisation ; notamment :

1. Des objectifs sociaux - lorsque le fraudeur ne conserve pas réellement les fonds ou les biens volés mais les utilise à des fins sociales (par exemple, financer une clinique animale pour les animaux errants).
2. Traitement équitable - lorsque le fraudeur estime qu'il mérite une augmentation ou un meilleur traitement.
3. Emprunt - le fraudeur vole son employeur mais se convainc mentalement qu'il le remboursera.
4. La minimisation - le fraudeur se persuade que ses actes ne font de mal à personne, ce qui rend le vol bénin à ses yeux.

Beaucoup de gens obéissent à la loi parce qu'ils y croient et/ou qu'ils ont peur de se sentir honteux ou rejetés par les personnes qui leur sont chères, si jamais ils sont pris. Cependant, certaines personnes peuvent être en mesure de rationaliser les actions frauduleuses en les voyant comme :

- nécessaires - surtout quand ces actes sont commis pour l'entreprise ;

- inoffensifs - la victime serait assez solide pour en absorber l'impact ;
- justifiés - « la victime le méritait » ou « parce que j'ai été maltraité ».

La Direction détient le plus grand contrôle sur les possibilités de fraude en limitant l'accès aux ressources, et en mettant en place des niveaux de contrôles qui garantissent la surveillance des systèmes et des personnes. L'incitation au crime peut également être limitée par la Direction, et le meilleur moyen de réduire les « besoins » est de rémunérer équitablement les employés (afin d'alléger leurs fardeaux financiers) et de créer des systèmes de performance raisonnables (qui ne requièrent pas des performances professionnelles au-delà du réalisable). La rationalisation est l'élément le plus dangereux du triangle de la fraude, car c'est celui sur lequel les entreprises ont le moins de contrôle. Il est presque impossible pour la Direction d'éliminer l'élément de rationalisation, car ils ne peuvent pas contrôler l'esprit des employés. La Direction n'a aucun moyen de savoir quels mensonges un employé peut se dire à lui-même afin de justifier la fraude dans son esprit, il n'y a donc pratiquement aucun moyen de contrer la rationalisation.

De façon générale, afin de contrecarrer ces excuses justificatives, les entreprises devraient expliquer les règles d'éthique aux employés, les informer que les fraudeurs seraient certainement pénalisés, établir un code moral dans l'organisation et leur dispenser une formation sur l'éthique.

Capacités

Wolf et Hermanson (2004) ont exposé une autre vision du triangle de la fraude (expliquant pourquoi les gens commettent la fraude). D'après eux, de nombreuses fraudes n'auraient pas eu lieu sans la bonne personne, dotée des capacités requises, mettant en œuvre les détails de la fraude.

Six caractéristiques sont souvent associées à l'élément de capacité et sont, selon Wolfe et Hermanson, essentielles à la personnalité du fraudeur.

1. Fonction. La position ou la fonction de la personne au sein de l'organisation peut permettre de créer ou d'exploiter une possibilité de fraude. Une personne en position d'autorité a plus d'influence sur des situations précises ou sur l'environnement.

2. Intelligence et créativité. Le fraudeur est suffisamment intelligent pour comprendre et exploiter les faiblesses du contrôle interne et pour utiliser au mieux la position, la fonction ou l'accès autorisé.

3. Égo. L'individu doit avoir un égo élevé et une grande assurance qu'il ne sera pas découvert. Les types de personnalité couramment recensés révèlent des personnes déterminées à réussir à tout prix, égocentriques, sûres d'elles et souvent narcissiques. Selon le manuel diagnostique et statistique des troubles mentaux, le trouble de la personnalité narcissique est une tendance omniprésente à la

grandeur, un besoin d'admiration et un manque d'empathie pour les autres. Les personnes présentant ces troubles croient qu'ils sont supérieurs ou uniques, et ils ont facilement une opinion démesurée de leurs réalisations et de leurs capacités.

4. Coercition. Un fraudeur peut contraindre d'autres personnes à commettre ou à dissimuler une fraude. Un individu doté d'une grande force de persuasion peut plus efficacement convaincre les autres de rallier l'opération de fraude ou de détourner le regard.

5. Tromperie. Une fraude réussie requiert des mensonges efficaces et cohérents. Afin d'éviter d'être repéré, l'individu doit être capable de mentir de manière convaincante et doit garder une trace de l'histoire globale.

6. Stress. L'individu doit être capable de contrôler son stress, car commettre un acte frauduleux et le garder caché peut s'avérer extrêmement stressant.

Indicateurs des activités liées aux délits financiers

Quels sont les indicateurs de fraude ?

Au sein d'une organisation, la fraude interne peut être perpétrée par n'importe quel employé, du plus jeune au plus ancien. Lorsque la fraude provient de l'extérieur de l'organisation, elle peut être commise avec l'aide d'un employé ou d'un « initié ». Il existe un certain nombre de signaux d'alerte ou « signaux d'alarme » reconnus, qui peuvent indiquer qu'un employé est impliqué dans une activité frauduleuse. Ces indicateurs peuvent être un élément important de l'évaluation des risques lorsqu'ils sont combinés avec d'autres informations pertinentes.

Pourquoi sont-ils importants ?

Les fraudes internes sont un gros problème pour les organisations et sont généralement déclenchées par l'une des quatre situations suivantes :

Crime opportuniste. Les employés commettent une fraude dans leur propre intérêt. Cela peut être entièrement opportuniste ou soigneusement planifié. Il y a plusieurs motifs possibles.

Absence d'éthique d'entreprise. Dans certaines organisations, des petits actes frauduleux, comme le gonflement des demandes de remboursement de dépenses, peuvent sembler être tolérés par l'employeur et l'employé.

Le criminel recruté. Certaines personnes recherchent un emploi (c'est souvent le cas dans le secteur financier) avec l'intention délibérée de tromper leur employeur ou de collecter des informations stratégiques.

Intimidation d'employés. Les groupes de crime organisés sont de plus en plus impliqués dans l'intimidation d'employés afin de faire participer ces derniers directement à des fraudes, ou de les amener à fournir des informations sur les comptes des clients ou sur les procédures internes, en préambule à d'autres frasques. En général, ces groupes de crime organisés menacent de s'en prendre à la famille et aux amis. Les employés qui ont cédé aux propositions d'un tiers, et ont fourni des informations et accepté des honoraires en retour, ont souvent l'impression d'avoir « vendu leur âme au diable. » Les indicateurs de fraude devraient aider à identifier ces déclencheurs, qui devraient ensuite être traités dans le cadre d'une stratégie antifraude solide.

« Signaux d'alarme »

Il existe un certain nombre de signes pouvant indiquer qu'il y a un problème au sein de votre entreprise. Ces signes ne doivent pas être pris isolément comme preuve qu'une fraude se produit au sein de l'organisation ; il peut y avoir d'autres explications légitimes à l'occurrence de ces indicateurs. Les indicateurs de fraude sont intrinsèquement liés. Cependant, pour plus de commodité, ils ont été regroupés sous des thèmes généraux. Cette liste n'est pas exhaustive.

Comportement

- Les employés qui font régulièrement plus d'heures de travail que leurs collègues sans raison apparente
    - Les employés réticents à prendre des vacances et/ou des congés
    - Les employés trop secrets par rapport à leur travail
    - Les employés reconnus par d'autres comme étant sous la contrainte pour des raisons personnelles

  - Les employés ayant un changement soudain de style de vie et/ou de cercle social
  - Les employés soumis à un stress apparent sans pression identifiable
- Les employés agressifs ou sur la défensive lorsqu'ils sont contredits et/ou les employés qui contrôlent certains collègues
  - Les employés faisant l'objet de plaintes et/ou ayant tendance à enfreindre les règles
- Les employés qui tardent à fournir des informations ou qui fournissent des réponses différentes à différentes personnes
  - Les employés qui demandent de différer des audits ou inspections internes pour « bien se préparer »
- Les employés ayant des relations nouvelles et inhabituelles avec d'autres personnes ou services au sein de l'organisation
- Les employés qui demandent des détails importants sur les portées d'audits internes ou inspections proposés
  - Une rotation du personnel excessivement élevée ou faible et/ou de nouveaux employés démissionnant rapidement

Finances

- Transactions en espèces uniquement
- Mauvais rapprochement des dépenses en espèces ou des comptes clients

- Hausse des coûts sans explication ou ne correspondant à aucune augmentation des revenus
- Nombre élevé de remboursements aux clients
- Stocks inhabituellement importants
- Transactions inhabituelles ou virements inter-comptes (même pour de petits montants)
- Rémunération liée de manière disproportionnée à des activités telles que des ventes
- Employés reconnus par d'autres comme soumis à des pressions financières externes
- Employés qui semblent commettre un nombre d'erreurs supérieur à la normale, en particulier lorsque celles-ci entraînent des pertes financières en espèces ou sur compte
- Employés aux sources de revenus inexpliquées
- Employés ayant des intérêts commerciaux externes concurrents ou non déclarés
- Employés qui soumettent des demandes de remboursement incohérentes et/ou déraisonnables
- Employés au niveau de performance le plus élevé (par exemple, les ventes) où il peut y avoir un soupçon qu'ils y parviennent par une activité suspecte.

Procédure

- Employés qui posent des questions de procédure ou de système informatique incohérentes ou non liées à leurs fonctions normales
- Nouveaux employés connaissant les procédures de l'industrie, mais sans expérience de ce type indiquée sur leur CV
- Employés potentiels qui hésitent à fournir des informations générales complètes ou qui fournissent des informations inexactes ou incohérentes
- Gestionnaires clés avec trop de contrôle pratique
- Supervision/audit insuffisant
- Un nombre inhabituel de réclamations clients
- Clients ou fournisseurs insistant pour traiter avec une seule personne
- Les gestionnaires qui évitent d'avoir recours au service des achats
- Adjudication à un seul fournisseur ou aux mêmes fournisseurs
- Manque de transparence
- Faible implication dans la philosophie de gouvernance d'entreprise
- Trop de délégation de tâches par les cadres supérieurs sans réelle revue ni supervision

Bilan et réflexion

1. La plupart des auteurs de crimes financiers ont des profils qui ressemblent à ceux de personnes honnêtes. VRAI [ ] FAUX [ ]

2. Les composants du triangle de la fraude sont similaires au carburant, aux étincelles et à l'oxygène qui, mis ensemble, provoquent un incendie. VRAI [ ] FAUX [ ]

3. La Direction a le moins de contrôle sur la partie « opportunité » du triangle de la fraude en limitant l'accès aux ressources VRAI [ ] FAUX [ ]

4. Les facteurs de pression dans le modèle du triangle de fraude comprennent les éléments suivants, SAUF :
   a. Pressions résultant de mauvaises habitudes
   b. Pressions liées au travail
   c. Pressions à teneur financière
   d. Pressions liées aux besoins

5. Les attributs des auteurs de crimes financiers ou de fraudes sont les suivants, SAUF :
   a. Ils sont mieux éduqués et plus religieux.
   b. Ils sont moins susceptibles d'avoir un casier judiciaire.
   c. Ils sont moins susceptibles d'avoir abusé d'alcool et considérablement moins susceptibles d'avoir consommé de la drogue.
   d. Tout ce qui précède.

e. Aucune de ces réponses.

6. Lequel des éléments suivants n'est pas une catégorie de fraudeurs
   a. Fraudeurs de sang-froid, fraudeurs intermédiaires
   b. Fraudeurs de sang-froid, fraudeurs intermédiaires
   c. Fraudeurs de sang-froid, fraudeurs intermédiaires
   d. Fraudeurs de sang-froid, fraudeurs intermédiaires

7. Lequel des éléments suivants ne déclencheraient pas de fraude interne dans une organisation ?
   a. Crime opportuniste
   b. Crime de motivation
   c. Absence d'éthique d'entreprise Le criminel recruté
   d. Intimidation des employés

8. Quelles sont les six caractéristiques souvent associées à l'élément de capacité et qui, selon Wolfe et Hermanson, sont essentielles à la personnalité du fraudeur ?
   a. Position, intelligence, créativité, égo et coercition, tromperie, stress
   b. Position, intelligence, créativité, égo et coercition, tromperie, stress
   c. Position, intelligence, créativité, égo, coercition, tromperie et stress
   d. Position, intelligence, créativité, égo, coercition et tromperie, stress

9. Parmi les propositions suivantes, lesquelles sont des excuses à la rationalisation ?
   a. objectifs sociaux, traitement équitable, emprunts et bienveillance
   b. objectifs sociaux, mauvais traitement, emprunts et bienveillance
   c. objectifs sociaux, bon traitement, emprunts et bienveillance
   d. objectifs sociaux, traitement équitable, nécessité, emprunts et bienveillance

(Pour les réponses, veuillez-vous reporter à l'annexe A.)

CHAP 4

Les techniques d'investigation en criminalité financière

Les techniques d'investigation

Respect des droits et maintien du moral du personnel

Une enquête sur la fraude des employés examine les activités des personnes impliquées par les preuves recueillies. Ces personnes peuvent être des témoins, des suspects ou simplement détenir des informations susceptibles d'aider les enquêteurs. Les employés sont généralement tenus de coopérer à une enquête interne et peuvent se voir poser des questions sur leurs mouvements, leur travail, leurs opinions et tout autre élément pertinent. Parfois, il y a très peu ou alors pas du tout d'informations disponibles sur le mandat réel de l'enquête, et la plupart des informations obtenues par les enquêteurs sont considérées comme confidentielles, car les enquêtes sont souvent menées dans le plus grand secret.

Chaque individu a des droits constitutionnels qui remplacent toutes les autres dispositions légales et doivent être respectés. La violation de ces droits signifie que toute preuve obtenue de manière inappropriée est susceptible d'être rejetée par le juge du procès. Non seulement il est de toute façon préférable de respecter les droits des employés, mais cela garantit également que l'enquête n'est pas qualifiée d'illégale lorsque l'affaire est jugée.

Qu'en est-il des preuves?

Les enquêtes sur les fraudes visent principalement à recueillir des preuves. Le terme *preuve* est utilisé de façon quelque peu abusive dans la société actuelle, mais désigne généralement des éléments probants susceptibles de convaincre une personne raisonnable. Les objectifs d'une enquête peuvent comprendre l'obtention de preuves de crimes passés, présents et futurs et déterminer qui a fait quoi, pourquoi et quand et éventuellement comment cela a été fait (le modus operandi).

L'état de la preuve est crucial, car une affaire peut être soumise à un grand jury afin de démontrer qu'il y a des raisons probables de croire qu'une infraction a été commise. Le grand jury peut décider d'inculper la personne mise en cause, après quoi un mandat d'arrêt peut être délivré. Tout cela est basé sur un examen des preuves disponibles. On désigne par *preuve* tout ce qui peut être présenté devant les tribunaux afin de soutenir une affaire à la satisfaction d'un jury. La preuve juridique tend à prouver ou à réfuter les accusations portées, et ces accusations sont débattues devant le tribunal ou lors d'une audience disciplinaire interne du personnel.

Types de preuves

Les éléments de preuve obtenus au cours d'une enquête peuvent être directement ou indirectement liés à la fraude. Les sources de preuves sont nombreuses et variées. La liste ci-après n'est pas exhaustive.

Déclarations de témoins. Celles-ci sont généralement admissibles à titre de preuves, sauf si le témoin impliqué a été mis en accusation en raison de parti pris, de condamnation pour crime ou pour avoir fait des remarques incohérentes.

Preuve circonstancielle relative au revenu non comptabilisé. Ce type de preuve est intéressant en raison de la présomption que les revenus dont il est question ici proviennent d'activités non enregistrées et frauduleuses. Une analyse des revenus peut étayer une affirmation selon laquelle le suspect reçoit des revenus illicites. Les actifs et les passifs de la personne sont établis avec les revenus de sources officielles, moins les dépenses connues. La différence entre le revenu net de sources connues et le revenu réel est le revenu de sources inconnues, et la déduction de ce fait est utilisée pour étayer la poursuite contre le défendeur.

Rapports financiers sur le suspect. Des rapports financiers peuvent être obtenus auprès d'une entreprise spécialisée dans la délivrance de ce type d'informations. Les rapports d'investigation des consommateurs impliquent de nombreuses recherches, telles que des interrogations sur des amis, des voisins et des associés pour se faire une idée de la réputation et du mode de vie de la personne. Ces rapports ne sont généralement pas admissibles à moins que le suspect n'ait préalablement accepté ce type de recherche.

Preuve physique. Il peut s'agir ici de cartes, de photographies et d'objets réels. On parle souvent de *preuve réelle.*

La preuve documentaire. La preuve documentaire désigne des éléments tels que des factures, des imprimés d'ordinateur, des lettres, des contenus de fichiers et des documents juridiques.

Rapports financiers et données opérationnelles de la société provenant du traitement normal des affaires.

Preuve démonstrative. Les enquêteurs peuvent compiler des preuves pour le tribunal, par exemple sous la forme d'un rapport écrit sur l'affaire créée par l'équipe d'enquêteurs.

Données analytiques. Les enquêteurs peuvent effectuer des analyses pour étayer leur affaire, lesquelles peuvent ensuite être présentées au tribunal comme preuves. Si un décompte est effectué et analysé pour montrer que l'employé en question avait enregistré des sommes d'argent sur une période définie, ce calendrier pourrait devenir une pièce à conviction. Dans le cas où l'analyse présentée contient des erreurs, cela peut jeter un doute sur toute l'affaire. L'exploration (par exemple) des remboursements par superviseur, montant et client, peut être utilisée pour identifier des relations étranges, mais encore une fois, chaque élément suspect doit être vérifié pour fournir la preuve d'une fraude.

Témoignages. Les témoignages peuvent découler d'entretiens et sont effectués par des témoins sous serment. La question de l'interview est traitée un peu plus loin dans le présent ouvrage.

Preuve secondaire. Alors que les documents originaux peuvent être considérés comme des preuves primaires, des copies certifiées conformes des documents, avec une explication appropriée des raisons pour lesquelles les originaux ne sont pas disponibles, peuvent être acceptées par les tribunaux.

Interrogatoire

La meilleure façon de découvrir quelque chose est de poser la question à une personne informée à ce sujet. Cette règle s'applique à tous les types d'enquêtes, y compris les enquêtes liées à la fraude des employés. Un interrogatoire est un échange formel d'informations à travers une série de questions et réponses structurées. L'enquêteur dirige l'interrogatoire, doit garder le contrôle sur la façon dont la communication est effectuée et doit poser des questions claires afin de sécuriser les informations qui répondent à l'objectif de l'entretien. Au début d'une enquête sur une fraude, les personnes interrogées peuvent être divisées en catégories distinctes, ces catégories peuvent changer au fur et à mesure que l'enquête se poursuit :

Représentants de la Direction. Dans de nombreux cas, la haute hiérarchie aura fait appel aux enquêteurs pour examiner une irrégularité particulière. Ces dirigeants sont responsables des systèmes et contrôles qui ont été violés lors de la l'acte frauduleux ; les entretiens avec eux porteront sur la connaissance du système et la manière dont la fraude a été commise.

Témoins effectifs et potentiels de la fraude. La plupart des entretiens porteront sur des personnes pouvant fournir des informations directes pour soutenir l'enquête. La plupart de ces informations constitueront des preuves formelles qui seront transmises aux services de police impliqués dans l'enquête. Des témoins seront interrogés en vue de fournir des preuves sous forme de déclarations signées ; tout matériel joint à leurs déclarations sera inclus comme pièce justificative. Une personne peut avoir le statut de témoin au départ, puis finir par devenir un suspect car les preuves accumulées commencent à pointer dans sa direction.

Personnes avec des informations générales. Un autre groupe d'interrogatoires est composé de personnes ayant des informations de base. Si la fraude concerne des personnes qui ne sont pas employées par l'organisation au vu de l'état des salaires (employés fantômes), le responsable du personnel peut être interrogé afin de savoir comment les nouveaux arrivants sont pris en compte dans le paiement des salaires. Pendant ce temps, le gestionnaire de la paie peut être un témoin clé contre un membre du personnel de la paie qui a décidé de mettre des personnes inexistantes dans le système.

Experts, spécialistes et tiers. Les enquêteurs peuvent avoir besoin d'interroger divers experts afin d'en apprendre plus sur des questions cruciales pour l'affaire.

Le suspect. Cette personne est généralement la dernière dans la liste des personnes interrogées ; le scénario habituel consiste à présenter au suspect les preuves recueillies au cours de l'enquête et à demander des explications. Les suspects peuvent faire des aveux officiels, si cela est jugé approprié, ou contester les faits présentés. Ils peuvent aussi refuser de coopérer ou simplement mentir. Enfin, ils peuvent offrir une explication irréfutable qui efface immédiatement toutes les allégations portées contre eux. Certains suspects deviennent trop émotifs pour continuer et demandent à être dispensés de l'entretien.

Communication non verbale

La majeure partie de la communication entre deux personnes se fait de manière non verbale. S'il y a une contradiction entre ce qui est dit et ce qui est transmis par des signaux non verbaux, la plupart des gens privilégieront les messages non verbaux. Une bonne connaissance de la communication non verbale (NVC) permet à l'intervieweur d'apporter la lumière sur des zones d'ombre concernant des sujets plus sensibles et d'obtenir des réponses pouvant révéler la vérité. La conversation peut passer des raisons officiellement avancées aux réelles intentions cachées. Les changements de comportement, de langue, de ton, d'expressions faciales ou de tout autre élément non verbal peuvent indiquer quelque chose qui se cache derrière le refus d'un mot. Le fait d'analyser ces éléments non verbaux et de fournir un cadre propice à la vérité est un moyen d'accéder à toute la vérité. Il existe toute une gamme de NVC.

Facteurs spatiaux. La distance physique qui est maintenue entre l'intervieweur et le répondant est déterminée par des facteurs culturels. Pensez aux effets que cela pourrait avoir sur la suite de l'interrogatoire si vous envahissiez l'espace vital de la personne interrogée. La position du bureau et des chaises peut également créer une atmosphère formelle, informelle, présentant des obstacles, ou propice à la confidence, ...etc. L'intervieweur a un grand contrôle sur le facteur de l'espace vital si le répondant est interrogé dans un endroit choisi par l'intervieweur. Il est plus aisé d'observer le langage corporel lorsqu'il n'y a pas de bureau entre les deux parties, et le fait de s'asseoir côte à côte peut inciter à la confidence. Les positions adoptées peuvent également dépendre des attentes des acteurs. Il peut être utile de pouvoir se rapprocher du répondant lorsqu'une question importante est explorée. Parallèlement, assurez-vous qu'il n'y a aucune perception de harcèlement, de coercition ou d'intimidation.

Le langage du corps. Les gestes, la position et le mouvement des membres peuvent être des signaux pour l'intervieweur. Une personne peut sembler raide lorsqu'elle est sous pression et adopter une posture plus détendue lorsqu'elle répond à des questions plus faciles à traiter. La même personne peut regarder vers la porte lorsqu'une question semble se refermer sur elle et qu'elle se sent prise au piège. Un changement de posture peut indiquer un accord ou un désaccord avec ce qui est dit par l'intervieweur. Des réactions nerveuses telles que placer une main sur la bouche peuvent signifier que les mots qui sortent sont repoussés ou filtrés. Croiser les jambes et les bras peut être interprété comme un geste défensif contre une menace perçue de l'intervieweur.

Expressions faciales. Les yeux, les sourcils, la bouche et les muscles de la mâchoire du répondant peuvent en dire long sur le niveau de stress, la colère, la surprise, l'inquiétude, l'incertitude et toute une gamme de sentiments différents ressentis sur le moment. Le degré de contact visuel peut indiquer le confort, l'inconfort et l'évitement.

Silences. Les pauses dans le discours, le fait de regarder ailleurs, d'avoir l'air insatisfait, le fait de ne pas répondre et d'autres utilisations du silence peuvent être très efficaces pour obtenir les bonnes informations du répondant. Le silence peut signifier que l'intervieweur n'est pas satisfait d'une réponse ou pense simplement à la réponse qui a été donnée. Il peut également être utilisé pour approfondir les pensées intérieures du répondant - le soi-disant programme caché de la vérité.

Voix. Le ton et la hauteur de la voix peuvent suggérer beaucoup. Le stress, l'hésitation et les tremblements peuvent tous indiquer des domaines qui devraient être approfondis par l'intervieweur.

Le langage. Les mots utilisés peuvent nous donner un indice quant aux pensées cachées derrière les réponses. Certains soutiennent que les gens se distancient des sujets qui les incriminent ou qui ont des effets négatifs sur eux. Par exemple, un bon de commande qui a été modifié par quelqu'un dans un bureau est appelé « commande du bureau » pour suggérer que tout le monde au bureau y avait accès et que n'importe qui aurait pu le modifier.

Autres techniques d'enquête

L'équipe d'enquête est en place et le personnel peut ou non savoir que l'enquête est en cours. Les enquêteurs peuvent ou non avoir un suspect à ce stade. Nous arrivons maintenant au type de travail qui peut être effectué par les enquêteurs. La stratégie pour mener l'enquête dépendra entièrement de l'objet de l'enquête, avec comme ligne directrice, la question suivante : « De quelles preuves avons-nous besoin et comment les obtenir pour étayer l'affaire de manière fiable et incontestable ? » Le concept de preuves a été présenté plus tôt, mais nous devons énumérer quelques techniques pour obtenir de bonnes preuves.

Données analytiques.

Une comparaison des chiffres sur différentes périodes ou entre les départements peut révéler des incohérences qui pourraient être examinées en détail. Si l'allégation est que des marchandises très coûteuses disparaissent d'une succursale particulière et que les chiffres des stocks sont falsifiés pour cacher la fraude, le problème doit être examiné. Les chiffres de la succursale peuvent ne pas être fiables, des tests devront être effectués au cours de l'enquête. L'évolution des dépenses en stocks sur la durée et en comparaison aux ventes peut être étudiée. Les écarts qui ne peuvent être expliqués peuvent être étudiés. Si la succursale concernée a un rapport de rotation des stocks sur les ventes différent de celui d'autres branches similaires, là encore, la question peut être explorée plus en avant. Les preuves d'un tel examen ne sont que circonstancielles mais peuvent conduire à des preuves plus directes de la fraude elle-même.

Surveillance

Lorsqu'une enquête n'est pas encore publique et que personne n'a été suspendu, la surveillance devient une technique possible. La surveillance consiste en une observation structurée des événements afin que, à l'insu des personnes impliquées dans la fraude, de bonnes preuves puissent être obtenues dans le cadre de l'enquête sur la fraude. L'opération secrète est plus compliquée et peut impliquer d'amener quelqu'un à infiltrer les personnes impliquées dans l'arnaque pour obtenir des informations privilégiées, encore une fois comme preuve de l'enquête. Il peut y avoir beaucoup de risques personnels pour la personne qui agit sous couverture. Les fraudes physiques, telles que l'enlèvement non autorisé de marchandises, de chèques, de matériel, etc., conviennent bien aux exercices de surveillance, tout comme les fraudes impliquant l'association de deux parties (par exemple, lorsque des pots-de-vin sont pris). Si la suppression d'objets de valeur peut être observée, ou une liaison inappropriée repérée, cela aide à prouver la fraude.

Examen des pistes d'audit

La plupart des enquêtes sur les fraudes impliquent beaucoup de documentation. Les fraudes qui abusent des systèmes financiers et attaquent les fonds lorsqu'ils sont déplacés d'un compte à l'autre ont tendance à laisser une trace écrite. Il existe un enregistrement des transactions sous-jacentes qui retrace le mouvement du début à la fin - le dénouement étant probablement sur un compte contrôlé par les délinquants ou leurs associés. Une technique consiste à utiliser cette piste pour documenter la fraude au fur et à mesure qu'elle progresse dans les systèmes et afficher les interactions des employés, innocents et impliqués dans la perte. Les traces peuvent résulter de documents, d'interactions informatiques, d'enregistrements téléphoniques, de registres de présence et de tout autre élément qui retrace le mouvement des personnes, des informations, des transactions et des ressources.

Analyse de documents

Les documents peuvent être analysés pour déterminer s'ils peuvent être utilisés comme preuves de fraude. Une facture peut être une contrefaçon, destinée à faire payer des biens ou des services qui n'ont jamais existé. Dans le cadre de l'enquête, la facture sera soumise à un examen médico-légal pour vérifier :

- comment elle a été produite ;
- quel équipement a été utilisé pour la produire ;
- si elle contient des signes distinctifs, y compris des empreintes digitales ; o comment elle a été traitée ;
- quelles informations privilégiées étaient nécessaires pour entreprendre la fraude ; et o ce que les détails sur la facture peuvent nous donner comme informations.

Les documents informatisés peuvent être examinés en utilisant la stylistique, où le style de l'écrivain est déterminé et une évaluation faite de la probabilité qu'un document a été écrit par une personne en particulier.

Vérification

La vérification implique de trouver et de vérifier quelque chose. La vérification peut être appliquée à des actifs réels pour vérifier que ces actifs existent bel et bien et appartiennent à l'entreprise. Si l'allégation est qu'un employé dirige une entreprise privée en utilisant les ressources et les contacts de l'employeur pour gagner des affaires, les bureaux de cette entreprise privée peuvent être visités pour vérifier qu'elle existe bien.

Réconciliation

Les systèmes comptables sont conçus pour être équilibrés. Lorsqu'une transaction est effectuée - par exemple, un transfert d'argent des banquiers de la société en faveur de la société - les fonds seront débités du compte de la banque et crédités chez le banquier en tant que paiement reçu. Ces comptes seront alors en équilibre car les fonds circulant dans l'organisation et entre les parties externes sont correctement comptabilisés. Des rapprochements réguliers doivent être effectués pour assurer l'équilibre des comptes. Le montant du compte bancaire doit correspondre au relevé bancaire, en tenant compte des chèques à payer et des revenus à créditer pour arriver à un compte bancaire rapproché. La fraude impliquant des systèmes financiers peut déformer les vrais chiffres et les déséquilibrer. C'est en effectuant le rapprochement que la fraude peut être découverte. *Le rodage* est un type de fraude qui implique des différences de calendrier dans les reçus et les reçus bancaires afin de couvrir le vol d'un reçu antérieur. Le rodage peut être isolé en analysant le revenu pour toute différence temporelle.

Recourir à des témoins experts

Les témoins apportent des preuves devant le tribunal, en répondant de manière factuelle à des questions, et ne sont généralement pas autorisés à exprimer leur opinion. Le témoignage d'un expert fait exception à cette règle. Un examen médico-légal des documents peut être demandé pour rechercher des falsifications ou des altérations ou même une évaluation ADN, par exemple, des timbres qui ont été léchés par le suspect ; ces tâches doivent être effectuées par des experts. L'écriture manuscrite peut être vérifiée pour évaluer la probabilité d'une correspondance avec d'autres échantillons connus d'écriture. Les photocopies peuvent être vérifiées pour une correspondance avec un copieur particulier afin d'établir des liens importants. Les experts sont tenus d'exprimer une opinion professionnelle sur des questions qui relèvent de leur domaine d'expertise et, après avoir effectué leur examen, ils rédigeront un rapport et le présenteront au tribunal comme preuve. Une autre explication peut être présentée par l'expert désigné par la défense, en particulier lorsque le sujet débattu est compliqué. Les experts sont employés pour appliquer des connaissances particulières à l'affaire. Ils doivent s'assurer de prendre en compte les points suivants :

- Les experts travaillent avec les faits et devraient pouvoir se forger une opinion sur la base de ces faits.

- Ils doivent classer les preuves à l'appui des faits, et ces preuves doivent être correctement traitées et classées.
- Les travaux effectués par l'expert sont sujets à découverte et peuvent être examinés par l'équipe de défense.

Lors de la présentation de preuves devant un tribunal, l'expert doit s'assurer que les réponses sont claires, concises, spécifiques, réfléchies et exemptes de jargon, et qu'un comportement professionnel est conservé même sous un contre-interrogatoire rigoureux.

Confirmation par un tiers

La plupart des preuves de fraude des employés proviendront de l'organisation. Il y a cependant des moments où il est nécessaire de sortir de l'organisation pour s'adresser à des tiers. Dans ce cas, une déclaration officielle obtenue du tiers peut être ajoutée à la réserve de preuves. Dans un cas de fraude, un officier supérieur a été accusé d'avoir accepté des niveaux excessifs d'échantillons gratuits d'un grand fournisseur et d'avoir pris des décisions d'achat inappropriées sur cette base. Le vendeur était heureux de confirmer officiellement les cadeaux qu'il avait offerts à l'officier et la correspondance sur les nouveaux achats proposés, au motif qu'il souhaitait conserver les activités de l'entreprise. Lorsqu'une partie externe fournit des informations, cette partie doit signer une déclaration formelle renvoyant aux documents utilisés comme pièces.

Interrogation des données

Les enquêteurs peuvent faire bon usage des interrogatoires informatiques dans le cadre de l'enquête. Il existe des logiciels facilement disponibles qui peuvent être utilisés par rapport aux données téléchargées pour analyser, évaluer et extraire des enregistrements qui correspondent aux critères fixés par l'exercice d'interrogation. La base de données des dettes peut être recherchée pour l'année afin de rechercher toutes les factures qui correspondent au profil des éléments suspects défini par l'enquêteur. Tous les éléments qui correspondent seront triés et signalés afin que les documents justificatifs puissent être extraits et examinés. Il peut être nécessaire de signaler les articles allant à un certain code de dépenses ou pour certains types d'articles de dépenses ou pour les fournisseurs avec un certain numéro de téléphone portable de contact pour un examen attentif ; le logiciel d'interrogation peut être utilisé pour cette tâche. En fait, l'enquête sur toute fraude impliquant de grands systèmes financiers peut bénéficier de l'utilisation d'interrogations de données, y compris l'exploration de données.

Sources internes	Sources internes
Personnel	Services de santé municipaux
Paie	Autorités fiscales
Réclamations de dépenses	Organismes de réglementation
Factures payées	Registres des électeurs du comté
Relevés téléphoniques	Tribunaux de comté
Journaux informatiques	Sociétés enregistrées
Rapports de performance du personnel	Organismes professionnels par exemple pour comptables, médecins et dentistes
Des documents autorisés par le sujet	

Permis et registres de stationnement	Bureaux de notation de crédit
Correspondance	Inspecteur général fédéral
Messages téléphoniques	Valeurs mobilières et échange
Agendas de bureau (et automatisés)	agendas Dun et Bradstreet

Profil personnel

Le profilage du personnel est une autre bonne technique qui peut être utilisée pour guider l'enquête. Une base de données peut être constituée à partir d'informations relatives aux employés impliqués dans la fraude. De nombreuses informations peuvent être extraites de sources internes et externes, telles que :

Messages fax	Chambre de commerce
Recherches sur Internet et e-mails	Bureau Better Business de fraude
Courrier entrant (mais attention au courrier d'Interpol)	Information nationale sur la criminalité
Recherches de bureau	Centre
Recherches de corbeilles à papier	Western union
Autres bases de données et enregistrements internes	Annuaires régionaux et nationaux
	Banques, via mandats de perquisition ou assignations

Chaque État a une législation sur les enregistrements personnels qui peuvent être conservés et des règles sur les restrictions d'accès et sur les enregistrements publics. Ces lois sont généralement une version de la loi fédérale sur l'accès à l'information et de la loi sur la protection des renseignements personnels. Armé d'une abondance d'informations, il est possible de dresser un profil complet des suspects, des associés connus et de tout contact commercial à utiliser pour faciliter l'enquête. Ces informations peuvent aider à déterminer si le suspect est impliqué dans la fraude.

Informateurs

Une autre arme pour les enquêteurs est d'employer des informateurs pour fournir des informations privilégiées sur l'arnaque et donner un aperçu des moyens d'y remédier. Certains informateurs sont motivés par les petites sommes d'argent qu'ils reçoivent contre leurs informations ; d'autres sont motivés par un désir de justice ou de statut ou simplement une intention de détourner l'attention de leurs propres activités douteuses. Le système juridique désapprouve l'incitation, bien qu'il soit tout à fait juste de reconnaître l'aide de personnes pouvant être impliquées à la périphérie de l'arnaque. Il existe un art dans la gestion des informateurs, surtout lorsque ces derniers ont des modes de vie quelque peu indésirables et sont capables de se rapprocher des criminels. Lorsqu'un groupe de criminels professionnels est impliqué, par exemple, dans une fraude par carte de crédit via Internet, les enquêtes peuvent devenir très glauques. Si les enquêteurs se rapprochent trop d'un informateur, ils peuvent être impliqués dans des crimes dont ils ont connaissance. Si un informateur subit ou occasionne un quelconque dommage, les enquêteurs en sont tenus également responsables. Les exercices de « coups montés » compliqués utilisant des personnes placées dans des situations délicates doivent être laissés aux professionnels, car ils nécessitent une grande préparation.

Les éléments fournis par les informateurs doivent être soigneusement vérifiés avant d'être versés au dossier de preuve. Les choses peuvent devenir encore plus difficiles lorsque l'informateur a enfreint la loi dans sa quête d'informations. Le dernier point à considérer est de savoir si l'informateur ferait un bon témoin ou s'il devrait assister à une audience devant le tribunal à la suite de l'enquête. Ce point est pertinent pour toutes les enquêtes.

Parfois, de bonnes preuves sont obtenues grâce à des sources confidentielles et à des techniques secrètes. Si l'affaire est portée devant les tribunaux, une décision doit être prise sur la poursuite ou la révélation de ces techniques et sources secrètes. Si ce point n'est pas pris en compte à un stade précoce, le cas peut devoir être abandonné en raison de sensibilités importantes. Lors de la sélection des enquêteurs pour effectuer une tâche particulière, assurez-vous que les personnes choisies feront des témoins compétents et crédibles. Sinon, ne les utilisez pas.

Un modèle pour les enquêtes sur la fraude des employés

Les crimes financiers devraient faire l'objet d'une enquête adaptée à la situation par les personnes les plus aptes à effectuer le travail. Dans la pratique, il est possible de définir une sorte de procédure pour mener une telle enquête. Cette procédure pour chaque fraude individuelle sera différente. Pour les fraudes d'employés, dans la mesure du possible, la procédure en quatorze étapes décrite ci-dessous peut être appliquée.

Procédure d'enquête sur un employé pour fraude ou crime en col blanc :

1. Allégation
2. Recherche en arrière-plan
3. Rapport préliminaire
4. Plan d'enquête
5. Soutien
6. Définition des barrières
7. Stratégie
8. Enquête approfondie
9. Rapports intermédiaires
10. Déclarations de témoins
11. Entretien avec le suspect
12. Rapport final
13. Action
14. Revue

Allégation

La plupart des fraudes d'employés ou des crimes en col blanc sont révélés en raison des informations fournies par un informateur, des soupçons de personnes travaillant dans la section concernée ou de rapports faisant état d'une perte inexpliquée. Un processus est nécessaire pour enregistrer toutes les allégations et veiller à ce qu'elles soient dûment prises en compte. Un document devrait être utilisé pour détailler l'essence de l'allégation et enregistrer la décision d'enquêter ou non sur les questions évoquées. Toutes les allégations doivent être transmises à une personne désignée et enregistrées dans une base de données des fraudes signalées. Cela démarre le processus d'enquête.

Recherche en arrière-plan

Après avoir reçu une allégation, l'étape suivante consiste à effectuer quelques travaux de base. La principale question est de savoir s'il existe un vrai problème. Lorsqu'il y a une perte évidente – par exemple, une grosse somme d'argent qui devrait être dans le fonds de pension de l'entreprise et qui semble manquer - d'autres mesures sont nécessaires. Une allégation spécifique contre un membre du personnel devra également être vérifiée. Cette étape de l'enquête indiquera la portée et l'ampleur du problème et si une enquête approfondie doit être lancée.

Rapport préliminaire

L'étape suivante consiste à rédiger un premier rapport sur la question, qui sera soumis aux parties désignées pour examen. Par exemple, une allégation de pots-de-vin sur les contrats est faite au responsable des achats, puis transmise au responsable de la conformité ou au conseiller en fraude en chef pour examen. Après avoir effectué quelques vérifications de base, le responsable de la conformité doit préparer un rapport préliminaire couvrant :

- Introduction — l'allégation et toute information disponible concernant l'informateur ou les soupçons.
- Travail accompli- les vérifications de base effectuées pour étayer l'allégation.
- Conclusions - si l'allégation est fondée et si les vérifications initiales sont conformes au problème signalé.

Une recommandation - une enquête est-elle nécessaire ? Dans l'affirmative, la concentration et les implications en termes de ressources d'une décision d'aller de l'avant avec d'autres travaux.

Participation de la police - appropriée ou non à ce stade ?

Un conseiller en chef contre la fraude et un groupe d'experts de haut niveau sur la fraude superviseront toute enquête. Quel que soit le format, il devrait y avoir une procédure formelle pour approuver une enquête complète. Le rapport préliminaire devrait être présenté au comité de fraude par le conseiller en fraude (ou équivalent) et discuté en toute confidentialité de manière détaillée, avec un procès-verbal officiel. Sur la base des résultats obtenus à ce jour, une décision devrait être prise, en tenant compte de l'intérêt supérieur de l'entreprise. La participation éventuelle des forces de l'ordre locales devrait toujours être à l'ordre du jour, et la décision devrait être prise à temps afin que la police soit approchée lorsqu'il y a un bon dossier à examiner. Le conseiller en chef en matière de fraude devrait être invité à élaborer un plan d'enquête pour couvrir les travaux initiaux requis dans le cadre de l'enquête.

Plan d'enquête

L'enquête sur la fraude commencera à prendre forme avec la formulation d'un plan. Le plan sera élaboré par le conseiller en fraude et couvrira des éléments tels que :

a. *L'enquêteur principal.* Une personne précise doit être en charge de l'enquête, et cela devrait être déterminé dès le départ. Il peut s'agir d'un spécialiste externe désigné dans une entreprise respectée ; dans ce cas, les détails contractuels doivent être correctement clairs. Le conseiller en chef en matière de fraude devrait superviser l'ensemble de l'exercice et assurer la liaison entre le comité des fraudes et l'enquêteur principal.

b. *L'avocat.* Dans le cas d'enquêtes plus importantes, un avocat devrait être nommé pour prendre en charge le travail. Cela permet au privilège avocat-client de protéger les informations contre la divulgation, au moins pendant un certain temps.

c. *Les termes de références.* Un objectif clair doit être fixé pour l'enquête. L'enquête doit être menée conformément à la politique et aux normes en matière de fraude pour ce type de travail. Une organisation qui définit une procédure claire pour mener des enquêtes sur les fraudes des employés, puis ignore cette procédure, va au-devant de problèmes majeurs.

d. *Chaine de communication.* C'est une bonne idée de mettre en place une chaine de communication formelle assez tôt, au début de l'enquête. La chaine de communication dans le cas d'une fraude importante perpétrée par des employés pourrait comprendre :

    - Directeur Général
    - Directeur financier
    - Auditeur interne en chef
    - Directeur du personnel
    - Conseiller en chef contre la fraude
    - Responsable de la conformité
    - Auditeur externe

- Actionnaires
- Directeur de la zone affectée
- Avocat d'entreprise
- Enquêteurs

Plus il y a de gens au courant de la fraude et de l'enquête et plus il y a de chances que des personnes non autorisées- y compris le fraudeur - découvrent qu'une enquête est en cours.

Assistance

Sur la base de la chaine de communication précédemment définie, l'équipe support de l'enquête prévue doit être clairement établie. Plusieurs rôles doivent être clairement définis, notamment ceux de :

Président directeur général. L'officier en chef voudra voir la fraude traitée efficacement, il approuvera un budget pour le projet et s'assurera que ce budget est correctement dépensé.

Directeur de la zone où la fraude s'est produite. Nous avons soutenu que la responsabilité opérationnelle de gérer le risque de fraude incombe à la direction. L'un des moyens d'y parvenir est de nommer le directeur compétent responsable de la façon dont la fraude est traitée. Le directeur pourrait se joindre au comité de fraude et prendre des décisions exécutives à la suite du travail accompli et des rapports publiés par les enquêteurs. Tout ceci étant entendu que ce directeur n'est en aucun cas impliqué dans le problème de façon directe ou indirecte.

Comité de fraude. Des employés clés compétents siégeront au panel, examineront les progrès de l'enquête et prendront des décisions opérationnelles sur la base des recommandations de l'équipe d'enquête. Le personnel, les représentants légaux, le vérificateur interne en chef et un représentant du bureau du directeur général peuvent siéger au comité chaque fois que celui-ci se réunit.

Conseiller en chef contre la fraude (ou responsable de la conformité). Cette personne supervisera le travail des enquêteurs et présentera leurs rapports au comité de fraude. Le conseiller en chef en matière de fraude est également responsable du contrôle de la qualité du travail des enquêteurs et des détails techniques tels que la prise de contact avec la compagnie d'assurance de l'organisation.

Les enquêteurs. L'enquêteur principal entreprendra la majeure partie du travail et pourra employer une petite équipe pour l'aider dans cette tâche. Il ou elle peut avoir besoin de faire appel à des experts en comptabilité, informatique et médecine légale de temps à autre. Les enquêteurs pourraient bien être des employés d'une firme de consultants externes. Le service de police peut également être invité à travailler avec les enquêteurs ou simplement à fournir des conseils et un soutien, même s'il ne prend l'affaire en charge que lorsqu'il y a suffisamment de preuves pour penser à des poursuites.

Comité d'audit. Le comité d'audit voudra s'assurer que l'organisation a bien réagi au cas de fraude et qu'elle gère le problème selon des normes établies. L'auditeur interne en chef peut avoir besoin d'être tenu informé et peut fournir des conseils aux enquêteurs concernant les systèmes et procédures de l'entreprise. De plus, les auditeurs ont généralement accès à tous les systèmes d'information organisationnels et pourraient donc être invités à apporter leur aide le cas échéant. Certains services d'audit interne effectuent en réalité des enquêtes sur la fraude de bout en bout et jouent un rôle central dans tous les principaux travaux sur la fraude.

Définition des limites

L'un des aspects d'une enquête consiste à déterminer ce qui pourrait mal tourner. Quels sont les obstacles à une enquête efficace par rapport aux objectifs fixés ? Pour les fraudes plus importantes, il peut être judicieux de mettre en place une salle sécurisée avec quelques tables, chaises, tableau de bord et tableaux à feuilles mobiles afin que l'équipe d'enquête puisse commencer à mettre le cas de fraude en contexte et faire rebondir des idées. Une feuille du tableau peut énumérer les faits connus, y compris les personnes, les sections, les systèmes et la façon dont le crime a été commis. Une autre feuille peut contenir une liste de tâches à accomplir, encore en suspens et qui doivent être terminées à un moment donné. Un tableau de bord peut être utilisé pour réfléchir à des idées qui feront avancer l'enquête. Les éléments susceptibles d'entraver une enquête sont nombreux et variés. L'on pourrait citer :

- Des documents manquants ou irrécupérables ;
- L'absence de suspects connus ;

- Des délais avant l'ouverture de l'enquête officielle ;
- L'indisponibilité ou l'intimidation des témoins ;
- L'implication éventuelle de la direction dans le cas de fraude ;
- Des preuves informatisées qui pourraient être détruites ;
- Des demandes de la police visant à restreindre la portée de l'enquête ;
- Le besoin d'intimité dans les entretiens ;
- La non-coopération des principaux témoins ;
- Les alibis apparents des suspects ;
- Le danger de réclamations d'incitation au crime ;
- Les allégations de contrainte de suspects ;
- La possibilité que la fraude résulte d'erreurs innocentes ou que la direction ait autorisé les activités douteuses ;
- L'état mental instable du suspect.

Les obstacles potentiels doivent être examinés très attentivement. Un des aspects de cette étape de l'enquête consiste à surmonter les obstacles et, si possible, à les éliminer complètement. Certaines limites sont légales dans la mesure où seules certaines choses sont autorisées par la loi.

Stratégie

L'étape la plus cruciale de l'enquête est probablement celle de la définition de la stratégie. L'équipe d'enquêteurs peut revoir les feuilles mobiles du tableau de conférence et réfléchir à la meilleure façon de faire face à la fraude, au minimum, elle voudra s'assurer que :

- Le cas de fraude lui-même est bien compris ;
- L'infraction est clairement définie en termes de violation des lois locales et fédérales ;
- Le fonctionnement des systèmes et contrôles violés par la fraude est compris ;
- Le montant de la perte subie est établi ;
- La zone touchée par le cas de fraude est isolée ;
- Les personnes potentiellement impliquées dans la fraude sont identifiées ; et
- Les témoins qui peuvent contribuer à l'enquête sont définis.

La suite de la stratégie consiste à conserver et à rassembler, d'une manière qui les rend admissibles, les preuves disponibles nécessaires pour prouver la fraude. Par exemple, si la police prend en charge une affaire, les règles d'application de la loi s'appliquent et les enquêteurs de l'employeur deviennent des agents de la police. À ce titre, les enquêteurs auront besoin de mandats de perquisition pour effectuer des tâches telles que les fouilles au bureau. Les enquêteurs désignés devront être des professionnels, car ils pourront être appelés à témoigner devant le tribunal.

Enquête approfondie

Une fois que l'équipe d'enquête s'est vu confier des tâches spécifiques, l'enquête complète peut être lancée.

Les techniques décrites précédemment, telles que les entretiens, l'examen médico-légal des documents, etc..., seront utilisées dans le cadre de l'enquête proprement dite. Le principal point à noter est la nécessité de fixer un objectif clair pour chaque tâche et de s'assurer que chaque tâche est assumée par la personne qui convient et que les documents de travail sont irréprochables. Utilisez un formulaire standard pour chaque tâche, et comportant les sections renseignant sur les éléments suivants :

- Objectif de la tâche
- Enquêteur désigné
- Méthode employée
- Résultats
- Conclusions

La paperasse, les documents, les rapports et les résultats de toute analyse peuvent être joints à la page de garde et référencés avec précision. Les dossiers d'entrevue doivent être soigneusement préparés et classés avec toutes les pièces jointes pertinentes à l'affaire. Un soin particulier devrait être apporté à tout formulaire de consentement reçu pour permettre l'accès aux dossiers personnels et aux recherches afin de s'assurer qu'ils ont été fournis volontairement, sans contrainte ni incitation. La plupart des enquêtes sont un mélange de réflexion créative sur ce qu'il faut rechercher et de procédures de collecte et de documentation très basiques qui sont appliquées méticuleusement.

Rapports intermédiaires

Il est important de mener des enquêtes sur les fraudes de manière à ce qu'il y ait une avancée constante dans la bonne direction. Certaines enquêtes peuvent être assez frustrantes lorsque de nombreuses heures de travail sont nécessaires pour parcourir des rames de papier - la plupart totalement hors de propos - avec la possibilité que seulement un ou deux éléments soient très importants. Même les interrogatoires automatisés peuvent être ennuyeux, car ils peuvent signaler des centaines d'enregistrements qui doivent ensuite être extraits manuellement et examinés en détail. De nombreuses enquêtes sur les fraudes sont limitées dans le temps, car une perte est identifiée, mais l'affaire vieillit de plus en plus à mesure que l'enquête établit les faits. Toutes les enquêtes en cours devraient avoir des rapports intermédiaires sur une base régulière lorsque L'enquête prend du temps à se terminer et dure plus d'une semaine ;

> Il y a eu un changement majeur dans la direction de l'enquête à la suite de nouvelles pistes ;
>
> Il existe des preuves claires à partir desquelles il est possible de préparer des accusations contre le suspect ;
>
> une décision est nécessaire quant à la poursuite ou non de l'enquête ;
>
> Le comité de fraude se réunit et a besoin d'une mise à jour sur les travaux en cours ; et

La police ou d'autres organes externes doivent être informés sur l'état d'avancement d'une affaire.

S'il y a un conseiller en chef en matière de fraude (ou un responsable de la conformité), il peut être judicieux pour lui d'obtenir une mise à jour sur les enquêtes en cours toutes les semaines ou deux. Pour les enquêtes plus importantes, des rapports intermédiaires réguliers peuvent être nécessaires, peut-être sous forme de présentations orales plutôt que de rapports officiels. Le rapport intermédiaire couvrira des points tels que :

- La fraude et ses origines
- Les travaux réalisés à date
- Le coût de l'enquête à date
- Les détails des pertes connues
- Tous les problèmes et toutes les sensibilités spécifiques
- Les progrès dans la collecte des preuves et la présence ou non de suspects
- Toute suspension d'employés à date
- Toute accusation envisagée
- Travaux supplémentaires requis et délais possibles
- Tout élément soumis à la décision de gestion
- Toute recommandation de mesures de gestion

Déclarations de témoins

Les entretiens ont été décrits comme une technique importante dans les enquêtes. Dans une enquête typique, plusieurs dizaines de personnes peuvent être interrogées afin de vérifier les faits. Une fois cette tâche terminée, des déclarations officielles de témoins peuvent être obtenues ; c'est-à-dire un enregistrement officiel des événements dans les mots du témoin, dûment complété, signé et attesté.

Le format du dossier doit être tel qu'il puisse être présenté au tribunal pour une action civile ou pénale et peut également être utilisé dans le cadre d'une procédure disciplinaire interne contre l'employé. Si la fraude donne lieu à des poursuites pénales, la police peut souhaiter réinterroger des témoins et obtenir leurs propres déclarations. Si la version de l'enquêteur est acceptable, les déclarations peuvent être transmises directement à l'équipe du parquet - une reconnaissance de la bonne qualité du travail effectué. Toute pièce mentionnée dans les déclarations doit être jointe et doit être clairement citée dans la déclaration.

Entretien avec le suspect

C'est la partie la plus difficile de l'enquête. Elle est entreprise lorsqu'il y a des éléments de preuve suffisants d'une infraction présumée qui doivent être présentés au suspect pour lui donner la possibilité de s'expliquer. Un dossier de preuves aura été constitué, comprenant des documents, des déclarations, des analyses, des dossiers de surveillance et d'autres documents pertinents pour l'enquête. Le suspect peut être invité à raconter sa version des faits, et ses déclarations seront comparées aux faits connus. Lorsque les enquêteurs seront en possession de tous les faits majeurs, ils rappelleront probablement

leurs droits aux suspects et leur présenteront les preuves tout en demandant une explication pour chaque élément incriminant.
La documentation via une note écrite ou un enregistrement est essentielle ; certains enquêteurs réalisent un enregistrement vidéo de l'interview. S'il y a un aveu de culpabilité, ainsi que des dates, des heures, des noms, une méthode et une indication d'intention, l'interview devra probablement être arrêtée. Toute déclaration doit être signée volontairement et contenir une note écrite soulignant la volonté du suspect de coopérer ainsi que toute explication de l'infraction proposée par le suspect. Il peut être préférable d'obtenir une déclaration distincte pour chaque type d'infraction. Lorsqu'il existe des motifs suffisants pour porter des accusations contre le suspect, l'interview peut à nouveau être interrompue.

Le processus d'entrevue ne devrait impliquer aucune intimidation ni contrainte ; ce devrait être simplement une tentative d'obtenir la vérité. Le suspect a le droit de déposer une plainte officielle concernant l'entretien, et cette plainte devra recevoir une réponse appropriée. À la fin de l'interview, il faut demander au suspect s'il est satisfait des possibilités qui lui sont données de fournir des explications, et des détails supplémentaires peuvent être fournis si nécessaire. Les suspects devraient avoir la possibilité de faire des aveux complets et, si les réponses données ne sont pas satisfaisantes, on peut leur demander de réfléchir à nouveau à leurs réponses. Des scénari suggérant la culpabilité peuvent être présentés aux suspects, et ces derniers peuvent être invités à faire des commentaires à la suite. Des questions peuvent également être posées sur d'autres personnes potentiellement impliquées dans le crime.

Rapport final

Le rapport final est un document officiel qui peut être examiné par de nombreuses parties différentes. Les représentants légaux de l'accusation et de la défense, et même un jury, peuvent consulter le rapport. Des organismes externes, tels que des cabinets d'audit externes ou le gouvernement, si l'entreprise reçoit des fonds publics, peuvent également souhaiter examiner le rapport. Les compagnies d'assurance et les organismes de réglementation peuvent demander à avoir accès au rapport d'enquête, et les tribunaux peuvent ordonner l'accès de diverses parties aux différents éléments de l'affaire. Le fait est que le rapport doit être solidement fourni ; il doit non seulement être présentable, mais également contenir un compte rendu valable de la portée, des constatations et des conclusions de l'enquête.

Types de rapports. Il existe différents types de rapports adaptés à différentes circonstances. L'enquêteur doit s'assurer que le type de rapport préparé est bel et bien approprié aux circonstances. Contrairement aux rapports standards, une enquête sur la fraude présente certaines particularités qui la rendent un peu différente. Il peut y avoir des périodes de frénésie extrême suivies de périodes d'analyse calme pendant laquelle les éléments trouvés sont harmonisés. Un modèle simple de « 6 As » illustré à la figure 4.1 peut être utilisé pour refléter les étapes changeantes d'une enquête et les différents rapports requis. Le type de rapport est lié à l'étape à laquelle se trouve l'enquête reached.

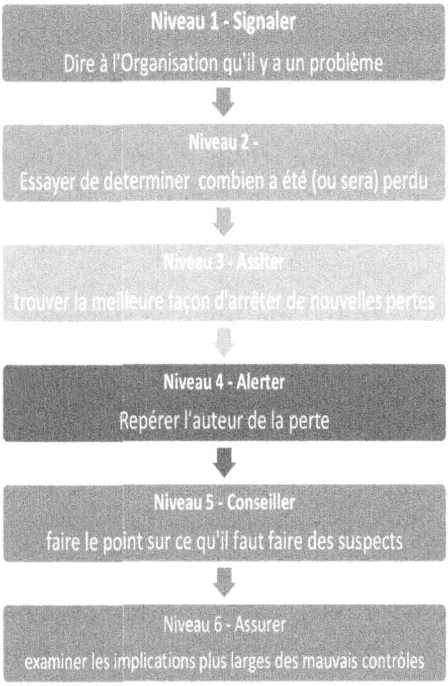

Figure 4.1 Reporting at Stages of an Investigation

Niveau un - Alarme. Des alarmes sont données pour informer les dirigeants que quelque chose ne va pas et qu'il y aurait peut-être une fraude d'employé en cours. Cela se fait par le biais d'une brève note de service qui est présentée à la haute direction ou au conseil d'administration. Une déclaration orale mettra en évidence les soupçons et le fait que des recherches rapides doivent être entreprises. Une note d'une page peut suivre la courte présentation des allégations, car le temps est ici le facteur essentiel. Tout contact nécessaire avec la presse doit être coordonné par le service de presse.

Niveau deux - Évaluer. Cette étape vise à approfondir un peu plus la recherche et se produit généralement après que le dossier ait été traité pendant quelques jours. Le rapport à ce niveau est encore une fois un court document qui identifie l'ampleur et le degré d'importance de la fraude. Un état des pertes connues et estimées sera la principale caractéristique du rapport écrit.

Niveau trois - Aide. Une analyse détaillée des moyens de stopper toute perte supplémentaire devrait être partagée, bien que cela devra être fait assez rapidement. Les assureurs ne seraient pas ravis qu'une organisation prenne conscience d'un problème et permette ensuite à ce problème de se développer et de causer plus de pertes que nécessaire. Ce rapport traitera de tout contrôle rapide qui devrait être mis en place et de toute action, telle que la suspension d'un suspect, qui pourrait être nécessaire pour mettre fin à la fraude. La protection de l'organisation est l'axe principal de ce type de rapport.

Niveau quatre - Alerte. Il s'agit de l'étape la plus longue et la plus complète de l'enquête, qui liste toute personne impliquée dans l'infraction. Le rapport est plus long en raison du risque de diffamation ; les faits devront être soigneusement vérifiés et présentés avant de pouvoir être divulgués. Un rapport intermédiaire officiel devrait relier les résultats aux preuves détaillées, avec un index et des notations chronologiques. Ce document peut être examiné par des tiers et peut servir de base aux décisions concernant les accusations et l'intervention de la police, si cela ne s'est pas encore produit. Une ébauche du document sera soumise à un conseiller juridique pour être dûment examinée avant la publication du rapport. L'admissibilité juridique détermine le style de ce type de rapport.

Niveau cinq - Conseiller. Un rapport devrait finalement être publié avec une orientation claire sur la pertinence des poursuites pénales et des mesures disciplinaires internes. Ce rapport traitera des infractions commises, des accusations qui devraient en résulter et de la détermination de la manière dont le code disciplinaire a été enfreint. Il est peu probable qu'une fraude des employés ne viole pas le code de conduite établi par la plupart des organisations. Le comité de fraude et le comité d'audit voudront probablement voir une copie de ce rapport. La résolution du problème et la clôture de l'enquête devraient être les questions clés dudit rapport.

Niveau six - Assurer. Ce type de rapport, moins percutant, examinera les implications à long terme d'un risque de fraude qui n'aurait pas été correctement géré. Les aspects de l'échec des contrôles seront examinés ainsi que la nécessité d'installer de meilleurs contrôles. Le rapport peut établir un processus de consultation par lequel des petits groupes de discussion examinent les propositions après des présentations officielles sur tout changement proposé aux structures de contrôle. Ce rapport vise à garantir que des contrôles efficaces sont en place pour se prémunir contre le risque de fraude.

Contenu. Le rapport final de l'enquête doit contenir toutes les informations nécessaires pour comprendre les différentes étapes de l'enquête et couvrira les questions importantes pour les destinataires. Celles-ci varieront évidemment, mais les domaines suivants peuvent être couverts :

- Les objectifs de l'enquête
- L'étendue des travaux
- Les informations sur l'équipe chargée de l'enquête
- La façon dont la fraude a été découverte
- Les détails de la fraude elle-même
- Les failles du contrôle qui ont favorisé la fraude
- La stratégie d'enquête, la chaine de communication et les procédures de validation établies
- Données personnelles relatives aux suspects (elles peuvent être conservées dans une annexe confidentielle distincte). Les suspects peuvent être désignés par un nom de code qui doit être lu conjointement avec les données personnelles classifiées dans une annexe séparable
- Représentants légaux
- Toute intervention policière
- Infractions commises et charges éventuelles
- Toute action de recouvrement qui a été lancée
- Liste détaillée des preuves et des conclusions tirées de chaque élément
- Recommandations pour soutenir les poursuites pénales, les mesures disciplinaires et l'amélioration des contrôles

- Toute autre information pertinente

Beaucoup de choses peuvent se retrouver dans le rapport officiel de l'enquête, et des termes tels que le suspect et l'infraction présumée devraient être utilisés pour maintenir l'objectivité. Le but du rapport n'est pas d'évaluer la culpabilité ou l'innocence du suspect ; c'est le travail des tribunaux. L'objectif du rapport est simplement de documenter les éléments précédents de manière claire et objective.

Structure. Le rapport de fraude doit être structuré de façon à faciliter la lecture et la compréhension. Il peut comprendre, par exemple :

- *Page de garde.* La page de garde doit porter la mention *confidentiel* et, pour les enquêtes plus sensibles, l'on peut utiliser un code plutôt que de donner un titre. La page de garde ne devrait surtout pas afficher le nom du principal suspect.
- *Résumé analytique.* Introduction, bref compte rendu de la fraude, termes de référence pour l'enquête, suspects, accusations proposées et actions recommandées requises.
- Introduction : Objectifs et portée de l'enquête, comment la fraude a été constatée, qui a été chargé d'entreprendre les travaux et l'approche utilisée.
- *Constatations détaillées.* Détails de la fraude, infractions résultant de la fraude, description des preuves relatives à chaque infraction (par ordre

chronologique) et éventuelles réfutations des preuves.

- *Annexes*. Liste et résumés des preuves, y compris les déclarations des témoins, les avis des conseillers juridiques et tout autre élément pertinent. Il est généralement préférable de définir la structure du rapport avant de rédiger le contenu. Une fois que la structure a du sens, les détails doivent s'intégrer assez facilement.

Action

Les rapports doivent être orientés vers l'action. Autrement dit, ils devraient conduire à une action efficace pour traiter les problèmes qui ont été identifiés, et encourager une réponse à toutes les recommandations faites par l'équipe d'enquête. Le problème est qu'un rapport à lui seul ne conduit pas nécessairement à une action directe ; par conséquent, les actions directes constitueront une étape distincte de l'enquête. Le processus de notification doit être affiné afin que les personnes appropriées aient accès au rapport et puissent prendre des décisions opérationnelles. Il s'agit d'un point fondamental dans la mesure où les enquêteurs travaillent pour le compte de l'organisation qui les emploie et fournissent des conseils spécialisés en fonction du travail effectué.

C'est vraiment l'organisation, sous la forme du conseil d'administration et du PDG, qui doit assumer la responsabilité de donner suite aux résultats de l'enquête. Les fonds manquants devraient être recherchés par des avocats spécialisés dans le suivi et le gel des fonds pertinents en vue de leur recouvrement. Les fonds illégaux peuvent être transférés aux membres de la famille par un fraudeur ou blanchis dans des investissements et des programmes qui ne relèvent pas de la compétence des enquêteurs, et peuvent même être transférés à l'étranger.

Notez que l'Office du commerce international peut vous aider à retrouver les fonds manquants. L'organisation devra également examiner si une affaire contre le présumé fraudeur est susceptible d'aboutir et évaluer les montants impliqués et les coûts d'une action civile pour le recouvrement. De même, la demande de poursuite pénale devra également être examinée.

Revue

La dernière étape de l'enquête est généralement complètement ratée. Cette étape implique une réflexion sur ce qui a mal tourné et pourquoi. L'examen peut couvrir divers domaines, notamment :

- Comment la fraude s'est-elle produite et pourquoi a-t-elle été autorisée à se poursuivre pendant la période en question ?
- Quels contrôles ont échoué et comment corriger le problème ?
- Qu'en est-il de l'environnement de contrôle global et de la culture en place - devraient-ils être modifiés ?
- Comment notre personnel gère-t-il le risque de fraude ?
- Une fraude similaire pourrait-elle se produire dans une autre partie de l'organisation ?

- Avons-nous fait assez pour récupérer les fonds perdus ?
- Nos procédures pour mener des enquêtes sur les fraudes sont-elles adéquates ?
- Comment avons-nous géré les dommages potentiels à la réputation de notre entreprise ?
- Quelles sont les principales leçons que nous pouvons tirer de cette expérience ?

Bilan et réflexion

1. Les éléments de preuve obtenus au cours d'une enquête peuvent être directement dérivés de la fraude, ou ils peuvent être circonstanciels et comprendre :
   a. Les déclarations des témoins, preuves circonstancielles, rapports financiers sur le suspect, preuves matérielles, preuves documentaires, preuves démonstratives et données analytiques
   b. Les déclarations des témoins, preuves circonstancielles, rapports financiers sur le suspect, preuves physiques et sociales, preuves documentaires, preuves démonstratives et données analytiques
   c. Preuve de témoin, preuve circonstancielle, rapports financiers sur le suspect, preuve physique et sociale, preuve documentaire, preuve démonstrative et données analytiques
   d. Preuve de témoins, preuve circonstancielle, rapports financiers sur le suspect, preuve matérielle, preuve documentaire, preuve démonstrative et données analytiques

2. Ci-après des techniques d'enquête SAUF
    a. respecter les droits et maintenir le moral du personnel, preuve, entretien
    b. respecter les droits et maintenir le moral du personnel, communication non verbale
    c. respecter les droits et maintenir le moral du personnel, examen analytique, surveillance
    d. respecter les droits et maintenir le moral du personnel, examen des audits

3. L'essentiel de la communication entre deux personnes se fait de manière non verbale, l'on a notamment :
    a. facteurs spatiaux, langage corporel, expressions faciales, silences, voix et langage
    b. Facteurs spatiaux, langage corporel, expressions faciales, silences, voix et regard
    c. Facteurs spatiaux, langage corporel, expressions faciales, signes, voix et langage
    d. Facteurs spatiaux, langage corporel, expressions faciales, silences, parole et langage

(Pour les réponses, veuillez vous reporter à l'annexe A.)

CHAP 5

Le blanchiment d'argent

Introduction

Le Groupe d'action financière (GAFI) est un organisme intergouvernemental dont le but est d'élaborer et de promouvoir des politiques de lutte contre le blanchiment de capitaux et le financement du terrorisme. C'est l'organisme qui établit et contrôle les normes internationales en matière de réglementation anti-blanchiment. Le GAFI a défini le « blanchiment d'argent » comme le traitement des produits du crime pour déguiser leur origine illégale afin de légitimer les gains mal acquis du crime.

Le blanchiment d'argent est un processus qui vise à dissimuler l'existence, la nature, la source, le contrôle, la propriété effective, l'emplacement et la disposition des biens dérivés d'activités criminelles. Dans ce contexte, la propriété est prise dans son sens plus large de ce qui est physique, incorporel ou représenté sous la forme de droits ou d'obligations tels qu'un fonds de pension ou un fonds fiduciaire.

Le processus de blanchiment d'argent

L'objectif des fraudeurs fiscaux et de toutes les personnes impliquées dans un large éventail d'activités criminelles est de déguiser la source de provenance des fonds et de convertir « l'argent sale » en « le lavant » sous une forme qui rendra difficile la remontée jusqu'à ses ses origines telle que le placement de l '« argent sale » dans les comptes bancaires, dans l'immobilier, dans les actions, dans les primes d'assurance et autres actifs, qui peuvent être utilisés plus tard sans éveiller les soupçons. Que le crime soit fiscal ou qu'il soit lié au trafic de stupéfiants, à la vente illégale d'armes, à la corruption ou à une vaste gamme d'activités criminelles, le processus de base utilisé par les blanchisseurs d'argent pour transformer des produits illicites en fonds ou avoirs apparemment légaux est globalement connue comme comportant trois étapes : placement, superposition et intégration. Ce sont les trois phases du blanchiment d'argent, souvent appelées la triade du blanchiment d'argent. La phase d'intégration peut être divisée en deux sous-phases : justification et investissement.

APERÇU DU BLANCHIMENT D'ARGENT

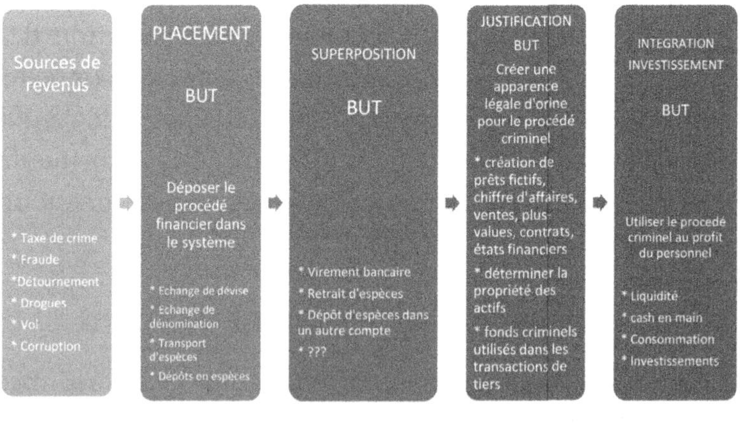

Placement

Cette étape initiale est considérée par beaucoup comme la partie la plus risquée pour les criminels, lorsqu'ils tentent d'introduire le produit d'un crime dans le système financier. L'objectif à ce stade est de déposer les produits du crime, généralement en espèces, sur un compte bancaire à l'intérieur du pays ou à l'étranger. Bien que les banques aient été utilisées pour faciliter cette étape dans le passé - par exemple, les trafiquants de stupéfiants effectuant des dépôts en espèces dans les succursales locales - les systèmes et les contrôles de LBC des banques sont devenus et sont perçus comme étant de plus en plus sophistiqués, et les blanchisseurs ont à la longue, cherché d'autres moyens de placer leur argent illicite.

À cette fin, l'argent pourrait être échangé contre d'autres objets de valeur comme des marchandises de commerce, des diamants, des lingots d'or ou des chèques. Il pourrait également être échangé dans d'autres monnaies en plus grandes coupures et/ou divisé en petites sommes, ce qui permet un transport facile par des coursiers en espèces. Une autre méthode consiste à infiltrer des entreprises à forte intensité de trésorerie - comme les restaurants et autres lieux publics - afin de fournir une explication plausible du mouvement de grandes quantités d'argent. De récentes propositions pour réglementer les casinos et autres entreprises de jeux de hasard, par exemple, répondent à une vulnérabilité perçue de ce domaine par rapport au blanchiment d'argent. Lorsque l'étape de placement est un succès, l'argent « sale » réapparait au travers de revenus provenant de l'entreprise légitime et sont déposés auprès d'une banque.

L'argent ou d'autres objets de valeur peuvent être transportés à l'étranger, loin du pays où le crime a été commis, vers le pays de résidence du criminel ou vers un pays spécifique dans lequel l'argent peut être facilement déposé ou investi. Le transport peut se faire en voiture, en avion (passagers ou fret), ou en utilisant un système bancaire clandestin. Pour tous ces actes, les criminels peuvent recourir à des tiers, que ceux-ci soient des particuliers ou des sociétés. La fraude financière, en revanche, peut ne pas avoir une étape de placement au sens conventionnel du terme. Les fonds peuvent être déjà dans le système financier, en particulier lorsque le cas de fraude a eu lieu dans une institution financière.

L'argent provenant de la fraude, (fraude fiscale ou fraude d'investissement), pourrait facilement être de l'argent détenu sur un compte bancaire et susceptible d'être échangé par voie électronique. Tous les produits du crime ne sont pas sous forme d'argent liquide ni même sous forme monétaire. Les marchandises volées peuvent être échangées contre d'autres objets de valeur.

Superposition

Une fois que l'argent a été placé avec succès dans le système financier, le blanchisseur lance généralement un certain nombre de transactions connexes en vue de masquer l'origine des fonds en brouillant toute trace de piste d'audit. L'objectif à ce stade est la dissimulation de l'origine criminelle du produit. Par conséquent, l'argent peut être transféré et réparti fréquemment entre les comptes bancaires, les pays, les particuliers et/ou les sociétés, ou alors les fonds peuvent être déplacés entre les produits financiers, entre les institutions et entre les juridictions. L'argent peut également être retiré en espèces et déposé sur des comptes bancaires auprès d'autres banques. Très souvent, des comptes bancaires sont utilisés dans les pays où les lois sur le secret bancaire sont strictes et des sociétés offshore sont désignées comme titulaires de ces comptes bancaires.

L'intégration

Enfin, les fonds blanchis doivent être extraits du système financier afin de pouvoir être utilisés pour acquérir des actifs légitimes ou pour financer d'autres activités criminelles. À ce stade, les fonds ou les actifs sont recouverts d'un vernis de respectabilité au sein de l'économie légitime. La phase d'intégration peut être divisée en deux sous-phases : justification et investissement.

Intégration : Justification

L'objectif à ce stade est de créer une origine légale apparente pour le produit du crime. Cela peut être fait de plusieurs manières :

- Faire des affaires avec soi-même (falsification des sources de revenu, des gains en capital et/ou des prêts) ;
- Déguiser la propriété des actifs ; et
- Utiliser les produits du crime dans des transactions avec des tiers.

Le blanchisseur d'argent crée une origine légale apparente de l'argent en fabriquant des transactions (factures, tenue de livres et contrats), avec l'utilisation de documents faux et fabriqués tels que des factures, des rapports, des contrats, des accords, des actes, ainsi que des déclarations écrites ou orales. Les méthodes de justification couramment utilisées sont :

- La création d'un prêt - prêt ou transactions consécutives ;
- La fabrication d'une augmentation de la valeur nette - achat et vente des biens immobiliers et d'autres articles ;
- La fabrication des gains de casino, des prix de loterie, des successions, etc... ;
- Le déguisement de la propriété d'actifs et d'intérêts dans les entreprises (constructions avec des entités juridiques étrangères, par exemple avec des sociétés offshore, ou avec des parents en tant que propriétaire légal) ;
- La manipulation des prix (surfacturation et sous-facturation) ;
- La manipulation du chiffre d'affaires/des ventes en mélangeant des sources de revenus illicites et légales.

Intégration : Investissement

L'objectif de cette étape finale est d'utiliser les produits du crime à des fins personnelles. L'argent liquide ou électronique peut être utilisé pour :

- Accumulation - espèces en caisse ;
- Consommation - dépenses quotidiennes, mode de vie, bijoux, véhicules, yachts, œuvres d'art ;
- Investissement - comptes bancaires, immobilier, actions, titres, créances, financement d'activités commerciales légales et illégales.

Les criminels peuvent vouloir afficher leur richesse et leur mode de vie élevé en acquérant des « badges de richesse » tels que des maisons de luxe, des véhicules, des bateaux, des bijoux, etc... Ils chercheront à blanchir le produit de leurs crimes pour se procurer tous ces biens afin d'éviter de se faire repérer par les autorités fiscales ou répressives.

Entreprise de blanchiment d'argent

Utilisation d'une entreprise légitime pour blanchir des fonds

L'une des méthodes les plus courantes de blanchiment de fonds consiste à filtrer l'argent par le biais d'une entreprise légitime (également appelée « façade »). Une entreprise de façade peut être un moyen très efficace de blanchir de l'argent car elle offre un espace sûr pour organiser et gérer des activités criminelles. Une entreprise faisant des affaires légitimes fournit une bonne couverture pour la livraison et le transport liés à une activité illégale. En outre, une telle entreprise offre un lieu propice aux allées et venues d'un grand nombre de personnes. Les dépenses d'activités illégales peuvent être attribuées à l'entreprise légitime et les revenus illégaux peuvent être facilement placés dans l'entreprise.

Les trois méthodes les plus couramment utilisées pour cacher des actifs ou blanchir de l'argent par le biais d'une entreprise de façade sont les suivantes :

Surestimation des revenus déclarés

Une surestimation des revenus, également connue sous le *nom de blanchiment du compte de résultat*, se produit lorsque le blanchisseur d'argent enregistre plus de revenus dans les livres d'une entreprise qu'il n'en génère réellement. Les revenus fictifs représentent les fonds illégaux qui sont secrètement insérés dans l'entreprise.

Surestimation des dépenses déclarées

L'inconvénient de surestimer les revenus est que des impôts seront dus sur les revenus déclarés. Par conséquent, si une entreprise surévalue ses revenus, elle voudra également surestimer ses dépenses pour compenser son obligation fiscale. Les dépenses fictives permettent également au contrevenant de siphonner de l'argent hors de l'entreprise afin de payer, d'acheter des marchandises illégales ou d'investir dans d'autres entreprises criminelles. Il est très facile de surestimer les dépenses en déclarant des paiements pour des fournitures jamais reçues, des services professionnels jamais rendus ou des salaires d'employés fictifs.

Blanchiment de bilan

Plutôt que de tenter de déguiser de l'argent en revenus commerciaux normaux, les fonds excédentaires peuvent simplement être déposés dans le compte bancaire de l'entreprise. Cette technique est connue sous le nom de *blanchiment de bilan* car elle est indépendante de l'argent qui entre et sort de l'entreprise.

Entreprises propices pour cacher ou blanchir de l'argent

De manière générale, les entreprises choisies pour le blanchiment d'argent possèdent une ou plusieurs des caractéristiques suivantes :

- Revenu. Il est difficile d'estimer une base de revenus car la majorité des revenus provient de transactions en espèces avec un montant très variable par client. Cela permet à l'argent supplémentaire d'être introduit dans l'entreprise et déguisé en revenu.
- Frais. Des dépenses variables et difficiles à estimer peuvent permettre au blanchisseur d'extraire de l'argent de l'activité de façade sans éveiller des soupçons.
- Historicité. Des liens historiques existent généralement entre certaines activités et l'origine ethnique d'un groupe criminel particulier ou encore entre des industries qui ont traditionnellement servi de base à des activités criminelles.

a. Bars, restaurants et discothèques
   Les entreprises couramment utilisées pour mener des opérations de blanchiment d'argent sont les bars, les restaurants et les boîtes de nuit. Ces entreprises facturent des prix relativement élevés et les achats des clients varient considérablement. Les ventes se font généralement en espèces, et il est manifestement difficile de faire correspondre

le coût de la fourniture de nourriture, d'alcool et de divertissement avec les revenus que ces activités génèrent. Les établissements de restauration rapide sont également fréquemment utilisés pour des opérations de blanchiment d'argent. Bien qu'ils tendent à facturer des prix inférieurs à ceux des autres types de restaurants, la plupart de leurs ventes sont effectuées en espèces et les dépenses peuvent être facilement gonflées.

b. Distributeur automatique
   Les opérations des distributeurs automatiques possèdent également de nombreuses caractéristiques favorables à une opération de blanchiment d'argent. Ils ont un volume de rentrées de fonds très variable et difficile à mesurer, et dans les grandes opérations, il y a une assez grande flexibilité avec divers frais de transport, d'installation et de promotion, assurant la couverture du retrait des fonds blanchis.

c. Grande distribution
   Les entreprises de distribution en gros ont toujours été les activités favorites des adeptes du blanchiment d'argent. Les revenus dans une entreprise de commerce de gros ne sont généralement pas aussi flexibles que dans les opérations de restauration et de distributeurs automatiques, mais avec une gamme de produits diversifiée et des factures falsifiées, il est toujours possible d'injecter beaucoup d'argent illégal dans l'entreprise. Plus important encore, ce secteur d'activité est idéal pour le blanchiment d'argent du

point de vue des dépenses. Les activités requises pour gérer ce type d'entreprise sont si diverses et difficiles à mesurer que les dépenses sont faciles à gonfler. En outre, les bâtiments, les entrepôts, la flotte de transport d'une entreprise de vente en gros et ses contacts avec les établissements de vente au détail sont tous des facteurs intéressants pour le blanchiment d'argent. De nombreuses activités criminelles classiques (drogues, recel et contrebande) ne sont elles-mêmes rien de plus que des opérations de distribution et peuvent se cacher derrière ce type de couverture commerciale.

d. Acquisitions immobilières
Les achats de biens immobiliers sont également intéressants car (au moins historiquement) la valeur des biens immobiliers augmente. De plus, les revenus de location peuvent être modifiés dans les livres pour blanchir plus de fonds.

e. GAB
Les responsables de l'application des lois signalent également une utilisation croissante des Guichets Automatiques de Banque (GAB) pour blanchir de l'argent. Les distributeurs automatiques de billets peuvent être achetés pour seulement 3 000 $ US. Les blanchisseurs d'argent achètent les machines et les placent dans les établissements qu'ils contrôlent ou dans des entreprises légitimes. Les machines fonctionnent de la même manière que n'importe quel autre guichet automatique et toutes les transactions sont légitimes. Le blanchisseur d'argent remplit

simplement la machine avec de l'argent provenant d'activités illégales. Le client utilise la machine et ne se doute jamais de la source de provenance de l'argent. Le système bancaire GAB débite le compte du titulaire de la carte et crédite le compte bancaire du propriétaire du GAB. À la fin du mois, le blanchisseur reçoit un relevé bancaire indiquant les montants déposés auprès d'une institution financière légitime. Cette option est intéressante pour les blanchisseurs d'argent car il n'y a actuellement aucune réglementation régissant l'utilisation et le fonctionnement des GAB privés. Il n'y a aucune vérification préalable des antécédents des acheteurs des machines, et il n'y a pas de procédures de déclaration obligatoires ni de réglementation pour la tenue des registres des ventes GAB.

f. Le recours à un spécialiste
Convertir des gains mal acquis en chèques de banque ou en mandats n'est pas particulièrement difficile, même pour le criminel le moins averti. Cependant, comme de nombreux blanchisseurs craignent d'être détectés, ils font appel à des spécialistes plus expérimentés. Les coursiers organisent le transport de l'argent vers un site où il est converti en une autre forme de monnaie. Par exemple, les trafiquants de drogue vont transporter physiquement de l'argent vers une juridiction étrangère où il est déposé sur un compte bancaire ou converti directement en chèques ou en mandats. Le coursier n'ayant aucun lien apparent avec le véritable propriétaire

des fonds, le blanchisseur d'argent conserve son anonymat.

Les *professionnels en cols blancs* tels que les avocats, les comptables et les courtiers pourraient également aider à blanchir des fonds illégaux. Grâce à des investissements, des comptes en fiducie, des transferts de fonds et des stratagèmes d'évasion fiscale, ces professionnels peuvent manipuler les systèmes financiers, commerciaux et juridiques afin de dissimuler l'origine et la propriété des actifs.

Pourquoi les blanchisseurs font-ils du blanchiment d'argent ?

Les blanchisseurs d'argent peuvent être classés en quatre catégories :

a. Ceux qui commettent des infractions principales et blanchissent leur propre argent ;

b. Ceux qui commettent des infractions principales, blanchissent leur propre argent et blanchissent également les produits d'autres criminels ;

c. Ceux qui ne commettent pas d'infractions principales mais blanchissent le produit des crimes d'autrui dans le cadre de leurs activités par ailleurs légitimes ;

d. Ceux qui blanchissent le produit des crimes d'autrui comme seule activité commerciale.

Categorie A. - *les individus qui commettent des infractions principales et blanchissent leur propre argent* - le font par nécessité. Leurs infractions principales génèrent de l'argent, et tout ce qu'ils font ensuite avec cet argent est assimilé au blanchiment d'argent. La seule façon pour eux d'arrêter le blanchiment est de mettre fin à leur activité criminelle principale. Il est intéressant de noter que la grande majorité de tous ceux qui se livrent au blanchiment d'argent ne le font pas par choix.

Cette nécessité donne à penser que ces personnes ne seront pas, et ne pourront pas être dissuadées, par les seules mesures de Lutte anti Blanchiment de Capitaux (LBC). Et pourtant, c'est à cela que les cellules anti-blanchiment se limitent dans leur réflexion et dans leurs actions. Afin d'influencer les choix et les comportements des blanchisseurs de catégorie A, les cellules anti-blanchiment doivent se concentrer sur la réduction du motif de l'infraction principale, et pas seulement sur l'activité de blanchiment. Nous pouvons y parvenir en partie en créant une forte probabilité que chaque crime d'acquisition soit détecté et se termine par la confiscation totale et permanente de tous les gains. Nous devons donc évaluer si les efforts mondiaux de lutte contre le blanchiment d'argent affectent les esprits et les comportements de cette catégorie de blanchisseurs d'argent au point de les détourner d'une vie d'infraction principale. Il existe peu ou pas d'études démontrant dans quelle mesure la confiscation des revenus accumulés par un criminel dissuade d'autres criminels au point où ces derniers se tournent vers une vie plus respectueuse des lois. Un tel effet dissuasif devrait être au cœur de nos efforts en matière de lutte contre le blanchiment d'argent, en particulier en ce qui concerne la prochaine génération potentielle de criminels professionnels ; et pourtant, rien dans nos normes internationales, législations nationales ou réglementations n'est destinée à réduire l'influence de l'activité de blanchiment ni à en mesurer l'effet sociologique.

Le Groupe d'action financière (GAFI) examine et révise les normes internationales d'évaluation mutuelle en accordant plus d'attention à l'efficacité. Cela devrait se traduire par des améliorations, mais la réflexion internationale n'est pas suffisamment ambitieuse pour envisager de tels impacts sociaux stratégiques. L'on peut imaginer que si les fils des criminels assistaient à la chute de leurs parents, à la perte de tout ce à quoi la famille s'était habituée après de nombreuses années d'un style de vie somptueux et aux tensions et ruptures inévitables des relations familiales, ils pourraient arriver à la conclusion que le jeu n'en vaut pas la chandelle. Ces jeunes, la génération criminelle en devenir, pourraient alors choisir un autre style de vie, à la fois respectueux des lois et socialement acceptable.

Malheureusement, le criminel touché lui-même ne réagit pas de cette manière. Nous pouvons nous appuyer sur les conclusions du psychologue Burrhus Frederic Skinner pour affirmer que le délinquant n'associe pas la punition au crime lorsqu'il survient trop longtemps après (la confiscation a souvent lieu plusieurs années après le crime), mais estime plutôt que l'organe qui le sanctionne est injuste. C'est une raison supplémentaire qui amène les cellules de lutte anti-blanchiment d'argent à faire tout ce qu'ils peuvent pour raccourcir le délai entre l'infraction et la confiscation.

Catégorie B. Les esprits et les comportements de ceux de la catégorie B— ceux qui *commettent des infractions principales, blanchissent leur propre argent et blanchissent également les produits d'autres criminels.* Ce sont, en substance, des contrevenants similaires à la catégorie A, mais en plus, ils choisissent de blanchir le produit des crimes des autres. Ce comportement n'est pas motivé par la nécessité comme notre groupe précédent ni par la cupidité; il est motivé par le besoin d'être aimé. La hiérarchie des besoins d'Abraham Maslow a identifié les besoins humains d'amour, d'acceptation et d'appartenance comme moteurs de comportement, suivis du besoin d'estime de soi et d'estime des autres.

Ces blanchisseurs réhaussent leur statut social criminel en aidant les autres ; ils veulent être admirés, respectés et même sentir que l'on a besoin d'eux. Leur estime de soi augmente proportionnellement à leur cercle d'associés dépendants. Ce désir d'être aimé est une faille exploitable par les anti-blanchisseurs. Le respect des pairs criminels doit être surpassé par le rejet de la société; nous devons façonner une société dans laquelle le risque de ne pas être aimé de beaucoup est plus grand que la probabilité d'être aimé de quelques-uns. Cependant, à l'échelle mondiale, il n'y a pas ou peu de dédain public attaché au blanchiment d'argent. Certaines juridictions ont mené des campagnes de sensibilisation du public, et bien que nombre d'entre elles aient entraîné des pics de dénonciation publique, il n'y a pas de véritable stigmatisation sociale. D'autres juridictions ont tenté de publier les noms de personnes reconnues coupables et de les humilier publiquement (bien que peu d'entre elles étaient des blanchisseurs d'argent), mais à mon avis, ces campagnes ont tendance à passer à côté du problème le plus crucial. Les délinquants et leurs pairs criminels ne perçoivent pas la honte d'avoir commis le crime mais seulement de s'être faits prendre dans leur mensonge, de plus, le public a même parfois un certain respect pour leur audace criminelle (par exemple, l'on attribue souvent un côté positif, presque romantique, aux voleurs de bijoux et aux braqueurs de banque.)

La honte éprouvée pour avoir commis des infractions de blanchiment d'argent doit réellement influencer l'opinion publique en construisant des croyances factuelles concernant l'éventail des dommages réels causés aux individus, aux entreprises, aux communautés et aux sociétés. En augmentant les réponses émotionnelles contre les activités de blanchiment et en présentant des recommandations d'action concrètes, nous avons beaucoup plus de chances d'enrayer ce phénomène.

À l'heure actuelle, rien dans nos normes internationales, dans nos législations nationales ni dans nos réglementations n'arrive à influencer ce domaine ni à mesurer l'opinion publique concernant cette activité.

Catégorie C. La troisième catégorie (C) couvre *les personnes dans les entreprises qui ne commettent pas d'infractions principales mais blanchissent le produit des crimes d'autrui dans le cadre de leurs entreprises légitimes.* Ces blanchisseurs d'argent se retrouvent dans presque toutes les industries, pas seulement dans les secteurs financiers réglementés. Il s'agit d'individus ou de groupes d'individus qui possèdent ou sont employés dans des entreprises légitimes et qui choisissent d'accepter des fonds dont ils savent ou soupçonnent raisonnablement la provenance criminelle. Les personnes qui ne connaissent ni ne soupçonnent la provenance criminelle des biens sont exclues ; car elles sont des victimes plutôt que des conspirateurs. Et ceux qui acceptent et blanchissent l'argent sont également exclus, quand ils le font dans le respect des lois du pays en signalant leurs activités aux autorités compétentes, par exemple. Les professionnels devraient se rendre compte que cette troisième catégorie désigne les collègues. Afin de comprendre pourquoi un employé par ailleurs respectueux des lois devrait choisir de blanchir les produits du crime, nous pouvons réexaminer la pyramide des besoins de Maslow.

L'un des besoins fondamentaux est la sécurité ; par exemple, l'élément déclencheur pourrait être une entreprise défaillante, la menace du chômage ou même une menace physique. À condition que ces raisons soient avérées, toute personne de cette catégorie est une victime (de circonstance) et doit être protégée. Dans le monde entier, il existe de nombreuses stratégies efficaces pour empêcher les personnes d'être victimes d'une série de tentations et de menaces, mais encore une fois, nos normes internationales, nos législations nationales ou nos réglementations ne protègent pas ou alors très peu les personnes/entreprises et n'empêchent pas le blanchiment d'argent. Et plus surprenant encore, il n'y a aucun moyen de mesurer l'effet préventif des mesures anti-blanchiment.

Catégorie D. La quatrième catégorie (D) représente les criminels professionnels - ceux qui *ont pour seule activité* *commerciale de blanchir le produit des délits d'autrui.* Ces personnes ont fait, comme choix de vie, celui de blanchir le produit de/des crimes d'autrui. Il s'agit soit d'anciens membres d'un groupe criminel notoire qui changent de rôle et de risque d'exposition en passant des crimes perçus comme « extrêmes et bruts » vers un domaine criminel plus sophistiqué en « col blanc » et souvent ambigu, soit d'une personne de catégorie C qui a bénéficié de commissions élevées, a été séduite par le fait d'être associée à (et appréciée par) la pègre, et qui soit n'avait fait l'objet d'aucune attention manifeste de la part des cellules anti-blanchiment d'argent (y compris les employeurs précédents), soit avait réussi à déjouer leur attention.

Les personnes de cette catégorie sont motivées par la nécessité - c'est leur gagne-pain - par le besoin d'appartenance et de sentir qu'on a besoin d'elles, le besoin également d'être respectées en tant que professionnels et, en fin de compte, de « réalisation de soi », un statut que seule une minorité de la population arrive à atteindre. Une telle gamme de besoins présente un champ ouvert de vulnérabilités pour les agents des cellules anti-blanchiment créatifs et ouverts d'esprit.

LBC et investigation forensique

Lorsque le blanchiment d'argent est suspecté ou que les contrôles sont jugés vulnérables aux abus, un enquêteur médico-légal possédant les connaissances requises en matière de LBC peut être engagé pour entreprendre une enquête, un diagnostic de conformité ou un examen des contrôles. En général, une enquête sur le blanchiment d'argent commence par les détails plutôt que par des contrôles de haut niveau, et examine les transactions et la documentation relatives à des clients spécifiques.

À partir d'un tel processus, l'enquêteur légiste chargé de l'exécution de l'examen aura généralement une vue ascendante de l'environnement des contrôles et vérifiera si cet environnement est conforme au régime réglementaire régissant cette juridiction. Bien que la portée des missions de LBC soit déterminée au cas par cas, dans la pratique, les trois aspects — l'enquête

(y compris les vérifications des antécédents et les entrevues), le diagnostic de conformité et l'examen des contrôles - sont susceptibles de se refléter à des degrés divers.

Les missions elles-mêmes peuvent être organisées soit à la demande du régulateur soit à la demande de l'institution. Ces missions sont nettement différentes des audits d'états financiers en ceci qu'elles se concentrent spécifiquement sur le respect des lois et des réglementations applicables ainsi que sur des transactions suspectes particulières et non sur les processus de comptabilité financière ou les résultats financiers déclarés de l'entité.

À la demande du régulateur

L'organisme de réglementation peut demander la participation d'un enquêteur médico-légal pour diverses raisons : il peut soupçonner que l'institution a commis un crime financier ou a été victime d'un crime financier et autorise en conséquence une enquête. Egalement, le régulateur pourrait demander une révision de la LBC avant de vouloir accorder une licence ou une autorisation financière. Le régulateur pourrait aussi demander une révision dans le cadre d'un examen plus large mais plus systématique des systèmes et contrôles d'une institution.

Les responsables de l'application des lois peuvent également enquêter pour savoir si une institution a aidé et encouragé le blanchiment d'argent en raison de déficiences systémiques ou de défaillances majeures de contrôle qui ont permis à l'activité de blanchiment d'argent de rester non détectée. Face à un tel défi, l'institution peut souhaiter engager des juricomptables possédant des connaissances spécialisées en matière de LBC.

À la demande de l›institution

De son propre gré, l'institution pourrait engager un enquêteur en médecine légale pour entreprendre une mission d'enquête sur le blanchiment d'argent. L'un des cas les plus courants est une analyse avant une visite réglementaire pour identifier les domaines qui pourraient devoir être traités. Cependant, l'institution peut également exiger un examen du blanchiment d'argent dans le cadre d'une évaluation plus large de la vulnérabilité stratégique.

Un examen peut également être approprié en cas d'acquisition. La mission pourrait impliquer un examen des systèmes et des contrôles de la cible ou une évaluation du profil de risque de sa clientèle pour déterminer si des ajustements de prix de l'accord proposé pourraient être appropriés.

Au cours d'un examen de LBC, un enquêteur en médecine légale devrait considérer les cinq domaines qui composent le système et les contrôles de LBC typiques, allant des politiques et procédures et des vérifications préalables sur les clients à la surveillance et à la production de rapports, à la formation et à la tenue de registres. Tous ces domaines font l'objet d'un examen approfondi de la LBC, commençant par un examen détaillé des transactions et des registres et se terminant par une évaluation de la culture d'entreprise globale.

Potentiels signaux d'alarme

La profession comptable et audit et ses organismes de réglementation dans le monde entier reconnaissent de plus en plus l'importance et la valeur de la formation et de la sensibilisation à la LBC pour les praticiens dans une grande variété de rôles commerciaux. Auditeurs internes et externes, enquêteurs médico-légaux, comptables de direction, responsables de la conformité, avocats, dirigeants d'entreprise et membres de conseils d'administration peuvent juger utile de tenir compte des signaux d'alarme potentiels suivants, qui pourraient laisser à penser que l'entité en question est utilisée à des fins autres que celles stipulées dans ses documents publics.

Cette liste doit être utilisée pour identifier les transactions et les clients pouvant nécessiter une enquête plus approfondie.

- Achat important d'un contrat à montant forfaitaire pour des services ou des biens que le client acquiert généralement à travers de petits contrats de paiement réguliers ;
- Utilisation d'un chèque émis par un tiers pour effectuer un achat ou un investissement ;
- Peu d'inquiétude quant à la performance d'un investissement mais empressement pour la résiliation anticipée du contrat ;
- Recours au paiement en espèces pour une transaction, qui est généralement traitée par chèques ou autres modes de paiement ;
- Réalisation de paiements forfaitaires par virement bancaire ou en devises étrangères ;
- Réticence à fournir des informations normales, ou encore délivrance d'informations minimales lors de la création d'une politique ou d'un compte ;
- Achat d'investissements dont le montant dépasse les moyens apparents du client ;
- Utilisation d'une lettre de crédit ou d'autres méthodes de financement du commerce pour déplacer de l'argent entre les pays quand une telle pratique n'est pas conforme au schéma habituel du client ;
- Mise en place d'une politique d'investissement importante et dans un court laps de temps, demande venant du client pour l'annulation de ladite politique, et valeur en espèces versée à un tiers ;

- Utilisation de virements électroniques pour déplacer de grandes quantités d'argent vers ou depuis un paradis fiscal comme les îles Caïmans, la Colombie, Hong Kong, le Liechtenstein, le Luxembourg, le Panama ou la Suisse ;
- Demande d'emprunt du montant maximal d'une police d'assurance à prime unique peu après le paiement de la police ;
- Transactions en espèces inhabituelles ;
- Paiements vers ou reçus provenant de juridictions considérées à haut risque (énumérées dans le cadre de l'initiative NCCT du GAFI) ;
- Dépôts ou retraits fréquents juste en dessous des seuils de déclaration.

Une tendance dans le développement des régimes de LBC dans le monde consiste à s'étendre au-delà du secteur bancaire et à intégrer d'autres types d'entreprises, y compris les sociétés de services professionnels, dans le champ d'application de la réglementation. Si les cabinets comptables et les cabinets d'avocats, par exemple, devaient être inclus dans le régime de LBC, ils devraient intégrer certains des éléments suivants :

- Politiques et procédures spécifiques pour lutter contre les risques de blanchiment d'argent dans leurs activités et mesures introduites pour atténuer ces risques ;
- Procédures d'identification des clients, y compris les normes et exigences documentaires ;

- Dispositions internes et externes de signalement pour faciliter le signalement de toute activité suspecte identifiée lors de l'audit d'un client ;
- Formation pour s'assurer que le personnel est conscient de ses responsabilités individuelles et dispose des outils nécessaires pour s'acquitter de ces responsabilités ;

Tenue de dossiers, notamment la durée pendant laquelle l'identification du client doit être conservée et le degré auquel elle doit être accessible.

Indicateurs de blanchiment d'argent chez les particuliers

Lors de la vérification ou de l'examen de la déclaration de revenus, il y a des facteurs à considérer qui aideront à identifier les cas possibles de blanchiment d'argent. Ces facteurs ou « indicateurs » peuvent nécessiter de simples facultés d'observation ainsi que l'examen de la documentation du contribuable. Lorsque des individus utilisent le produit de leurs crimes pour l'acquisition ou l'utilisation d'actifs et n'ont pas suffisamment de revenus légitimes pour expliquer leurs dépenses, cela est considéré comme une « utilisation » ou une « possession inhabituelle » d'actifs. Ce phénomène suscite également des soupçons. Certains criminels tenteront de dissimuler l'origine des fonds en créant une origine apparemment légitime. L'on peut prétendre que l'origine des fonds est légitime en utilisant de l'argent criminel pour effectuer des transactions commerciales avec soi-même ou avec des tiers.***Exemples*** : *Le contribuable semble vivre au-dessus de ses moyens*

Un faible revenu familial indique généralement que les possibilités d'achat, de possession ou de consommation d'actifs coûteux sont limitées. Les articles coûteux sont donc probablement achetés avec les revenus supplémentaires provenant de la criminalité. Ci-dessous quelques exemples de ce type d'écarts :

1. Les contributions financières d'un actionnaire à une entreprise ne sont pas conformes à sa déclaration de revenus individuelle ;
2. Il y a une accumulation de richesse personnelle alors même que la seule source de financement connue provient d'une activité qui ne produit pas autant de revenus ;
3. L'analyse des dossiers bancaires personnels ne permet pas d'expliquer des revenus suffisants pour soutenir le train de vie ;
4. Un contribuable utilise des cartes de crédit/débit offshore, et la provenance des fonds pour alimenter ce compte ne peut pas être identifiée.

Lutte contre le blanchiment d'argent

Les criminels accumulent des sommes importantes en commettant des crimes tels que le trafic de drogue, la traite des êtres humains, le vol, la fraude à l'investissement, l'extorsion, la corruption, le détournement de fonds et la fraude fiscale. Le blanchiment d'argent est une menace sérieuse pour l'économie légale et affecte l'intégrité des institutions financières. Elle modifie également la puissance économique de certains secteurs. Si elle n'est pas contrôlée, elle corrompra la société dans son ensemble. La lutte contre le blanchiment d'argent a plusieurs objectifs.

L'importance sociale

Le crime cause des dommages tangibles et intangibles aux tiers, aux individus et à la société dans son ensemble. Le blanchiment d'argent peut réduire la confiance du public dans certaines professions telles que les avocats, les comptables et les notaires et dans les secteurs économiques tels que l'immobilier, l'hôtellerie et les banques et d'autres institutions financières. Investir les produits du crime peut également fausser la concurrence entre les entreprises et les entrepreneurs. Le blanchiment d'argent permet au criminel de démarrer, de poursuivre et d'étendre ses activités dans des secteurs économiques. Ce succès peut donner au crime un côté séduisant et peut également avoir un effet stimulant sur nos jeunes qui commencent une carrière criminelle.

Pour identifier les délits fiscaux

Les transactions inhabituelles peuvent être une indication de délits fiscaux dans le passé et conduire à l'identification des personnes impliquées.

Pour identifier d'autres crimes et d'autres criminels

L'imposition des revenus des criminels selon les seules règles fiscales ne conduira pas à la découverte de blanchiment d'argent potentiel. Cela n'empêchera pas le crime de se produire ni d'être rentable. La détection de transactions inhabituelles peut aider à identifier les criminels et leurs activités illégales. Le partage d'informations avec les autorités chargées de l'application des lois peut entraîner l'ouverture d'une enquête pénale.

Pour localiser et confisquer des avoirs criminels

L'identification de transactions inhabituelles peut donner un aperçu du flux d'argent et de la destination des produits du crime blanchis dans des actifs tels que des biens immobiliers, des véhicules, des yachts et des comptes bancaires. Cette identification aidera les autorités chargées de l'application des lois à saisir ces actifs lors d'une enquête criminelle.

Stratégies d'application et de prévention

Les institutions financières, les courtiers et les compagnies d'assurance devraient être informés et devraient à leur tour informer leurs employés des situations qui pourraient indiquer une activité de blanchiment d'argent.

a. **Déclaration de politique**
   Toutes les entités couvertes par les lois et réglementations relatives au rapportage et à la tenue de registres devraient avoir une politique écrite contre le traitement des produits du trafic de drogue ou d'autres activités criminelles. La déclaration devrait prévoir que l'établissement exige de ses employés que ces derniers fonctionnent selon les principes moraux et éthiques les plus élevés. Ces principes devraient inclure le refus de faire des affaires avec des

criminels et des blanchisseurs d'argent ; un engagement à ne faire des affaires qu'avec des organisations commerciales légitimes ; le refus de faire affaire avec des entreprises qui sont réticents à fournir une documentation appropriée sur leur identité et leur objectif ; la transmission de toutes les transactions suspectes au service compétent qui décidera ensuite de référer l'affaire aux forces de l'ordre ; et un engagement à respecter l'esprit et les dispositions spécifiques de la loi.

b. **Les programmes « Connaissance du client »**
De nombreuses institutions financières utilisent des programmes « Connaissance du client ». Ces programmes devraient permettre une identification efficace des clients, une surveillance des comptes et des mesures appropriées en cas d'évènements suspects.

c. **Nouveaux comptes de dépôt**
Pour les comptes de dépôt individuels, des normes d'identification minimales devraient être établies. Les informations à obtenir sont les suivantes :

- Nom
- Adresse
- Date de naissance
- Numéro d'identification émis par le gouvernement
- Employeur actuel
- Numéros de téléphone de l'entreprise et du domicile

La personne devrait être tenue de présenter une pièce d'identité avec photo telle qu'un permis de conduire ou un passeport, et une copie devrait être faite et conservée dans le dossier du client. En cas de doute ou d'incohérence au sujet des informations fournies, l'employé doit être tenu d'en informer le service approprié.

Les informations minimales pour les nouveaux comptes d'entreprise devraient contenir les éléments suivants :

- Nom et adresse de l'entreprise
- Numéro de téléphone
- Numéro d'identification fiscale
- Documents établissant la création de l'entité commerciale (statuts, accord de partenariat, etc.)
- Copies de tous les dépôts de noms supposés ou DBA (faisant affaire sous le nom de)
- Une description complète des opérations de l'entreprise
- Références de crédit et références bancaires
- L'identité des dirigeants, administrateurs ou autres directeurs.

Le chargé de compte doit également envisager d'effectuer une visite personnelle sur le lieu de l'activité du client. En plus de promouvoir de bonnes relations avec la clientèle, une visite personnelle aidera à déterminer si l'entreprise est légitime ou s'il s'agit simplement d'une façade. Le chargé de compte peut également profiter de cette occasion pour connaître les dirigeants de l'entreprise.

Une institution doit effectuer des vérifications préalables dans la création d'un nouveau compte de prêt, car dans le cas où le client se livre au blanchiment d'argent, il existe un risque de confiscation des garanties données sur les prêts. Les biens immobiliers ou personnels provenant du trafic de drogue ou achetés avec des fonds blanchis peuvent être saisis par le gouvernement. Si le bien saisi est donné en garantie, l'institution financière doit prouver qu'elle était un détenteur de privilège innocent qui n'avait aucune connaissance de l'activité illégale de son client. Les normes minimales concernant les informations à collecter devraient contenir :

- Des informations d'identification fiables similaires à celles requises pour les nouveaux comptes de dépôt ;
- Des informations financières fiables telles que les états financiers et des copies des déclarations de revenus ;
- L'objet du financement ;
- Les antécédents de crédit et les références bancaires antérieures ;
- Les moyens de remboursement vérifiables et légitimes ;
- L'assurance que le montant du financement est conforme à l'objet du financement et à la nature de l'entreprise.

d. **Services pour les non-titulaires de comptes**
Les banques émettent souvent des chèques de banque, des mandats, des chèques de voyage et effectuent des échanges de devises, des virements

bancaires ou des services d'encaissement de chèques. Des exigences d'identification strictes devraient être établies pour les transactions avec des personnes qui ne sont pas des clients bancaires réguliers. En fait, la réglementation exige que, dans certains cas, les banques tiennent un registre de
l'identité des personnes qui ne sont pas des clients établis. Ces réglementations exigent généralement au minimum le nom et l'adresse de la personne, le numéro de permis de conduire (ou tout autre numéro de document d'identité produit) et un numéro d'assurance sociale ou d'identification d'employeur.

e. **Suivi des comptes**
Bien que l'identification des clients soit importante, il est tout aussi important de surveiller l'activité des comptes. L'établissement financier doit identifier les transactions inhabituelles qui pourraient ne pas être conformes aux activités normales du client. Il est important d'identifier les changements inhabituels et spectaculaires dans les virements bancaires, les instruments monétaires et les transactions par chèque. Si des transactions ou activités inhabituelles sont constatées, l'institution devrait prendre des mesures pour se protéger.

Dans certains cas, l'action appropriée peut consister à discuter des modifications avec le client pour en connaître les raisons. L'augmentation des transactions peut être le résultat d'une augmentation des ventes ou le résultat d'une activité promotionnelle. Cependant, si la discussion conduit à un soupçon raisonnable que les transactions est illégitimes, l'institution financière pourrait être tenue d'en informer l'agence gouvernementale appropriée.

Détection

Les journaux de virement bancaire entrants et sortants peuvent aider les entreprises à identifier les schémas possibles suggérant un blanchiment d'argent.

Les rapports d'activité du compte indiquent généralement les soldes, dépôts et retraits hebdomadaires ou mensuels. L'examen de ces relevés peut identifier les comptes présentant des augmentations importantes des soldes moyens et du nombre de transactions.

Les rapports d'annulation de polices d'assurance doivent identifier les polices annulées au cours d'une période spécifique. Les détails du rapport doivent contenir le montant de la valeur de rachat, l'identité de l'agent de vente et la durée réelle de la police.

Programme pour les entreprises réglementées par la LBC

a. **Programme de conformité écrit**

Les entreprises doivent disposer d'un cadre de politique LBC approuvé par les autorités de réglementation, de directives et de normes à l'échelle de l'entreprise, de politiques de mise en œuvre et de procédures opérationnelles robustes qui intègrent la conformité dans l'entreprise et dans les domaines d'assistance concernés.

Le programme de conformité écrit en matière de LBC doit clairement articuler les mécanismes de décharge des responsabilités de l'unité commerciale et de la LBC individuelle.

L'institution devrait également envisager des contrôles appropriés pour autoriser les écarts de politique et de procédure. De plus en plus, on s'attend à ce que l'institution procède et documente sa propre évaluation des risques, c'est-à-dire sa propre évaluation de la vulnérabilité de ses produits et services au blanchiment de capitaux et les contrôles correspondants qui ont été mis en place pour atténuer ces risques. Les institutions devraient également transformer l'évaluation des risques en un processus continu et durable.

b. **Normes minimales de vérifications préalables pour les clients**

Les exigences de LBC stipulent également les circonstances dans lesquelles les clients ou les contreparties doivent être identifiés et dans quelle mesure l'identité doit être vérifiée et la documentation examinée. Les exigences documentaires devraient varier selon le type de client - par exemple, les exigences pour une fiducie offshore sont plus strictes que celles pour un particulier - et le niveau de mandat d'un client immédiat par rapport à un autre. De plus, les principes KYC s'appliquent désormais aux employés, vendeurs, agents et autres prestataires de services externes.

c. **Surveillance et rapports d'activité**

Après avoir accepté un client ou un partenaire et lui avoir ouvert un compte, l'institution a en principe l'obligation de surveiller l'activité du client pour rechercher des preuves de blanchiment d'argent et, selon le régime de LBC, d'autres conditions suspectes à signaler. Lorsque le blanchiment d'argent est identifié ou suspecté, un rapport doit être fait à l'autorité externe appropriée. Dans de nombreuses juridictions, l'autorité externe compétente est la Cellule de Renseignement Financier (CRF) désignée.

Il existe aujourd'hui plus de cinquante CRF nationales dans le monde, et la plupart d'entre elles sont membres de l'union internationale des CRF, le Groupe Egmont. Bien qu'il soit commun de faire rapport à une autorité désignée, le rôle spécifique de la CRF varie en fonction d'un certain nombre de facteurs, qui sont à leur tour fonction du cadre technique et juridique établi pour l'unité et l'infrastructure de la CRF. Les CRF les plus importantes et mieux financées sont le Financial Crimes Enforcement Network (FinCEN) des États-Unis, le National Criminal Intelligence Unit (NCIS) du Royaume-Uni, le Traitement du renseignement et l'action contre les circuits financiers clandestins de la France (Tracfin), les Transactions financières du Canada Reports Analysis Center (FinTrac) et Australian Australian Transactions and Reports Analysis Center (AUSTRAC) qui a été créé.

Alors que certaines CRF peuvent simplement rassembler et analyser les informations reçues, puis les transmettre à une autre autorité pour enquête, d'autres jouent un rôle réglementaire plus actif dans l'administration du régime de LBC du pays. La CRF est souvent chargée d'entreprendre des examens de conformité, d'imposer des amendes et des pénalités, de divulguer des informations et de rédiger des règlements. Le Financial Crimes Enforcement Network (FinCEN) des États-Unis est à la fois une agence d'élaboration des politiques et d'application de la loi anti-blanchiment d'argent.

d. **Formation**

En plus de documenter son approche de la LBC dans ses politiques et procédures, l'institution doit veiller à ce que les politiques et procédures de LBC soient communiquées au personnel via une formation régulière. La formation couvrira probablement les obligations prévues par la loi qui pourraient indiquer que les produits et services sont utilisés à des fins de blanchiment d'argent, et quand et à qui les soupçons doivent être signalés. La formation en matière de LBC doit être adaptée aux besoins et à la situation des personnes formées et être continuellement actualisée et suivie.

e. **Tenue des dossiers**

Enfin, l'institution devrait envisager des politiques de stockage et de conservation des documents liés à la LBC. Les documents doivent contenir des preuves obtenues lors de la vérification de l'identité du client, des déclarations de transactions suspectes faites en interne, des rapports soumis en externe à la CRF et des registres de formation. Dans certaines juridictions, les obligations en matière de LBC vont encore plus loin. En Allemagne et en Suisse, par exemple, les auditeurs ont l'obligation de surveiller et de rendre compte de la conformité d'une banque à la législation et à la réglementation anti-blanchiment. Aux États-Unis, l'obligation incombe principalement à l'entreprise.

Dans le secteur réglementé, les clients, les produits et services, les canaux et les fournisseurs de services ont leurs propres profils de risque de LBC. Les relations bancaires, par exemple, sont susceptibles d'être plus à risque car elles facilitent les réceptions et les paiements réguliers à des tiers sans vérification du tiers. Ce risque est amplifié lorsque les virements électroniques sont disponibles, car les fonds peuvent ensuite être déplacés entre les juridictions. À l'autre extrémité de l'éventail des risques, l'on a les produits impliquant de petits paiements réguliers qui ne sont remboursables qu'au titulaire du compte et les produits incluant certains contrats d'assurance et plans d'investissement personnels, entre autres instruments. Bien qu'aucune institution ne soit à l'abri du blanchiment d'argent, ses politiques, procédures, systèmes et autres contrôles en matière de LBC devraient correspondre de manière réaliste aux risques de blanchiment d'argent soulevés.

Le statut réglementé de l'entreprise guidera son attitude générale à l'égard du blanchiment d'argent, de la LBC et de la criminalité financière. Certaines institutions financières ont nommé des directeurs responsables des délits financiers, entre autres pour la fraude et le blanchiment d'argent. Aux États-Unis, la loi exige la présence de responsables de la conformité en matière de blanchiment d'argent au sein des institutions financières visées.

Le statut réglementé d'une entreprise et l'attitude du conseil d'administration et de la direction - c'est-à-dire le ton donné au sommet - ont un impact sur l'étendue et la qualité de l'environnement de contrôle. Au minimum, la conformité en matière de lutte contre le blanchiment d'argent doit répondre aux exigences réglementaires. Dans les organisations plus complexes, les responsables de la LBA informent généralement d'autres aspects de l'entreprise, tels que les stratégies d'acquisition, l'introduction de nouveaux produits et services, l'entrée dans de nouveaux canaux de distribution, le développement et le déploiement de nouvelles technologies.

Impact du blanchiment d'argent

Sur les états financiers

L'impact du blanchiment d'argent sur les états financiers doit être considéré en termes de conséquences directes et indirectes sur la représentation équitable de la situation d'une entreprise. Bien que l'impact direct soit clairement important, les conséquences indirectes peuvent être tout aussi importantes et elles sont souvent sous-estimées par la direction. Les blanchisseurs d'argent ont tendance à utiliser l'entité commerciale plus comme un conduit que comme un moyen d'exproprier directement des actifs. Pour cette raison, le blanchiment d'argent est beaucoup moins susceptible d'affecter les états financiers qu'une fraude telle que le détournement d'actifs.

Par conséquent, il est peu probable qu'il soit détecté dans un audit d'états financiers. En outre, d'autres formes d'activités frauduleuses entraînent généralement la perte ou la disparition d'actifs ou de revenus, tandis que le blanchiment d'argent implique la manipulation de grandes quantités de produits illicites pour les éloigner rapidement de leur source de provenance et sans attirer l'attention. Bien que le blanchiment d'argent ait rarement un impact direct sur les états financiers, il peut également avoir d'autres conséquences préoccupantes. Les conséquences pourraient être les suivantes.

Intérêt pour l'application de la loi. Les organismes chargés de l'application des lois peuvent agir sur la présomption qu'une entreprise a été infiltrée par des blanchisseurs d'argent. Un temps considérable peut être consacré à répondre aux demandes des services répressifs, des demandes de découverte et des ordonnances de divulgation aux ordonnances de gel des avoirs.

Révocation réglementaire. Une entreprise de services financiers pourrait voir sa licence et sa charte révoquées en cas de découverte d'une violation importante de ses systèmes et contrôles de LBC.

Catastrophe opérationnelle. Il y a également la possibilité d'une saisie civile des actifs ou des actions dérivées des actionnaires lorsqu'il est établi que l'institution a fait preuve de négligence dans ses fonctions et a facilité les mouvements de fonds.

> *Atteinte à la réputation.* L'implication la plus importante pour une institution est peut-être le risque d'atteinte à la réputation qui accompagne l'incidence ou même l'allégation de blanchiment d'argent.

Cette combinaison du respectable et du moins respectable, de l'activité commerciale et du crime, est un scoop attrayant pour les médias. De plus, la découverte de blanchiment d'argent dans une institution pourrait saper la confiance d'épargnants et d'investisseurs jusque-là fidèles, les incitant à se tourner vers la concurrence. Une marque dans laquelle des ressources importantes ont été investies pourrait être affectée si un blanchiment d'argent était soupçonné ou découvert. En somme, bien que le blanchiment d'argent n'ait pas d'incidence directe sur les états financiers, il peut exposer une entreprise ou une institution financière à des risques considérables.

Sur les entreprises

La fraude et le blanchiment d'argent peuvent entraîner des activités criminelles, mais le risque d'atteinte à la réputation associé à ces activités est peut-être tout aussi important pour les entreprises et les institutions financières. L'intérêt des médias pour Enron, WorldCom et d'autres fraudes massives ces dernières années témoigne de l'appétit du public pour les histoires impliquant le crime et les grandes entreprises. Chaque fois qu'une telle histoire éclate, il est souvent difficile pour l'entreprise assiégée de gérer l'impact des relations publiques. Non seulement les cours des actions peuvent chuter de façon spectaculaire, comme dans le cas du blanchiment d'argent de la Banque de New York à la fin des années 90, mais également tout investissement d'une entreprise dans le renforcement de ses marques peut être perdu.

Le degré d'implication d'une entreprise, de son conseil d'administration et de sa haute hiérarchie sur la lutte anti-blanchiment d'argent est guidé en partie par le fait que l'entreprise soit ou non réglementée. Le degré de *dotation* d'une entreprise ou d'une institution en termes de systèmes et de contrôles de LBC spécifiques dépend de la réglementation de son industrie et/ou de son secteur par rapport aux objectifs de la LBC. Aujourd'hui, le degré de réglementation varie considérablement selon les régimes de LBC dans le monde. Historiquement, le secteur réglementé a été limité à la communauté bancaire ; il est largement reconnu depuis un certain temps que les banques sont en première ligne dans la lutte contre le blanchiment d'argent. Cependant, au fil du temps et dans de nombreuses juridictions, le secteur réglementé s'est élargi pour inclure les institutions financières non bancaires - telles que les compagnies d'assurance, les gestionnaires de placements et d'autres participants du secteur financier - découlant en grande partie de la sagesse conventionnelle selon laquelle les blanchisseurs d'argent ont tendance à déplacer leurs opérations vers des canaux où ils pensent que leurs activités illicites ne seront probablement pas détectées.

En plus de la conviction que l'environnement LBC devait être modifié, l'opinion publique trouvait que les efforts antérieurs avaient été entravés par une législation et des pouvoirs d'exécution inadéquats, en particulier dans les affaires impliquant des étrangers, des banques étrangères et des pays étrangers. Par conséquent, la loi a élargi le régime de LBC pour y intégrer le secteur financier non bancaire, y compris les gestionnaires de placements et les courtiers / négociants.

Si une entreprise est réglementée dans le cadre de la lutte contre le blanchiment d'argent, cette entreprise est censée introduire à minima des systèmes et des contrôles conçus pour freiner et contrecarrer le blanchiment d'argent. Bien que les exigences particulières varient selon la juridiction, il existe cinq domaines principaux que les institutions réglementées doivent aborder à des degrés divers. Le but des programmes sous-jacents qui intègrent ces cinq préoccupations est de connaître votre client (KYC) et de surveiller les transactions de manière à ce que pour une enquête plus détaillée, des transactions apparemment inhabituelles puissent être retirées du flux de traitement normal avant ou après leur réalisation.

Bilan et réflexion

1. Dans le domaine du blanchiment d'argent, une entreprise de façade exerçant des activités légitimes couvre la livraison et le transport liés à une activité illégale. VRAI [] FAUX []
2. Une entreprise de façade peut être un moyen très inefficace de blanchir de l'argent car elle offre un endroit sûr pour organiser et gérer des activités criminelles. VRAI [] FAUX
3. La triade du blanchiment d'argent comprend les éléments suivants SAUF :

a. placement, superposition et intégration
b. placement, superposition, justification et investissement.
c. placement, superposition, intégration et investissement.

4. Laquelle des mesures suivantes ne fait pas partie des trois méthodes les plus couramment utilisées pour cacher des actifs ou blanchir de l'argent par le biais d'une entreprise de façade ?
   a. Surestimation des revenus déclarés
   b. Surestimation des dépenses déclarées
   c. Blanchiment de bilan
   d. Blanchiment post-bilan

(Pour les réponses, veuillez-vous reporter à l'annexe A)

CHAP 6

Crimes financiers organisés

Introduction

La plupart des criminologues ont adopté la distinction faite pour la première fois par Marshall B. Clinard et Richard Quinney entre *la criminalité professionnelle* et *la criminalité organisationnelle*. Le crime organisationnel est celui commis par les entreprises, en particulier les sociétés, et le gouvernement. La criminalité professionnelle implique des infractions à la loi commises par des individus au titre d'activités professionnelles. Une infraction antitrust serait un crime organisationnel, le fait d'accepter ou d'offrir des pots-de-vin serait une infraction professionnelle.

Le crime organisationnel survient dans le contexte de relations et d'attentes complexes entre les conseils d'administration, les dirigeants et les directeurs d'une part et entre les sociétés mères, les divisions et les filiales de l'autre. La criminalité en col blanc se distingue des délits socio-économiques inférieurs en termes de structure de l'infraction et du fait que les sanctions administratives et civiles sont plus susceptibles d'être appliquées que les sanctions pénales.

Bien que les sociétés ne puissent pas être emprisonnées, elles peuvent être limitées. La plupart des entreprises hors-la-loi sont gérées par des organismes de réglementation gouvernementaux. Les mesures coercitives sont nombreuses : lettres d'avertissement, accords de consentement ou engagement à ne pas répéter la violation ; ordonnances des organismes de réglementation pour contraindre à la conformité, saisie ou rappel de marchandises ; sanctions pécuniaires administratives ou civiles ; et injonctions des tribunaux pour prévenir de nouvelles violations.

Le système bancaire suisse a souvent été accusé d'offrir une cachette pour l'argent volé ou pillé, de fournir un écran pour les manipulations de stock et les promoteurs louches et d'aider les fraudeurs à dissimuler leurs revenus et leurs actifs. Les dépôts dans les banques suisses sont souvent blanchis pour masquer leurs origines illégales, puis grâce à de nouvelles transactions commerciales, l'argent est légalisé et donc caché aux autorités fiscales.

Le crime financier en entreprise

Organisation d'entreprise et comportement criminel

Les délits d'entreprise se déroulent dans un contexte de relations et d'attentes complexes au sein d'un cadre organisationnel. Il est souvent difficile de distinguer les entreprises qui devraient être tenues spécifiquement responsables d'actes répréhensibles. De nombreuses infractions résultent d'une myriade de décisions prises par différentes personnes et passant par une chaîne de commandement. Il n'est pas rare que face à des actes d'entreprise qui sont contraires à la loi, les cadres supérieurs prennent soin de ne pas être impliqués afin d'éviter toute responsabilité si une fraude est découverte.

Dans certaines sociétés, il y a un cadre, très bien rémunéré, et qui est également désigné par le surnom mi-blagueur mi-sérieux de « vice-président chargé d'aller en prison ».

La loi traite en grande partie les sociétés comme des personnes. Les sociétés font, pour les procureurs, des cibles plus intéressantes que les individus, notamment parce qu'elles ont des ressources plus importantes et peuvent être lourdement amendées et compenser des pertes qui ont été infligées à des personnes ou à la société en général.

Les organismes de réglementation gouvernementale surveillent le rendement des entreprises dans les domaines qui leur sont attribués par le Parlement. En règle générale, les législateurs adoptent une loi qui est délibérément vague, permettant à l'agence d'application de la loi d'élaborer ses propres directives d'application dans les limites de l'autorisation parlementaire. Les agences chercheront parfois à étendre la portée de la loi en sélectionnant des cas suffisamment flagrants de litige et d'appel, anticipant ainsi une décision favorable sur ce qui est fondamentalement une interprétation quelque peu nouvelle de leur mandat.

L'image de l'entreprise

Les grandes entreprises ont largement contribué au développement industriel et commercial dans le monde. Leur taille et leurs ressources leur permettent d'organiser et de coordonner la production et la distribution. Les ressources en capital d'une grande société lui permettent de développer, d'adopter et de modifier la technologie à une échelle gigantesque. Une partie considérable de la population bénéficie d'un niveau de vie élevé en raison de l'activité des entreprises.

Dans le même temps, les grandes entreprises ont le pouvoir d'influencer la manière dont les lois sont rédigées et de commettre des actes susceptibles de nuire gravement à la population. Ils peuvent embaucher des lobbyistes et des avocats qui influencent les perceptions des actes répréhensibles, dans l'intérêt des sociétés.

La grande taille et l'éloignement de l'entreprise par rapport à la plupart d'entre nous expliquent en partie pourquoi beaucoup d'entre nous ont traditionnellement une attitude de haine envers ces organisations. Nous admirons et désirons leurs produits, mais nous sommes inquiets quant à leur pouvoir, un pouvoir qui a tendance à être utilisé avec force détermination dans la poursuite des profits. Thomas Hobbes, philosophe politique anglais du XVIIe siècle, est une des figures de proue de la tendance de mépris qui a parcouru une grande partie du public face aux entreprises.

Clinard et Yeager

Dans une étude approfondie sur les infractions au droit des sociétés, Marshall Clinard et Peter Yeager ont constaté que 1 553 affaires de criminalité en col blanc avaient été déposées contre les 562 entreprises de Fortune 500 aux États-Unis dont ils ont examiné les dossiers pendant deux ans. Quelque 60 % des entreprises avaient au moins un dossier contre elles ; le nombre moyen d'infractions était de 4,4 par entreprise. Les industries pétrolière, pharmaceutique et automobile étaient les plus enclines à être accusées d'actes répréhensibles, une question qui peut être fonction des priorités d'application de la loi ou refléter fidèlement leurs activités. Les coûts des délits d'entreprise incluent non seulement les pertes financières, mais aussi les blessures, les décès et les risques pour la santé. De tels crimes détruisent la confiance du public dans les entreprises et nuisent à leur image. Clinard et Yeager soutiennent que les infractions de fixation des prix victimisent le consommateur et les gouvernements fédéral, provinciaux, étatiques et municipaux tandis que les délits d'impôts privent le gouvernement et ceux qui en dépendent de revenus nécessaires.

Clinard et Yeager trouvent que les violations d'entreprise sont de plus en plus difficiles à découvrir, à investiguer ou à attaquer en justice avec succès en raison de leur complexité et de leur enchevêtrement croissants. Cela est particulièrement vrai, selon eux, pour les cas d'antitrust, de paiements à l'étranger, de fraude informatique et de contributions politiques illégales. Dans la dernière catégorie, certaines sociétés versent des primes à leurs dirigeants, étant entendu qu'une partie de cette récompense sera reversée dans les caisses d'un candidat que l'entreprise soutient.

Les activités criminelles impliquant des sociétés sont souvent enracinées dans des sous-cultures organisationnelles et des valeurs développées au fil du temps. Une analyse particulièrement détaillée sur la manière dont les questions de vie et de mort sont intégrées dans la prise de décisions de routine et peuvent finalement conduire à une tragédie est mise à disposition dans un livre intitulé *The Challenger Space Shuttle Disaster* de Diane Vaughan.

Les réponses juridiques ont été lentes et inefficaces face au changement organisationnel économique. La loi a mis l'accent sur le rôle de l'acteur individuel dans la criminalité mais n'a pas examiné le rôle de l'organisation dans la criminalité. Les activités criminelles sont souvent enracinées dans une sous-culture organisationnelle et des attitudes développées au fil du temps et ne peuvent être attribuées à des individus ou à des groupes au sein de l'organisation. Alors que les individus mènent toujours une entreprise criminelle, leurs attitudes et caractéristiques sont de peu d'importance, car une organisation remplacera les employés qui ne souhaitent pas participer à une activité criminelle.

Possibilités de comportement organisationnel illégal

Structure organisationnelle

Les entreprises complexes offrent un cadre qui peut favoriser les mauvais comportements. Elles offrent de nombreuses opportunités de commettre une fraude. Elles isolent ces opportunités dans les départements et dans des endroits autour d'une ville, du pays ou du monde. Cet isolement, à son tour, implique que les informations sur les actions d'une partie d'une entreprise peuvent être inconnues d'une autre partie de la même entreprise. Tout cela réduit le risque que des comportements répréhensibles soient détectés et punis. Plus une entreprise grandit, plus ses sous-unités sont spécialisées. Une entreprise diversifiée en interne peut avoir peu d'employés qui comprennent parfaitement le fonctionnement détaillé de toute l'entreprise.

Les départements spécialisés d'une grande entreprise se disputent les ressources non seulement avec d'autres entreprises, mais aussi avec les départements de leur propre entreprise. La nécessité de surclasser non seulement les autres entreprises, mais d'autres unités au sein de leur propre entreprise peut générer une pression suffisante pour conduire à des fautes. Vaughan note que les départements d'une organisation ont souvent des problèmes de survie qui entrent en conflit avec les intérêts plus larges de cette organisation. Lorsqu'on leur donne la possibilité de prendre des décisions, écrit-elle, les managers de niveau inférieur auront tendance à agir non pas dans l'intérêt de l'entreprise mais dans l'intérêt de leurs services.

La spécialisation masque également des activités illégales, en particulier lorsque les tâches d'une entreprise sont séparées et indépendantes. Les employés ne peuvent pas acquérir de connaissances sur tous les détails du fonctionnement d'une entreprise. Cela protège l'entreprise contre les effets du roulement du personnel et des fuites d'informations, car aucun employé n'est en mesure d'offrir beaucoup plus qu'une pièce du puzzle qui compose l'image de l'entreprise. Cette mesure, cependant, augmente également les risques d'inconduite.

Les entreprises énoncent des règles dans un langage commun afin de décider comment les tâches seront exécutées et pour créer des liens communs qui faciliteront la prise de décision. Mais la capacité de coordonner toutes ses activités varie considérablement d'une entreprise à l'autre. Vaughan écrit que la croissance organisationnelle entraîne naturellement une perte progressive de contrôle sur les différents départements. Les cadres ne peuvent prétendre garder le contrôle de toutes les unités dans une grande entreprise et doivent compter sur des subordonnés pour mener à bien leur politique. Vaughan estime que lorsque la distance entre les cadres supérieurs et les unités subordonnées augmente à un niveau suffisant, il en résulte une « fuite d'autorité ». Un tel problème implique que l'entreprise est devenue trop lourde pour qu'un cadre puisse appliquer les règles à tous les niveaux. « L'organisation, en bref », écrit Vaughan, « peut se diversifier au-delà de la capacité de ceux qui sont au sommet à la maîtriser. »

Une telle fuite permet aux filiales, aux chercheurs d'entreprise, aux comptables ou à d'autres services de se livrer à une faute sans aucune assurance que les contrôles internes vérifieront le comportement. Dans certains cas, comme dans le cas de la criminalité informatique, la détection d'une faute peut dépasser la capacité de la plupart des employés. Inversement, la fuite d'autorité et la spécialisation peuvent également conduire une organisation à se conformer aux règles de la société même lorsque les pressions organisationnelles penchent en faveur d'une mauvaise conduite.

L'existence d'une autorité implique-t-elle une perte de contrôle de l'entreprise ? Bien qu'une entreprise qui ne peut pas orienter le comportement de ses employés puisse être considérée comme irrationnelle ou incompétente, la capacité de contrôler le flux d'informations de haut en bas peut ne pas être possible. La recherche et la théorie suggèrent, au contraire, que les informations sont traitées de manière sélective par le biais d'une entreprise, d'une manière qui tend à protéger les intérêts des départements et à promouvoir l'efficacité.

Parfois, la censure des informations promeut les intérêts d'une entreprise. Dans d'autres cas, les politiques du « besoin de savoir » ou l'ignorance des règles qui ne sont pas pertinentes pour un ministère entraînent des inefficacités. Toutes ces tendances limitent le flux d'informations et créent des opportunités pour une des unités d'une entreprise d'agir en dehors de la connaissance des autres unités. Les politiques de censure peuvent provenir de n'importe quelle partie d'une entreprise et masquer des problèmes à travers toute l'organisation.

La structure hiérarchisée de la plupart des organisations obscurcit la responsabilité personnelle et tend à la diffuser dans toute l'entreprise. Ainsi, il peut être difficile de déterminer le point de départ de la décision de commettre une faute. L'auteur John E. Conklin l'a exprimé ainsi : « La délégation de responsabilité et les ordres non écrits maintiennent ceux qui sont au sommet de la structure de l'entreprise éloignés des conséquences de leurs décisions et ordres, tout comme les chefs de famille du crime organisé restent « intouchables » par la loi. »

Structures organisationnelles criminogènes

Le sociologue Edward Gross a affirmé que toutes les organisations sont intrinsèquement criminogènes (c'est-à-dire enclines à commettre des crimes), mais pas nécessairement criminelles. Gross fait cette affirmation en raison de la dépendance de l'entreprise à l'égard du « résultat net ». Sans nécessairement le vouloir, les organisations peuvent inciter à la fraude comme moyen d'atteindre des objectifs. Le criminologue Oliver Williamson a fait remarquer que dans le souci d'atteindre ses objectifs, le responsable d'un département pourrait bien avoir tendance à maximiser les intérêts de son propre service au détriment de l'organisation.

Les organisations peuvent également être criminogènes car elles encouragent la loyauté.

Selon Diane Vaughan, les raisons de ce phénomène sont les suivantes L'organisation a tendance à recruter et à attirer des personnes similaires.

Des récompenses sont accordées à ceux qui affichent les caractéristiques de « l'homme de l'entreprise ». La fidélité à long terme est encouragée par la retraite et les avantages sociaux de l'entreprise.

La fidélité est encouragée par l'interaction sociale, comme les fêtes d'entreprise et les fonctions sociales.

Les affectations fréquentes et les longues heures de travail encouragent l'isolement des autres groupes.

Des compétences professionnelles spécialisées peuvent décourager le personnel de chercher un emploi ailleurs.

Tout ceci amène le personnel de l'entreprise à penser que cela peut valoir la peine de commettre un crime pour maintenir et poursuivre ses objectifs. L'utilisation de récompenses et de sanctions formelles et informelles, ainsi que des activités sociales et des pressions pour participer, relient les besoins et les objectifs d'un employé au succès de l'entreprise. La société valorise la réputation de l'entreprise pour laquelle on travaille, renforçant le lien entre un objectif individuel et celui de l'entreprise. Lorsqu'une entreprise atteint ses objectifs, ses employés prospèrent. En bref, les intérêts d'une organisation et de ses employés coïncident, et cette situation peut s'avérer propice à une conduite illégale d'individus au nom de l'organisation.

Vaughan écrit que les processus organisationnels créent « un monde moral et intellectuel interne » qui amène les individus à s'identifier aux objectifs organisationnels. La survie de l'entreprise signifie la survie individuelle et lorsque les ressources se raréfient, l'incitation au mauvais comportement augmente. Bien sûr, tous les agents n'agiront pas illégalement au nom d'une entreprise, et la façon dont un employé se comporte sera liée à des facteurs qui pourraient ne pas être liés au monde de l'organisation.

Lorsque la pression structurelle pour commettre une fraude existe, une entreprise ne peut pas toujours unir ses agents dans les activités frauduleuses. Au moins trois facteurs empêchent une telle unité. Premièrement, la pression pour commettre une fraude pourrait ne pas peser de manière égale sur les différents services d'une entreprise. Un département des ventes qui doit atteindre certains objectifs afin de générer des bénéfices ressentira une pression concurrentielle différente de celle d'un département de développement de produits dans la même entreprise qui fonctionne bien. Certains départements d'entreprises pourraient ne jamais subir de pression pour tricher, et les membres de ces départements n'auront aucune motivation pour commettre une faute au nom de l'entreprise.

Deuxièmement, même dans les services à haute pression, certains employés n'auront pas connaissance de la difficulté d'obtenir les ressources nécessaires. Un employé n'aura aucune motivation pour commettre une fraude à moins qu'il ne dispose d'informations complètes sur les objectifs d'une organisation et sur la manière dont le service peut les atteindre. En d'autres termes, un employé a généralement besoin d'un degré élevé de responsabilité pour le succès d'une entreprise, ainsi que de la capacité de réaliser ces objectifs, pour que naisse une opportunité de se livrer à un mauvais comportement.

Troisièmement, un comportement sociétal extérieur peut produire des valeurs qui entrent en conflit avec celles apprises dans un environnement organisationnel. Par exemple, les associations fraternelles ou professionnelles transmettent leurs propres valeurs aux employés qui peuvent ne pas coïncider avec un code d'honneur d'entreprise spécifique. Face à des normes contradictoires, écrit Vaughan, les employés feront leurs choix en fonction des récompenses et des sanctions qui s'appliquent à leurs choix. Lorsque la mauvaise conduite est considérée comme trop coûteuse en termes de conséquences, elle n'a pas lieu. Lorsqu'une organisation fournit des récompenses suffisantes pour surmonter la peur de la punition, une mauvaise conduite peut se produire malgré des normes antagonistes. La quantité d'informations dont dispose un employé aura une incidence sur la décision à prendre, de même que la dépendance financière et sociale d'un individu à l'égard de l'entreprise.

Le simple fait que les objectifs des entreprises et des individus soient souvent associés dans les organisations ne crée pas nécessairement un climat propice aux actions illégales. Comme pour toute décision majeure, d'autres complexités entrent souvent en jeu. Les tentations varient non seulement entre les départements mais également au sein des départements. La disponibilité d'informations et d'évaluations individuelles du risque et de la récompense peut générer à la fois un comportement légal qui résiste aux pressions organisationnelles pour violer la loi, et un comportement illégal face aux pressions organisationnelles pour se conformer. En termes clairs, la probabilité que les processus organisationnels génèrent une mauvaise conduite est très variable et ne peut actuellement pas être mesurée avec un certain degré de précision.

En expliquant comment les employés apprennent à prendre des décisions qui sont correctes du point de vue d'une entreprise, Drucker a déclaré qu'il existe une tendance naturelle dans chaque grande organisation à décourager l'initiative et à encourager la conformité. Madden et Margolis affirment que les entreprises conduisent de nouveaux managers à travers une période d'initiation conçue pour affaiblir leurs liens avec des groupes externes, y compris leurs propres familles, et encourager un sentiment de dépendance et d'attachement à l'entreprise.

Geis a constaté que très souvent, les individus sont formés au comportement illégal dans le cadre de leur rôle professionnel. Schrager et Short affirment que le comportement criminel découle davantage des rôles qu'un employé est censé remplir que de la pathologie individuelle. De nombreux dirigeants savent que leur comportement est illégal, mais ont tendance à le voir comme une simple pratique courante dans le monde des affaires. Clinard et Yeager croyaient qu'en rationalisant leur comportement, les entreprises suivaient une tendance générale à obéir aux lois de manière sélective, c'est-à-dire à obéir en fonction des besoins situationnels et déterminées par des facteurs tels que la classe sociale et la profession.

Sutherland a démontré que les dirigeants d'entreprise sont isolés de ceux qui pourraient être en désaccord avec leurs croyances parce qu'ils s'associent presque exclusivement avec des gens pro-entreprises, politiquement conservateurs et généralement opposés à la réglementation gouvernementale. Silk et Vogel ont constaté que certaines croyances existent dans le monde des affaires concernant l'interventionnisme du gouvernement dans les affaires; et défendent les actes illégaux des entreprises, avec des théories disant par exemple que « toutes les mesures juridiques proposées constituent une ingérence du gouvernement dans le système du libre entreprenariat. »

Un des problèmes communs à de nombreuses grandes entreprises ayant des structures hiérarchiques complexes est généralement le partage entre ce que les niveaux supérieurs croient se dérouler ci-dessous et les procédures effectives. Clinard et Yeager disent que le chef Président Directeur Général d'une société est souvent isolé du reste de la société et que les messages transmis en aval ont tendance à être déformés. Clinard et Yeager ont constaté que tous les niveaux de la société pouvaient souvent accepter de perpétuer le manque d'informations complètes, car la clé de toute conspiration réussie pour violer la loi réside probablement dans le fait que les hauts responsables ne se renseignent pas sur ce qui se passe, et les niveaux inférieurs ne leur donnent pas l'information.

Généralement, dans les entreprises, aucun individu au plus haut niveau ne peut prendre seul la décision de commercialiser un produit défectueux ou de prendre des raccourcis sur les tests de produits, affirment Clinard et Yeager. Au lieu de cela, les décisions sont prises par petites étapes à chaque niveau, éventuellement sans conscience de leur résultat illégal et potentiellement dangereux. McCaghy affirme que la pression sur les bénéfices est « le facteur le plus convaincant derrière la déviance de l'industrie, qu'il s'agisse de la fixation des prix, de la destruction de la concurrence ou de la fausse représentation d'un produit », comme la fabrication d'un produit de mauvaise qualité qui s'usera et devra être remplacé. Clinard et Yeager affirment que certaines industries, telles que les entreprises pharmaceutiques et chimiques, ont une concurrence si sévère et une forte pression des bénéfices en raison des exigences de développement continu de nouveaux produits qu'elles peuvent se sentir contraintes de falsifier les données des tests, de commercialiser de nouveaux produits avant que leurs effets ne soient pleinement connus ou de s'engager dans des techniques de vente contraires à l'éthique et qui peuvent avoir des effets désastreux sur les êtres humains et l'environnement.

Dirigeants d'entreprise et responsabilité pénale

Bon nombre des problèmes éthiques et juridiques d'une société découlent de la structure d'entreprise qui sépare la propriété de la gestion. Les grandes sociétés typiques sont administrées par un groupe de managers salariés, où le conseil d'administration exerce peu de pouvoir direct autre que l'embauche ou le licenciement des gestionnaires, et les dirigeants d'entreprise ont donc une grande autonomie sur les décisions concernant la production, l'investissement, les prix et la commercialisation.

Les dirigeants ont tendance à croire que leur emploi est menacé s'ils ne peuvent pas présenter des bénéfices à la haute direction ou au conseil d'administration, et souvent, ils le sont. Clinard et Yeager soutiennent que si les objectifs des managers sont trop élevés, l'employé est alors confronté à un choix difficile : risquer d'être jugé incompétent ou prendre des raccourcis contraires à l'éthique, voire illégaux.

Selon Clinard et Yeager, les entreprises essaient souvent de protéger leurs dirigeants de toute responsabilité en acceptant de payer des amendes, des frais de justice et des honoraires d'avocat avec des fonds d'entreprise ; des primes ou des augmentations ou une assurance responsabilité pourraient offrir une protection aux dirigeants ou aux administrateurs. En règle générale, la rémunération et la durée du mandat des dirigeants restent inchangées. Il y a beaucoup de difficultés dans les poursuites pénales contre les dirigeants parce que les violations des sociétés sont généralement beaucoup plus complexes que les crimes conventionnels. De plus, la complexité de la preuve juridique requise permet aux entrepreneurs de tester les limites de la loi.

Les hommes d'affaires auraient pu demander des conseils juridiques sur les lacunes de la loi avant de commettre l'infraction, disent Clinard et Yeager, qui peuvent être cités comme preuve que les dirigeants pensaient qu'ils étaient en conformité avec la loi. Les entrepreneurs peuvent engager des avocats hautement qualifiés qui présentent des arguments quant à l'absence de condamnations antérieures du client ou à l'impossibilité de devenir un récidiviste, ainsi qu'à citer de nombreux précédents où des entrepreneurs ont été inculpés mais pas emprisonnés pour des infractions similaires.

Les fraudeurs d'entreprises ne sont généralement pas emprisonnés avec des criminels ordinaires, mais sont généralement incarcérés dans des établissements conçus pour les détenus à faible risque condamnés à de courtes peines, vraisemblablement pour leur propre sécurité physique. Les justifications utilisées pour plaider contre une peine d'emprisonnement pour les fraudeurs en entreprises sont :

1. âge et mauvais état de santé ;
2. raisons personnelles et familiales ;
3. l'étendue de la peine déjà subie en raison de l'inculpation ;
4. l'absence de caractère immoral de l'infraction ;
5. le défendeur n'a aucun antécédent, n'est pas une menace pour la société et a été un citoyen éminent actif dans les affaires communautaires ;
6. l'incarcération n'apporterait rien (aucun avantage pour la société) ;
7. le défendeur s'est repenti ;
8. la victimisation des dirigeants d'entreprise uniquement en raison de leur poste.

Certains fraudeurs d'entreprises se voient imposer des services communautaires à titre de punition, par exemple prononcer des discours sur leurs crimes dans les entreprises et les groupes civiques, travailler dans des programmes conçus pour aider les pauvres ou aider d'anciens criminels ordinaires à obtenir des promesses d'embauche auprès des entreprises.

Attitude de la direction

Brenner et Molander ont constaté que les supérieurs sont la principale influence d'un fraudeur dans sa prise de décision contraire à l'éthique. Par conséquent, le recours à des sanctions pour assurer le respect de la loi n'est que l'une des diverses forces agissant au sein d'une société encourageant ou s'opposant aux violations de la loi. Stone a découvert que le succès de l'application de la loi « dépend en fin de compte de sa cohérence et de son renforcement des règles de l'organisation en matière d'avancement et de récompense, de ses coutumes, de ses conventions et de sa morale ». Il soutient que si la loi est trop en contradiction avec la « culture » de l'entreprise, les employés auront tendance à dissimuler leurs traces plutôt qu'à changer leur comportement.

Les sociétés soutiennent également que « la réglementation est défectueuse parce que la plupart des réglementations gouvernementales sont incompréhensibles et trop complexes ». Conklin a constaté que les lois antitrust sont perçues comme incohérentes, hypocrites, mal définies et rarement appliquées. Par conséquent, la plupart des réglementations doivent être rédigées en détail afin de couvrir autant de contingences que possible. Silk et Vogel ont trouvé plusieurs autres actions utilisées par les entreprises pour rationaliser leur conduite :

- Les réglementations gouvernementales sont injustifiées car les coûts supplémentaires des réglementations et des procédures bureaucratiques réduisent fortement les bénéfices ;
- La réglementation n'est pas nécessaire car les questions réglementées sont sans importance ;
- Bien que certaines violations d'entreprise impliquent des millions de dollars, les dommages sont tellement répercutés sur un grand nombre de consommateurs qu'individuellement, il y a peu de pertes ;
- Les violations sont causées par une nécessité économique ; ils visent à protéger la valeur des

actions pour assurer un rendement adéquat aux actionnaires et pour garantir la sécurité d'emploi des employés en assurant la stabilité financière de l'entreprise.

John Braithwaite est chercheur en criminalité en col blanc à l'Université nationale australienne de Canberra. Braithwaite considère le crime en col blanc comme un produit de la sous-culture d'entreprise. De l'avis de Braithwaite, les sociétés se tourneront vers le crime en raison d'« opportunités bloquées ». Parce que le crime en col blanc ne peut exister que dans le secret, des sous-cultures déviantes se développent (complot entre cadres, par exemple), les voies de communication ne sont pas autorisées à se développer et les gens opèrent dans des sphères de responsabilité.

Contrôler le crime organisationnel

Clinard et Yeager croient que les entreprises qui violent et celles qui ne le sont pas se distinguent par des « cultures d'entreprise » ou des climats éthiques, c'est-à-dire le degré auquel une entreprise a fait le choix d'être contraire à l'éthique ou de ne pas tenir compte des intérêts du consommateur et le public, et de désobéir aux lois qui régissent son industrie spécifique.

Les efforts pour contrôler la criminalité des entreprises suivent trois approches : changement volontaire des attitudes et de la structure des entreprises ; une forte intervention de l'État politique pour forcer des changements dans la structure de l'entreprise, accompagnée de mesures juridiques pour décourager ou punir ou action des consommateurs. Les changements volontaires impliqueraient le développement d'une éthique commerciale plus forte et certaines réformes organisationnelles de l'entreprise ; les contrôles gouvernementaux pourraient impliquer l'affrètement, la déconcentration et la cession d'entreprises fédérales, des personnels chargés de l'application des lois plus importants et plus efficaces, des sanctions plus sévères, une utilisation plus large de la publicité comme sanction, et éventuellement la nationalisation des sociétés ; et les pressions des groupes de consommateurs peuvent être exercées par le lobbying, les achats sélectifs, les boycotts et la création de grandes coopératives de consommateurs.

Clinard et Yeager suggèrent qu'un code de déontologie industriel large et complet, que de nombreux hommes d'affaires préfèrent, serait très utile lorsqu'un homme d'affaires souhaite refuser une demande contraire à l'éthique, aiderait à définir plus clairement les limites d'une conduite acceptable ou éthique, améliorerait la climat éthique de l'industrie, et permettrait de réduire les pratiques acharnées où la concurrence est intense. Une plus grande implication des actionnaires pourrait permettre une plus grande conformité des entreprises avec la loi, mais en réalité, c'est le top management qui dirige l'entreprise et prend les décisions et les actionnaires sont principalement concernés par la croissance des actions et les dividendes.

Dans certains cas, les informations critiques concernant d'éventuelles violations de la loi ne parviennent tout simplement pas au conseil d'administration. Les nouveaux membres du conseil d'administration sont généralement nommés par le conseil et régulièrement approuvés par les actionnaires, ce qui rend les conseils d'administration perpétuels. Les administrateurs sont souvent issus de la direction. De nombreuses sociétés emploient désormais des administrateurs externes et/ou des représentants de l'intérêt public, tout comme la pratique à l'étranger de nommer des représentants syndicaux aux conseils. Ces membres du public représentent les préoccupations du public et des consommateurs, vérifient si la société se conforme à la loi, aident et maintiennent la responsabilité publique de l'entreprise, aident à surveiller le système de gestion interne pour découvrir les défauts de fabrication et le signalent au conseil, servent de liaison avec les agences gouvernementales en ce qui concerne la législation ou les normes, et servent de point focal pour collecter des informations sur la déviance.

Clinard et Yeager ont constaté que la publicité des médias de masse sur les violations de la loi représente probablement la conséquence la plus redoutée des sanctions imposées à une entreprise. La publicité peut également informer le public sur le fonctionnement des contrôles réglementaires et permettre aux gens de comprendre les objectifs des contrôles. La publicité informelle est généralement diffusée dans les médias, tandis que la publicité officielle est une exigence selon laquelle une entreprise doit, dans le cadre d'une action coercitive, publier une annonce ou une autre déclaration reconnaissant une violation et que des mesures correctives sont prises.

Si un comportement illégal se traduisait systématiquement par une baisse du favoritisme ou même par le boycott des consommateurs, la pression des consommateurs serait un outil efficace pour contrôler le comportement illégal des entreprises. Cependant, disent Clinard et Yeager, cela ne semble pas très efficace. Les consommateurs ignorent souvent quand les produits d'une entreprise ne sont pas sûrs ou quand ils violent les lois antitrust ou encore polluent l'environnement. Sans la force du groupe, le retrait d'un client du mécénat individuel est généralement inefficace.

De nombreuses sociétés règlent des accusations sans admettre ou nier leur culpabilité en consentant à un décret administratif ou à un décret judiciaire interdisant les violations futures. Dans un accord de consentement, la société parvient à un accord avec l'agence gouvernementale pour ne plus enfreindre le règlement. Dans un décret, l'accord est ratifié par le tribunal.

Sporkin affirme que les décrets de consentement ont permis la nomination d'officiers spéciaux pour enquêter et poursuivre les réclamations contre la direction en faute et d'autres au nom de la société et de ses actionnaires, le placement de personnes indépendantes de la direction et non précédemment associées à la société au conseil d'administration, et la nomination de comités spéciaux d'examen ou d'audit. Un problème avec les ordonnances de consentement, cependant, est que souvent, elles ne sont pas suivies pour savoir si les conditions imposées sont respectées.

Les amendes pénales et les sanctions civiles et administratives contre les sociétés sont des formes de sanctions pécuniaires. Pour être achevées, les affaires pénales durent en moyenne environ un an de la mise en accusation à la condamnation, les actions civiles environ deux ans et les affaires administratives environ quatre mois.

Il est difficile d'engager des poursuites pénales contre les sociétés car, en règle générale, les agences gouvernementales dépendent des registres de la société et de sa capacité ou de sa volonté de fournir les informations nécessaires. Les experts ne penchent pas tous pour les sanctions pécuniaires comme les plus appropriées. Par exemple, une amende de 25 millions de dollars pour un pauvre n'aurait aucun effet. Coffee (1978) a proposé une nouvelle approche pour punir les sociétés. Il préconise la dilution des actions ou « mise à l'amende ». Selon cette approche, la société condamnée émettrait à l'État des actions supplémentaires correspondant à la valeur de rachat d'une amende. L'État pourrait collecter les actions et bien les utiliser, les échanger ou les conserver pour augmenter ses gains. En ce qui concerne les sanctions pécuniaires, certains soutiennent que ces sanctions sont limitées à la valeur propre d'une personne et ont donc une utilité limitée. En 1992, le Congrès américain a mis en œuvre les lignes directrices sur les peines imposées aux entreprises, prévoyant jusqu'à 290 millions de dollars d'amendes pour comportement illégal des entreprises.

Certains des critères pris en compte pour décider d'engager une action pénale contre une entreprise sont le degré de perte pour le public, la durée de l'infraction, le niveau de complicité des hauts dirigeants de l'entreprise, la fréquence de l'infraction, la preuve de l'intention de violer, des preuves d'extorsion, le degré de notoriété menacé par les médias, un précédent en droit, des antécédents de violations graves par la société, un potentiel de dissuasion et le degré de coopération démontré par la société.

L'effort d'application : Prévenir et réduire la fraude

Bien que les questions liées à l'effort d'application fournissent un contexte dans lequel évaluer les efforts de lutte contre la criminalité en col blanc, les techniques réelles de prévention doivent être discutées. Il existe de nombreuses théories sur l'application, les sanctions et les punitions qui font partie du contrôle de la criminalité en col blanc. Les stratégies d'application comprennent deux théories principales : la conformité et la dissuasion.

Conformité

La théorie de conformité implique que l'on atteigne un niveau de conformité à la loi sans que les autorités compétentes n'aient à détecter, investiguer ni pénaliser les contrevenants. Les systèmes de conformité fournissent des incitations économiques pour la conformité volontaire aux lois et utilisent les efforts administratifs pour contrôler les violations avant qu'elles ne se produisent.

Les stratégies de conformité ont été critiquées par certains criminologues. Ces experts estiment que la conformité a peu d'effet, car des sanctions sont imposées après que l'infraction ait eu lieu. Étant donné que les sanctions économiques sont des sanctions courantes pour les contrevenants, ces sanctions ne représentent guère plus qu'une simple « tape sur les doigts » dans le cas des grandes et riches entreprises.

Dissuasion

En tant que stratégie de contrôle de la criminalité, la dissuasion est conçue pour détecter les violations de la loi, déterminer qui est responsable et pénaliser les contrevenants afin de dissuader les violations futures. Les systèmes de dissuasion tentent de contrôler le comportement immédiat des individus, et non les comportements à long terme ciblés par les systèmes de conformité.

La théorie de la dissuasion suppose que les humains sont rationnels dans leurs modèles de comportement. Les humains recherchent le profit et le plaisir tout en essayant d'éviter la douleur. La dissuasion suppose que la propension d'un individu à enfreindre la loi est inversement proportionnelle à la probabilité perçue de conséquences négatives.

Application accrue

Les niveaux officiels d'application actuelle des délits en col blanc sont, par tous les moyens, extrêmement faibles. Selon un point de vue, une application renforcée ne peut s'accompagner que d'une révision complète et totale du système de justice pénale. Actuellement, les gens n'ont pas vraiment peur de la détection car ils savent que la police et les tribunaux ne peuvent pas tenir le rythme des infractions pénales. Il n'est ni nécessaire ni même souhaitable de préconiser des peines de prison plus longues pour les contrevenants parce que nous n'avons pas les tribunaux et les prisons pour les accommoder. Un meilleur plan serait peut-être de sacrifier la sévérité de la punition pour la certitude. Tant que les contrevenants potentiels n'auront pas l'impression qu'ils seront arrêtés et punis, nous ne pouvons-nous attendre à un renversement de la tendance en matière de criminalité.

Programmes de prévention de la fraude

Bien que le gouvernement puisse inciter les organisations à prévenir la fraude, en fin de compte, c'est à la direction d'instituer des programmes de prévention. Le chapitre Programmes de prévention de la fraude décrit les méthodes par lesquelles la direction peut instituer des politiques et des procédures pour aider à détecter et à prévenir la fraude.

Exemples de criminalité financière organisée

Paiements d'avances et fraude sur Internet

Une fois de plus, les criminels basés au Nigéria semblent être les pionniers et restent très en vue dans ce domaine. Ces criminels sont connus pour le type de fraude avancée le plus notoire, le 419 nommé ainsi d'après la section du code pénal nigérian. Les 419 visent par définition à obtenir des paiements anticipés pour des biens et services qui n'existent pas réellement ou que les fraudeurs ne fournissent pas réellement. L'une des principales caractéristiques de la fraude 419 est que les fraudeurs proposent un service clairement illégal, comme le blanchiment de fonds illicites via le compte bancaire de la victime.

Recherche de prêt

Le prêt-usuraire est un prêt d'argent à des taux plus élevés que ceux autorisés par la loi. Beaucoup de gens fricotent avec des usuriers. Les joueurs empruntent pour régler des dettes de jeu ; les utilisateurs de stupéfiants empruntent pour acheter de la drogue ; et les entrepreneurs empruntent lorsque les canaux de crédit légitimes sont fermés. Les usuriers menacent à la fois les cols blancs et les cols bleus ainsi que les petites et grandes entreprises. Des employés ont accepté de divulguer des secrets d'entreprise ; de laisser des entrepôts déverrouillés, de voler des titres, d'expédier des biens volés et de transmettre des informations sur les clients, ce qui expose l'entreprise à des cambriolages. Les dirigeants des petites et grandes entreprises sont contraints de céder le contrôle de leurs entreprises au crime organisé. L'usure est identifiée comme une transaction de crédit à un taux exorbitant. Les éléments des opérations de crédit à taux exorbitants sont les suivants :

- L'extension de crédit serait inapplicable par le biais de procédures judiciaires civiles contre le débiteur.
- L'extension de crédit a été accordée à un taux d'intérêt supérieur à 45% par an. L'extension de crédit a été perçue ou a failli être perçue par des méthodes d'extorsion. Les intérêts ou frais similaires dépassaient 100 $.

Racket de travail

Les syndicats offrent de nombreuses méthodes pour des gains illicites :

- Les pots-de-vin des employeurs pour des contrats favorables et la stabilité du travail sont courants, tout comme l'extorsion.
- Les syndicats peuvent fournir un moyen de détournement de fonds. Les syndicats du crime organisé utilisent des salaires ou des dépenses excessives ou fictives, des associés qui ne travaillent pas ou du travail personnel effectué par des dirigeants ou des employés du syndicat. Les services professionnels ou juridiques sont utilisés au profit des dirigeants ou employés du syndicat. Parfois, ils font des dons à des organisations au profit d'un dirigeant ou d'un employé du syndicat.
- Les fonds de bien-être et de retraite fournissent des véhicules pour les pots-de-vin des agents d'assurance et les investissements et les prêts du crime organisé.

Le programme et les techniques d'audit sont nombreux et variés lorsqu'il s'agit de racket syndical.

Fraude boursière et manipulation

Certains criminels utilisent des stratagèmes de fraude sur les actions et les obligations pour réaliser des gains illicites. Ils utilisent des certificats d'actions contrefaits comme garantie sur les prêts. Ils ont créé des sociétés factices pour vendre des actions sans valeur dans les opérations de vente sous pression. Une société légitime peut être reprise et vendue entre des initiés afin de gonfler fortement le prix du marché de l'action. Une fois le stock vendu à des prix très gonflés, l'entreprise serait abandonnée et le stock autorisé reviendrait à la valeur marchande correcte. La fraude sur actions et obligations est un domaine complexe et sophistiqué. Une enquête et une analyse extrêmement détaillées sont nécessaires. L'enquête nécessite une analyse des transactions avant, pendant et après l'acte frauduleux pour déterminer les tendances.

Fraude d'une organisation à but non lucratif

Ce type de fraude est principalement une fraude fiscale même si d'autres types de fraude sont également commis. Dans certains cas, les victimes ne savent pas qu'elles ont été fraudées, tandis que dans d'autres cas, les victimes subissent de grandes pertes financières et émotionnelles. L'Internal Revenue Service, ainsi que de nombreuses lois des États, permettent à divers types d'organisations de fonctionner sans payer d'impôts, sans obtenir de permis et de licences, et les exonèrent de diverses lois et réglementations.

Les institutions religieuses, les clubs sociaux, les organisations paternelles et divers organismes de bienfaisance fonctionnent pour aider ou avantager leurs membres ou la communauté dans laquelle ils opèrent.

Ces organisations à but non lucratif sont très bénéfiques pour les membres et la communauté; cependant, il y a des individus qui exploitent ou contrôlent ces organisations pour leur propre bénéfice, ce qui est illégal.

Évasion fiscale

Les gouvernements fédéraux et étatiques de nombreux pays ont des lois qui en font un crime pour ceux qui tentent délibérément d'échapper ou de se soustraire au paiement de tout impôt. Le délit d'évasion fiscale volontaire est effectif lorsque la déclaration fausse ou frauduleuse est déposée volontairement et en toute conscience. L'évasion fiscale doit être prouvée par un acte affirmatif. L'omission volontaire de percevoir ou de payer des impôts est un crime. De même, elle doit être prouvée par un acte affirmatif. La méthode de la valeur nette et des dépenses non déductibles est la plus utilisée par l'Internal Revenue Service et est régie par des lois sur l'impôt sur le revenu des particuliers. La divulgation volontaire par les contribuables d'une violation intentionnelle des lois fiscales avant l'ouverture d'une enquête ne garantit pas que le gouvernement ne recommande pas de poursuites pénales. Il n'est pas nécessaire que les retours soient faits sous serment. La loi exige simplement que les déclarations fiscales contiennent un engagement sur l'honneur concernant la véracité des informations transmises sous peine de parjure. Le parjure est considéré comme un crime. Toute personne qui délivre ou divulgue volontairement une liste, un rapport, un compte, une déclaration ou tout autre document avéré frauduleux ou faux commet un crime. Le gouvernement fédéral considère cela comme un délit ; cependant, de nombreux états classent le parjure dans la catégorie des crimes. Le contribuable est responsable de l'exactitude de toute déclaration produite, même s'il a recours à un préparateur. Si le préparateur a volontairement préparé une fausse déclaration, il peut alors être poursuivi pénalement.

Raid d'entreprise

Le raid d'entreprise désigne des individus ou des organisations qui prennent le contrôle d'entités commerciales dans le but d'exploiter les actifs de l'entreprise à des fins lucratives. Ces raids d'entreprise peuvent être destinés au contrôle de l'industrie ou servir à des fins personnelles. En règle générale, les raids d'entreprise impliquent soit des violations de la loi antitrust, soit une combinaison d'autres infractions, par exemple le détournement de fonds, la fraude en matière de pensions, la fraude en matière de faillite ou encore la fraude ou la manipulation d'actions.

Restriction au commerce

La restriction au commerce est une violation perpétrée par les décideurs des entreprises au nom de leurs organisations. Aux États-Unis, la principale loi fédérale en cause est le Sherman Antitrust Act de 1890. Cette loi a été conçue pour endiguer la menace à une économie compétitive et de libre entreprise posée par la propagation de trusts et de monopoles. Il existe trois principales méthodes de restriction au commerce :

- Consolidation, afin d'obtenir une position de monopole, Fixation des prix pour atteindre l'uniformité des prix ;

- Discrimination des prix, dans laquelle des prix élevés sont facturés à certains clients et des prix plus bas à d'autres, pour le même service.

Pour les entrepreneurs qui s'adonnent à ces pratiques, la restriction commerciale est logique dans la mesure où moins une entreprise a de concurrence et plus le contrôle sur les prix est important, plus les bénéfices sont également importants. Cependant, les petites entreprises indépendantes perdront du terrain et le consommateur devra faire face à des prix plus élevés et à une perte de pouvoir d'achat discrétionnaire. Les violations les plus courantes sont la fixation des prix et la discrimination par les prix.

Blanchiment d'argent

Le blanchiment d'argent est la manipulation illégale du produit d'une ou de plusieurs infractions pénales, dans le but de masquer ses origines afin qu'il puisse être apprécié par les contrevenants ou utilisé pour faire avancer la criminalité. Il s'agit d'un crime qui nécessite que d'autres crimes aient été commis, appelés « infractions principales ». Le blanchiment d'argent représente une fonction de support vitale à la plupart des délits organisés et au terrorisme et fait, par conséquent, partie des plus importants des crimes abordés dans ce rapport.

Le blanchiment d'argent peut être commis pour des raisons commerciales, principalement au bas de l'échelle, en tant qu'entreprise parallèle à leurs activités légitimes. Par exemple, les activités générant beaucoup de trésorerie, telles que les boutiques ou les boites de nuit et restaurants, peuvent injecter des fonds illégaux à leurs revenus normaux pour la traçabilité bancaire et les reverser sous une apparence plus légitime au criminel d'origine, après avoir pris une marge bénéficiaire. Les plus grandes entités, telles que les institutions financières, peuvent fermer les yeux sur les fonds suspects, afin de maximiser leurs activités.

Agences impliquées dans la lutte contre la fiscalité et autres crimes financiers

La criminalité financière couvre un large éventail d'infractions, notamment l'évasion fiscale et la fraude fiscale, le blanchiment d'argent, la corruption, les délits d'initiés, la faillite orchestrée et le financement du terrorisme. Plusieurs agences gouvernementales différentes peuvent être impliquées dans les différentes étapes de la lutte contre les délits financiers. Ces étapes comprennent la prévention, la détection, les enquêtes et les poursuites de ces crimes, ainsi que le recouvrement des produits du crime. Parmi ces agences, l'on peut citer les forces de police et les autorités de poursuite, qui ont un rôle visible dans l'application des lois. L'on a également des agences telles que les administrations fiscales et les organes de surveillance financière, qui ont accès à des informations importantes sur les particuliers, les sociétés et les transactions financières.

Il n'existe pas d'approche unique sur la manière dont les pays structurent ces agences et répartissent les compétences entre elles. Les activités qui relèvent d'une agence particulière dans un pays peuvent être la responsabilité d'une agence différente dans un deuxième pays. De même, certains pays peuvent créer des agences indépendantes pour mener des activités qui, dans d'autres pays, relèvent de la responsabilité d'un organisme plus large.

Il est important de comprendre ces différences pour apprécier les implications des similitudes et des différences entre les arrangements des différents pays en matière de coopération inter-institutions. La distribution des rôles et responsabilités entre les différentes agence aura un impact direct sur la disponibilité des instruments de coopération internationale. Par exemple, si la responsabilité d'enquêter sur la fraude fiscale incombe à l'administration fiscale ou plutôt à la police, cela influencera directement les accords de coopération nécessaires pour faciliter ces enquêtes. De manière générale, il existe un certain nombre d'organismes clés dans la lutte contre les délits fiscaux et autres délits financiers et leurs rôles sont brièvement décrits ci-dessous.

L'administration fiscale

L'administration fiscale d'un pays est généralement responsable de l'évaluation et de la perception des impôts pour le compte du gouvernement. Cela implique la collecte et le traitement d'informations sur les particuliers et les sociétés soumises à l'impôt, y compris les données personnelles, les biens, les investissements, les transactions financières et les opérations commerciales. Une administration fiscale emploie souvent un grand nombre de spécialistes et d'enquêteurs formés, ayant une expérience de l'audit et de l'analyse des données financières et des enquêtes sur les transactions suspectes ou anormales. Les administrations fiscales disposent de pouvoirs étendus pour accéder aux informations. Dans la plupart des pays, l'administration fiscale joue un rôle central dans la dissuasion et la détection de la criminalité fiscale. Une fois qu'un délit fiscal suspect a été identifié, le degré d'implication de l'administration fiscale dans l'enquête et les poursuites varie.

Administration des douanes

Les administrations des douanes sont responsables de l'évaluation et de la perception des droits de douane. Dans de nombreux pays, elles sont également responsables d'autres taxes et droits, y compris les droits d'accise et les taxes indirectes, tels que les taxes de vente et la TVA. Les administrations des douanes détiennent des informations sur les flux transfrontaliers d'argent et de marchandises, ainsi que des informations sur les entreprises individuelles. Les administrations des douanes peuvent être établies en tant qu'agences distinctes ou dans le cadre d'une administration fiscale et douanière commune.

Unité de renseignement financier

Depuis le début des années 90, les Cellules de Renseignement Financier (CRF) sont au cœur des stratégies nationales de lutte contre le blanchiment d'argent et le financement du terrorisme. Les CRF sont généralement les organismes centraux responsables de la réception (et de la demande autorisée), de l'analyse et de la diffusion (*fonctions essentielles* d'une CRF) aux autorités compétentes, divulgation d'informations financières (i) concernant des produits du crime présumés et le financement potentiel du terrorisme ou (ii) requis par la législation ou la réglementation nationale, afin de lutter contre le blanchiment de capitaux et le financement du terrorisme. Les CRF peuvent avoir d'autres responsabilités en ce qui concerne la collecte et l'analyse d'informations sur les mouvements de fonds et d'autres activités suspectes (par exemple, les rapports de transactions en espèces, les rapports de virement bancaire et d'autres déclarations/divulgations sur la base de plafonds). Au-delà de ses fonctions principales et sur la base de la législation nationale, la CRF peut également être chargée de réglementer et/ou de superviser certaines institutions financières et entreprises et professions non financières désignées (EPNFD) pour garantir le respect de la lutte contre le blanchiment de capitaux/lutte contre le financement du terrorisme. (LAB/CFT).

Police

La police est généralement le principal organisme d'un pays chargé d'appliquer le droit pénal, de protéger les biens et de prévenir les troubles en matière civile. En raison de la nature spécialisée des différentes catégories de délits financiers, certains services de police ont mis en place des équipes spécifiques pour faire face à ce type de délit. D'autres pays peuvent avoir plusieurs forces de police distinctes chargées de différents types d'activités criminelles.

Autorités de poursuites judiciaires

Dans la majorité des pays, il existe une seule autorité nationale de poursuite pénale chargée de poursuivre la plupart des infractions pénales, y compris les délits fiscaux et autres délits financiers. Au sein du parquet national, dans certains cas, il existe des divisions ou des procureurs spécialisés dans les délits fiscaux, le blanchiment d'argent et d'autres délits financiers. Dans un petit nombre de pays, les infractions peuvent être directement poursuivies par les services d'enquête.

Superviseurs financiers

Les autorités de surveillance financière, y compris les banques centrales, sont généralement responsables de la réglementation et de la surveillance appropriées et efficaces des catégories spécifiées d'institutions financières. Cela favorise la stabilité monétaire et financière et vise à assurer un fonctionnement efficace dans le secteur financier. Les superviseurs financiers peuvent atteindre ces objectifs par le biais de la réglementation, de la supervision et de l'application, y compris en enquêtant sur d'éventuelles infractions législatives ou réglementaires.

Organismes spécialisés chargés de l'application des lois

De nombreux pays ont des services répressifs spécialisés chargés d'enquêter et, dans certains cas, de poursuivre certains types d'infractions pénales.

CHAP 7

Suivi des transactions illicites

Introduction

Les entretiens afin d'obtenir des données financières impliquent l'interrogation systématique des personnes qui ont connaissance des événements, des personnes impliquées et des preuves matérielles entourant l'affaire. L'entretien financier n'est pas différent des autres types d'entretien. Cependant, les preuves se développent souvent en éléments qui, lorsqu'ils sont vus séparément, peuvent sembler ne mener nulle part. La frustration est donc monnaie courante dans ce domaine, et les tactiques et techniques pourraient avoir à être modifiées. La diligence, la patience et la persévérance sont essentielles pour obtenir de bons résultats. Les éléments qui suivent constituent une liste de contrôle des informations générales qui peuvent être couvertes pendant l'entretien financier.

Lignes directrices complètes pour la collecte d'informations dans les entretiens financiers

Identification

Nom complet Alias
Motif de l'alias

Naissance

Date et lieu de naissance Citoyenneté

Le nom du pèrc ; vivant ? (Si décédé, quand ?) Le nom de la mère ; vivant ? (Si décédé, quand ?)

Adresse pendant les années pertinentes

Adresse de résidence ; numéro de téléphone Adresse professionnelle ; numéro de téléphone Autre(s) adresse(s) actuelle(s) ou antérieure(s)
État civil ; si marié, date et lieu de mariage En cas de divorce, quand et où
Nom(de jeune fille) de l'époux(se)
Les parents de l'époux(se) ; vivant ? (Si décédé, quand ?) Noms et âges des enfants ; autres personnes à charge

Occupation

Occupation actuelle
Nom et adresse de l'entreprise Salaire actuel
Durée d'emploiloi supplémentaire Occupations antérieures
Occupation de l'époux(se)

Contexte général

Sante physique Santé mentale Éducation
Qalifications professionnelles Service militaire
Passeport, sécurité sociale et/ou numéros d'assurance sociale (à des fins d'identification) Avez-vous déjà fait l'objet d'une enquête pour délits financiers ?
Avez-vous déjà été arrêté ?
Avez-vous déjà déposé un bilan ? Si oui, qui a agi à titre de séquestre/fiduciaire ? Hobbies et centres d'intérêt

Institutions financières (commerciales et personnelles)

Comptes des institutions financières
Coffres-forts (demander l'inventaire) - au nom de qui ; contenu ; quelqu'un d'autre y a-t-il accès ?

Cartes de crédit
Fiducies - bénéficiaire, donateur ou fiduciaire Fonds communs de placement ou autres titres appartenant à des courtiers - bureaux de change utilisés

Assurance-vie
Opérations indirectes (par exemple, par l'intermédiaire d'avocats ou de comptables) Chèques de banque

Mandats, traites bancaires, chèques de voyage

Source de revenu

Traitements, salaires, recettes d'entreprise Intérêts et dividendes

Vente de titres Loyers et redevances

Pensions, fiducies, rentes,...etc. Cadeaux (argent, biens, ...etc.) Héritages

Prêts
Hypothèques
Ventes d'actifs
Intérêt des obligations municipales
Règlements d'assurance
Dommages-intérêts résultant d'actions en justice
Toute autre source de financement jamais enregistrée

Revenus et dépenses nets

- Trésorerie immédiatement disponible actuelle, y compris les espèces dans les coffres-forts, mais pas les espèces dans les comptes bancaires
- Le plus grand montant d'argent jamais disponible ; trésorerie de fin d'année

Notes recevables

- Hypothèques à recevoir Polices d'assurance-vie Automobiles
    - Immobilier
- Actions, obligations et autres titres Bijoux, fourrures
    - Avions, bateaux
    - Tout autre actif évalué

Passifs

- Prêts à payer
- Actifs achetés par financement Hypothèques
- Obligations

Dépenses

- Réduction de la dette
- Primes d'assurance Charges d'intérêts
- Contributions médicales
- Voyage
- Immobilier et autres taxes
- Salaires du personnel de maison (par exemple, baby-sitter, femme de ménage, jardinier) Pertes de vies humaines

Opérations commerciales

- Nom et adresse
- Date de création et nature (société, partenariat) Numéros d'enregistrement de l'activité ou de l'entreprise
- Numéros d'identification fiscale Titre et droits
- Dispositions en matière de rapport - destinataire et émetteur ? Arrangements bancaires et traitement des espèces
- Investissement - lieu et date Filiales et associés
- Personnes clés

Livres et registres

- Nature du système comptable (p. Ex. Trésorerie, comptabilité d'exercice) Période couverte
- Emplacement
- Nom de la personne qui maintient et contrôle
- Types (journal, registres, registre de procès-

verbaux, chèques annulés, relevés bancaires, factures, espèces)

Reçus d'entreprise

- Formulaire (électronique, chèque ou espèces) Tous les reçus sont-ils déposés ? Où ?
- Les reçus d'entreprise sont-ils séparés des reçus personnels ? Les dépenses ont-elles jamais été payées avec des reçus non déposés ?
- Modalités de paiement en devises étrangères
- Accords de financement du commerce, lettres de crédit, ...etc.

Méthodes directes de suivi des transactions financières

Institutions financières

Les professionnels des enquêtes judiciaires devraient être conscients du fait que, dans la plupart des cas, les dossiers bancaires ne sont pas facilement accessibles. Des exigences substantielles doivent généralement être remplies pour justifier une procédure judiciaire (assignation à comparaître, mandat de perquisition, ...etc.), que les banques exigent habituellement comme préalable avant toute divulgation. L'enquête préliminaire est très importante et prépare le terrain pour l'obtention de ces dossiers.

La disponibilité de moyens d'enquête détermine souvent l'issue finale d'un examen de fraude prometteur. Un conseil juridique doit être recherché dans tous les cas. Il convient également de reconnaître que les fonctionnaires et employés de banque peuvent être interrogés par les examinateurs de la fraude de la même manière que tout autre témoin potentiel et leurs réponses aux enquêtes appropriées pourraient fournir des informations importantes.

Les documents bancaires sont probablement la source financière la plus importante à la disposition d'un professionnel des enquêtes judiciaires. Outre leur utilisation comme preuve de fraude, les dossiers d'une banque peuvent fournir des pistes sur les origines des fonds, les dépenses et les affaires personnelles. Les informations suivantes peuvent être utiles aux examinateurs de fraude qui recherchent des informations auprès des banques concernant les transactions financières pertinentes des auteurs de délits économiques.

Services aux institutions financières

Les institutions financières fournissent une vaste gamme de services, notamment :

Prêts et hypothèques

Comptes de chèques et d'épargne Négociation de titres

Placements dans des fonds communs de placement

Produits d'assurance, y compris vie, habitation et automobile Acquisitions et fusions d'entreprises

Titrisation de produits de crédit Coentreprises de Merchant Banking Services de fiducie

Procédures de tenue de livres internes

Les pratiques et procédures internes de tenue de registres des banques sont non seulement complexes, mais également en constant changement en raison de la sophistication croissante de la technologie informatique.

Les banques s'orientent progressivement vers un système de transfert électronique de fonds qui pourrait éventuellement aboutir à l'élimination de l'utilisation des chèques. Un tel système transférera automatiquement de l'argent du compte de l'acheteur vers le compte du vendeur. Les documents papier peuvent disparaître, mais des pistes d'audit automatisées existent toujours. Une connaissance détaillée des subtilités des opérations bancaires internes n'est cependant pas indispensable pour que l'examinateur des fraudes obtienne les types d'informations nécessaires aux enquêtes. L'information essentielle à savoir est que les enregistrements des transactions des clients sont compilés et conservés.

Types de documents bancaires

Les dossiers bancaires identifiés et discutés ci-dessous sont ceux qui intéressent particulièrement les professionnels des enquêtes judiciaires.

Cartes de signature

La carte de signature est la preuve d'un contrat entre le client et la banque. Lorsqu'un déposant ouvre un compte, la banque exige qu'une carte de signature soit validée. En signant la carte, le déposant devient partie prenante d'un contrat avec la banque en vertu duquel il accepte toutes les règles et réglementations de la banque et autorise celle-ci à honorer ses ordres de retrait de fonds. Pour une société ou un compte de partenariat, la carte de signature est accompagnée de copies des résolutions du conseil d'administration ou des accords de partenariat désignant la personne autorisée à tirer des chèques sur les comptes.

La carte de signature est une source d'informations précieuses. Bien que sa forme varie, la carte contient généralement des données telles que les connexions bancaires et la date et le montant du dépôt initial. Le dépôt initial retracé dans les registres de la banque peut révéler une source de revenu. L'identification de la personne qui a ouvert le compte peut être importante, surtout si le déposant a utilisé un pseudonyme.

De nombreuses banques enquêtent sur les références données par un nouveau client. Ils pourraient également se renseigner auprès de diverses agences d'évaluation du crédit. Ces informations sont contenues dans un dossier de correspondance ou un dossier de crédit qui peut contenir des commentaires de la personne qui a ouvert le compte, et peut montrer des informations fournies par le déposant lors de l'ouverture du compte.

Pour retrouver les informations sur les transactions d'un sujet avec la banque, le numéro de compte doit être utilisé. S'il n'apparaît pas sur la carte de signature, il peut se trouver dans le fichier d'informations client de la banque. Les numéros de compte attribués sont codés sur les chèques et les bordereaux de dépôt au moyen d'un système appelé reconnaissance magnétique des caractères à l'encre (MICR). Lors de la demande de la carte de signature, l'examinateur de fraude doit déterminer si la banque conserve un quelconque fichier central. La plupart des grandes banques disposent d'un fichier central qui répertorie tous les services avec lesquels un client a été en relation. Si la banque dispose d'un tel fichier, l'examinateur n'a pas besoin de vérifier auprès de chaque service pour obtenir des informations. Le sujet pourrait avoir eu, à un moment donné, un compte bancaire qui a ensuite été fermé. Les demandes d'informations d'une banque sur un sujet doivent toujours inclure une référence aux comptes actifs et fermés. Les enregistrements des comptes clôturés sont généralement conservés dans un fichier séparé.

Chèques négociés

Les chèques annulés rédigés par un sujet ou reçus d'autres personnes fournissent souvent à l'examinateur/professionnel des enquêtes judiciaires beaucoup plus que des montants, des bénéficiaires et des avenants. Lors de la recherche d'actifs, un examen de l'envers des chèques négociés peut fournir d'autres voies d'enquête et de recouvrement ultérieur.

Contrôles de suivi

Le suivi des chèques est facilité par l'utilisation des numéros d'institution bancaire. Les examinateurs de fraude n'ont pas à comprendre les procédures internes de comptabilité utilisées par les banques. Tous les chèques imprimés pour les institutions bancaires contiennent un numéro d'institution bancaire. Les numéros d'établissement permettent d'acheminer un chèque à la banque d'origine. Pendant le processus de routage, une traçabilité est laissée.

Reconnaissance des caractères à l'encre magnétique

La reconnaissance magnétique des caractères à l'encre (MICR) est un langage automatique et une norme de conception de chèques à laquelle toutes les banques doivent se conformer. Les informations numériques sont imprimées à l'encre magnétique au bas des chèques bancaires et autres documents. Ce codage est scanné électroniquement par des ordinateurs qui convertissent les notations d'encre magnétique en impulsions électroniques lisibles par un ordinateur. Les informations MICR sont imprimées en groupes appelés champs. Ces champs contiennent généralement le numéro de série du chèque, le numéro de transit de l'agence, l'institution financière et le numéro de compte du client.

Le champ du numéro de compte indique le numéro de compte attribué au tireur à la banque. Lorsque le chèque est traité par la banque, un champ supplémentaire est ajouté à droite pour le montant du chèque. Tous les chèques, traites et éléments similaires qui ne sont pas codés avec de l'encre magnétique ne peuvent pas être traités par le système de compensation sans manipulation spéciale.

Bordereaux de dépôt

Le bordereau de dépôt est le principal document source pour créditer le compte du client. Les dépôts sont d'abord enregistrés sur le bordereau de dépôt qui sépare généralement la monnaie, les pièces et les chèques. Les chèques sont répertoriés séparément. Dans certains cas, le déposant inscrit le nom du fabricant du chèque sur le bordereau de dépôt. Cela pourrait aider à identifier la source du chèque. Indépendamment des détails contenus sur un bordereau de dépôt, les systèmes de tenue de registres bancaires permettent d'identifier et de remonter les dépôts jusqu'à leurs sources.

En travaillant avec les bordereaux de dépôt, l'examinateur de fraude doit se rappeler que parfois le déposant divise le montant du dépôt, ce qui signifie qu'une partie seulement du chèque est effectivement déposée. Dans ces cas, le client reçoit de l'argent ou demande qu'une partie du produit soit appliquée à une facture ou à un intérêt dû à la banque. Dans certains cas, il peut être important de déterminer le montant total des espèces et des chèques présentés pour dépôt avant déductions. L'examinateur de fraude doit donc demander à la banque comment les dépôts fractionnés sont traités.

Virements bancaires

Comme les autres transactions, les banques tiennent des registres des virements électroniques. Les enregistrements identifieront l'émetteur du virement, la destination, la date et le montant. Si le virement a été envoyé hors du pays, le suivi du transfert dépend des lois et politiques du pays et de l'institution d'accueil.

Transferts télégraphiques

Selon les instructions d'un client, les fonds peuvent être transférés d'un compte bancaire à un autre par virement bancaire ou par téléphone. Bien que le virement apparaisse comme un dépôt sur le compte du client au moyen d'un avis de crédit, les enregistrements détaillés des virements sont généralement conservés dans un dossier spécial. Si la cible possède des comptes auprès de banques dans plusieurs villes, la piste des entrées d'argent par virements doit être explorée.

Virements intra-bancaires

D'autres services au sein d'une banque peuvent créditer le compte du déposant des fonds collectés, tels que l'octroi de prêts ou d'autres produits rémunérateurs de la banque. Les montants générés par ces produits rémunérateurs de la banque ne sont pas toujours déposés sur le compte du client mais sont parfois remis directement au client.

Comptes d'épargne

Ils sont appelés dépôts à terme car ils ne sont parfois pas aussi facilement accessibles au client que les dépôts sur un compte courant. Les fonds sur un compte d'épargne peuvent faire l'objet d'un préavis de retrait de trente jours.

Certificats de dépôt

Les certificats de dépôt (CD) sont des fonds laissés à une banque pendant une période définie, par exemple deux ans, qui génère un taux d'intérêt plus élevé que le compte d'épargne ordinaire.

Grands livres bancaires et relevés bancaires

Chaque banque dispose d'un service de comptabilité qui tient des comptes clients. Le service de comptabilité trie les chèques pour les préparer à l'enregistrement ; affiche les chèques sur les comptes des clients ; enregistre les dépôts et autres crédits ; s'occupe des éléments spéciaux, tels que « les oppositions de paiements » ; et vérifie et équilibre les totaux du grand livre général pour divers types de comptes. La manière dont ce travail est effectué dépend de l'utilisation d'un système manuel ou informatisé. Différents types d'enregistrements sont générés par les deux systèmes. Cependant, le compte d'un client peut être reconstitué sous l'un ou l'autre système. De nombreuses banques ont des systèmes de traitement centralisés qui remplissent cette fonction pour plusieurs succursales.

Relevés bancaires

Dans un système informatisé, des relevés sont produits périodiquement (généralement mensuellement) pour la vérification des comptes. La banque possède des copies numériques de tous les relevés. Il est plus facile de retracer les transactions et les enregistrements avec des relevés détaillés montrant toutes les transactions. Lorsque seuls des relevés récapitulatifs ou « bobtail » sont disponibles, toutes les transactions qui composent le relevé doivent être reconstituées.

Relevé de compte d'épargne

Dans le cadre du système manuel, la plupart des banques utilisent des cartes comptables similaires à celles utilisées pour vérifier les comptes afin de tenir des registres des comptes d'épargne. Quelques banques envoient des relevés aux déposants à intervalles indiqués. Dans un système informatisé, la procédure de reconstitution d'un compte d'épargne est similaire à celle de la vérification des comptes. Dans la plupart des cas, des copies des relevés périodiques et des rapports historiques sont disponibles pour accélérer le processus. Sinon, le compte doit être reconstitué élément par élément. Les instruments de change sont des canaux par lesquels la banque transfère des fonds. Ce sont les chèques de banque, les traites bancaires, les chèques de voyage, les mandats bancaires et les chèques certifiés. Les instruments de change bancaires sont souvent achetés avec des espèces ; ils peuvent donc être de bonnes sources d'informations sur les transactions en espèces d'un sujet.

Traites bancaires

Les traites bancaires sont des instruments préachetés payables sur demande et tirés par la banque ou pour le compte de la banque elle-même. Les traites bancaires sont considérées comme de l'argent liquide et ne peuvent être ni remboursées ni payées. Elles sont souvent utilisées dans le cadre du commerce international.

Chèques de banque

Ces chèques, qui sont émis par la banque, sont appelés chèques du trésorier lorsqu'ils sont émis par une société de fiducie. Ils constituent souvent une excellente piste d'accès à d'autres comptes bancaires, actions, biens immobiliers et autres actifs. Parce qu'ils peuvent être conservés indéfiniment, les sujets achètent parfois des chèques de banque au lieu de garder de grandes quantités d'argent liquide. Lors de la reconstruction des transactions d'un sujet avec des chèques de banque, assurez-vous que tous les chèques sont pris en compte, car les sujets échangent parfois des chèques achetés précédemment contre de nouveaux.

Les chèques bancaires, tels que les chèques de trésorerie, peuvent être extrêmement longs et coûteux à localiser, à moins de connaître la date et le numéro du chèque. Cependant, si le sujet a déposé un chèque bancaire sur son compte, ou a acheté un chèque bancaire en utilisant un chèque de son compte, alors les copies des chèques bancaires sont beaucoup plus faciles à obtenir parce que les registres du compte du sujet révéleront la date et le numéro de la banque vérifier.

Les chèques de voyage

Il s'agit de chèques émis en quantités prédéterminées par des sociétés telles que l'American Express Company, Thomas Cook et plusieurs autres banques. Les banques locales les achètent auprès de sociétés émettrices de banques, puis les revendent au public. Les chèques de voyage nécessitent deux signatures de l'acheteur, l'une lors de l'achat et l'autre lors de l'encaissement. Les chèques de voyage portent des numéros de série tracés. La société émettrice tient généralement des registres des chèques de voyage qui lui sont envoyés par la banque vendeuse. Les chèques de voyage n'expirent pas. La banque locale qui a vendu les chèques peut conserver une copie de la commande client qui répertorie les numéros de série. Si les numéros ne sont pas disponibles, la banque émettrice peut être en mesure de fournir les informations si elles sont connues au moment de l'achat des chèques. Les chèques annulés peuvent être obtenus auprès de l'émetteur. Une cible peut acheter de grandes quantités de chèques de voyage auprès d'une banque et les placer dans une autre pour éviter d'éveiller les soupçons en déposant de l'argent.

Mandats bancaires

Ils sont similaires aux traites bancaires, mais sont plafonnés à 1 000 $. Comme les traites, les mandats peuvent être achetés par des clients qui ne veulent pas conserver de l'argent liquide.

Chèques certifiés

Ce sont des chèques du client sur lesquels la mention « certifié » est écrite ou tamponnée sur le devant par la banque. Cette certification est une garantie que la banque paiera le montant du chèque. Les chèques certifiés sont des passifs de la banque et, lorsqu'ils sont payés, ils sont conservés par la banque. Ces chèques sont immédiatement débités du compte du client par avis de débit lors de la certification.

Prêts

Les dossiers de prêt peuvent fournir des informations importantes concernant un sujet. Avec les dossiers de prêt, les garanties qui les couvrent et les résultats des enquêtes de crédit (bancaires), la banque dispose d'une mine d'informations. Lorsqu'une banque accorde un prêt commercial à un particulier, elle requiert des états détaillés de l'actif et du passif de l'emprunteur. Le dossier de prêt peut également inclure les résultats des enquêtes de crédit concernant les habitudes de paiement, les montants des prêts et les soldes impayés actuels. Un service de crédit bancaire tient généralement les registres de base suivants :

Le dossier de crédit ou de prêt. Ce dossier comprend la demande de prêt, les états financiers et l'historique économique général du client.

L'historique des dettes. L'état des encours du client envers la banque, actuel(s) et passé(s). Ces dossiers contiennent également des informations telles que la date du prêt, le numéro du prêt, le montant du prêt, le taux d'intérêt, la date d'échéance et les paiements.

Le dossier de garantie. Une description complète des éléments donnés en garantie des prêts. Les enregistrements de ces garanties peuvent fournir des informations précieuses sur les actifs d'un sujet. Le dossier doit être examiné pour rechercher des indices de prêts inhabituels, y compris des prêts avec des montants étranges ou des prêts qui n'ont pas été déposés dans le compte bancaire du sujet. Les prêts qui présentent des remboursements inhabituels doivent également être retracés. Les paiements forfaitaires et les montants étranges sont inhabituels. Des paiements accélérés ou des versements importants sur le solde peuvent indiquer une richesse soudaine.

Les dossiers de prêt peuvent également révéler une collusion entre la banque et le sujet. Par exemple, si les enregistrements montrent qu'un remboursement de prêt est en retard ou si le prêt a un roulement prolongé, une collusion peut exister. En outre, les prêts accordés en contradiction avec les conditions normales de prêt de la banque ou un prêt qui semble dépasser la capacité de remboursement de l'individu pourrait suggérer une « relation spéciale » entre la banque et le sujet.

Le produit du prêt peut être déposé dans des comptes cachés, ou des comptes cachés peuvent être utilisés pour les paiements de prêt. Les prêts peuvent être garantis par des actifs cachés ou être cosignés par des cohortes inconnues auparavant. Alternativement, le sujet pourrait avoir contracté le prêt pour quelqu'un d'autre.

Le traçage de la disposition finale du produit permettra de découvrir ces pistes. Le suivi de la disposition du produit du prêt est similaire au suivi des opérations de dépôt. Le produit peut avoir été déposé dans la banque sur le compte du sujet ou sur le compte de quelqu'un d'autre, ou il peut être utilisé pour acheter un certificat de dépôt. Les fonds peuvent avoir été envoyés au service de virement bancaire pour être transmis à une autre banque. Plus généralement, le produit sera remis au client sous forme de chèque bancaire. La banque doit pouvoir retracer le chèque pour déterminer où il a été déposé ou encaissé. Le produit du prêt pourrait avoir été utilisé pour financer un actif, dont l'acompte provenait de fonds illégaux.

La recherche de la source des remboursements de prêts pourrait fournir des pistes. Comme mentionné précédemment, les paiements peuvent être effectués à partir d'un compte inconnu auparavant. Les paiements peuvent être effectués par un tiers, ce qui peut révéler une cohorte ou un système de dessous de table ou de pots-de-vin. La demande de prêt doit contenir un état financier, ou son équivalent, sur lequel le sujet peut identifier d'autres comptes et actifs. Le dossier peut également contenir des déclarations de revenus, des rapports d'agence de crédit et des notes d'entretiens par l'agent de crédit. La garantie du prêt, le cas échéant, pourrait être un atout caché.

Dossiers de prêts hypothécaires

Les dossiers de prêts hypothécaires contiennent souvent les états financiers les plus détaillés soumis par le sujet. Le dossier de prêt doit identifier l'avocat qui a géré la clôture, la compagnie d'assurance du propriétaire et peut-être le courtier immobilier. Les dossiers de l'avocat contiennent souvent des copies des chèques de banque utilisés pour l'acompte, qui peuvent identifier de nouveaux comptes. La police d'assurance du propriétaire peut contenir un avenant qui répertorie les actifs précieux du propriétaire, tels que des bijoux ou des fourrures, avec peut-être des évaluations et des reçus d'achat. L'avocat de fermeture aura plusieurs des mêmes éléments trouvés dans les dossiers de la société du titre. Le courtier immobilier peut conserver des copies des chèques personnels utilisés pour les dépôts et fournir des informations sur d'autres transactions immobilières par les sujets. N'oubliez pas de rechercher des paiements accélérés ou forfaitaires sur le solde hypothécaire.

Prêts à la consommation ou crédits amortissables

Des prêts à la consommation ou crédits amortissables sont accordés pour les biens de consommation et les paiements sont échelonnés de manière à inclure le principal et les intérêts. Les rapports générés par ordinateur enregistrent les détails du prêt et l'historique des paiements.

Cartes de crédit

Les banques font de plus en plus d'affaires avec les cartes de crédit. Dans le cadre des plans de carte de crédit bancaire, le titulaire de carte peut facturer les achats dans les magasins, restaurants et autres lieux qui acceptent de supporter les frais. Dans la plupart des plans, le titulaire de la carte peut choisir de payer la totalité du solde en un seul paiement ou de payer en plusieurs fois selon des modalités similaires à un compte de prêt. Les dossiers importants pour l'enquêteur sur les délits économiques sont la demande de carte et les copies bancaires des relevés mensuels envoyés au titulaire de la carte. Dans certaines banques, des copies des frais individuels sont également disponibles. Les relevés mensuels et les documents de frais individuels énumérant les magasins où le titulaire de la carte a effectué des achats peuvent fournir des pistes précieuses sur les habitudes de dépenses de la cible. La plupart des banques offrant des plans de cartes de crédit sont affiliées à un système national tel que Visa ou MasterCard International.

Dossiers du service de recouvrement bancaire

Le service de recouvrement de la banque, qui est normalement impliqué dans le recouvrement des montants dus sur les contrats amortissables et les débits, peut être utilisé pour collecter les chèques personnels (généralement en gros montants et avec des instructions spéciales), évitant ainsi la tenue de registres normale associée aux comptes-chèques. Une telle transaction ne sera pas reflétée sur les relevés de compte courant de la cible mais apparaîtra dans les enregistrements du service de recouvrement. Une copie du chèque sera microfilmée.

Cartes de débit et guichets automatiques

Les cartes de débit permettent d'accéder aux comptes via des terminaux POS (points de vente) situés chez divers commerçants ou via des guichets automatiques bancaires (GAB) attachés à des banques ou à d'autres emplacements éloignés. La récupération des enregistrements est similaire car ces transactions sont enregistrées sur les relevés des clients et identifiées par un code spécifique à la banque. Il n'y a cependant aucun document papier à l'appui de la transaction ; on se fie plutôt aux journaux de transactions électroniques.

Coffres forts

Les coffres forts sont des espaces de chambre forte privés loués par les banques aux clients. Les banques ne gardent aucune trace du contenu des coffres forts et savent rarement ce qu'ils contiennent. Les enregistrements du contrat de location identifient les locataires, la ou les personnes qui ont accès aux coffres, leurs signatures et les dates des accords originaux et des renouvellements ultérieurs. Ils peuvent également contenir d'autres informations d'identification, y compris le nom de l'agent bancaire initiateur. Le nom de l'agent pourrait être significatif si le sujet (qui aurait pu utiliser un pseudonyme pour louer le coffre) devait être identifié.

Les enregistrements montrant l'accès aux coffres varient d'une banque à l'autre. Ils contiennent les signatures des personnes entrant dans les coffres et généralement les dates et heures d'entrée. Les enregistrements d'entrée sont classés par numéro de coffre. La fréquence des entrées et les heures et dates des entrées peuvent être importantes et correspondre aux heures et dates des dépôts ou retraits d'autres comptes ou aux achats et ventes de titres ou de biens et dans d'autres situations. Bien entendu, une autorisation appropriée doit être obtenue avant que la banque ne remette ces enregistrements.

Dossiers de courtage en valeurs mobilières

De nombreuses maisons de courtage en valeurs mobilières offrent désormais le même type de services que les banques, tels que les privilèges d'émission de chèques, les cartes de crédit, les prêts (contre la valeur des titres détenus), ainsi que leurs activités normales en valeurs mobilières. Tous les documents relatifs au sujet doivent être demandés ; cependant, assurez-vous que la demande comprend spécifiquement les éléments suivants :

Demande. Lorsqu'un client ouvre un compte, il remplit généralement une demande de compte qui contiendra des données personnelles et financières telles que des comptes bancaires.

Informations sur le compte client. Ces informations sont généralement informatisées et sont conservées dans les fichiers du courtier pour référence. Il comprendra toutes les transactions effectuées pour le client.

Carte de signature. Une carte de signature doit figurer dans le dossier qui montrera toutes les personnes autorisées à effectuer des transactions sur le compte.

Reçus de titres. Ces reçus sont délivrés à un client lorsqu'il livre des titres au courtier pour la vente.

Reçus de versements d'espèces. Ces reçus sont délivrés à un client lorsqu'il dépose des espèces auprès du courtier.

Bordereaux de confirmation. Ceux-ci sont délivrés à un client pour indiquer le type de transaction (achat ou vente) et le montant impliqué dans la transaction.

Reçu des titres remis. Ce reçu est signé par le client lors de la livraison d'un achat de titres au client.

Relevé de compte de courtage. Cette déclaration est généralement publiée mensuellement et fournit des informations sur toutes les transactions effectuées au cours de la période considérée. Il répertorie tous les achats et ventes, le nom du titre, le nombre d'unités, le montant par unité, le montant total de la transaction, le solde du compte, les paiements reçus du client, les décaissements au client et les titres qui sont détenus par la firme de courtage pour le client.

L'examinateur s'intéresse principalement à la source des fonds utilisés pour acheter des titres ou déposés sur un compte de caisse. Les relevés de compte mensuels du sujet, qui sont un peu plus complexes que les relevés bancaires équivalents, reflètent ces transactions. Ils peuvent être interprétés à l'aide de documents explicatifs sur le relevé ou avec l'aide d'un employé de l'entreprise. Les reçus pour les achats d'actions et les dépôts doivent indiquer si le paiement a été effectué en espèces ou par chèque et le code de la banque sur laquelle le chèque a été tiré. Les chèques de courtage émis en faveur du sujet à partir du produit de la vente d'actions doivent également être examinés, car ils peuvent être déposés directement sur un nouveau compte ou endossés et payés directement à des tiers pour l'achat d'actifs.

Déclarations d'impôt et documents connexes

Les déclarations de revenus des particuliers, si elles sont disponibles, peuvent fournir des preuves indirectes de paiements illicites, tels que les bénéfices ou les pertes d'entreprises commerciales non divulguées auparavant ou les intérêts et dividendes sur CD et comptes bancaires cachés. Les déclarations peuvent également révéler des déductions et des dépenses, telles que les taxes foncières, qui peuvent conduire à des fonds ou des actifs inconnus auparavant. Les pots-de-vin commerciaux sont souvent déclarés comme honoraires de consultation ou autres revenus divers. Le comptable et le préparateur de déclarations de revenus de la cible devraient également être interrogés, et leurs dossiers et documents de travail réquisitionnés, si possible.

Méthodes indirectes de suivi des transactions financières

Le revenu d'un sujet peut être établi par l'approche directe ou indirecte. L'approche directe ou la méthode des éléments spécifiques pour prouver le revenu repose sur des transactions spécifiques, telles que les ventes ou les dépenses, pour déterminer le revenu. L'approche indirecte repose sur une preuve circonstancielle des revenus en utilisant des méthodes telles que la valeur nette, la source et l'utilisation des fonds et les dépôts bancaires.

Presque tous les individus et entités commerciales déterminent le revenu par la méthode des éléments spécifiques ou des transactions spécifiques. La plupart des entités engagées dans des activités légitimes tiennent des livres et des registres dans lesquels elles enregistrent les transactions au fur et à mesure qu'elles se produisent, et leurs calculs de revenus sont basés sur le total des transactions pendant une période donnée. Dans les examens de fraude, le revenu peut généralement être établi plus facilement par l'approche directe ; pour cette raison, il doit être utilisé dans la mesure du possible.

Dans de nombreuses fraudes, cependant, les livres et registres d'un sujet ne sont pas mis à la disposition de l'examinateur. Par conséquent, une approche indirecte doit être adoptée en utilisant la valeur nette, la source et l'utilisation des fonds, ou les méthodes de dépôt bancaire. Bien que ces méthodes soient des preuves circonstancielles, les tribunaux ont approuvé leur utilisation dans les affaires civiles et pénales en partant du principe que la preuve des fonds ou des biens inexpliqués d'un sujet pourrait établir une sous-estimation *prima facie* des revenus.

Éléments des techniques d'examen financier

Pour examiner les livres et registres de la société afin

de détecter d'éventuelles fraudes, l'examinateur de fraude doit connaître et comprendre l'environnement dans lequel l'entité opère ; le système comptable de l'entité (y compris les types de systèmes pertinents pour l'entité et les contrôles conçus pour prévenir la fraude), les méthodes de dissimulation de base et les diverses techniques de détection.

L'environnement

Il est essentiel de comprendre l'environnement commercial (ou gouvernemental) dans lequel l'entité opère. Pour comprendre l'environnement, vous devez avoir une bonne compréhension de la nature de l'entreprise, de la concurrence, de la part de marché, de la structure de financement, des vendeurs (fournisseurs), des principaux clients, des méthodes de réception (en espèces ou sur facture) et les décaissements, les méthodes d'approvisionnement (si les biens et services sont obtenus par le biais d'un processus d'appel d'offres ou non), le climat économique général et le bassin de personnel disponible pour l'entité.

C'est grâce à la compréhension de l'entité en tant qu'entreprise opérationnelle que vous pouvez évaluer les risques associés à des opérations particulières. Les risques et les particularités de l'entité aideront à façonner la nature des stratagèmes de fraude potentiels qui pourraient être perpétrés par les employés de l'entité.

Le système comptable

Il est important de comprendre le système comptable de base et son intégration dans les opérations de l'entreprise.

Le système comptable de base, y compris le système de contrôles internes, est l'élément clé pour fournir des preuves de fraude interne passée, présente et future. La fraude interne qui figure dans le livre apparaîtra dans les registres financiers de l'entité. La piste d'audit peut être obscure, mais elle existera néanmoins. Si la fraude interne est hors livre, alors d'autres preuves pourraient, avec des techniques d'examen de fraude diligentes, être découvertes. Toute fraude interne a un impact sur le résultat net. Cependant, la fraude par petits montants sera plus difficile à détecter en raison des montants non significatifs par rapport aux états financiers dans leur ensemble. Si une fraude interne est suffisamment importante, elle aura un effet sur les états financiers de l'entité.

Diverses techniques de détection

Bien qu'il existe de nombreuses méthodes de détection des fraudes, quelle que soit la méthode utilisée, il faudra généralement examiner les documents sources. La plupart du temps, ces documents sources fournissent les preuves nécessaires pour prouver la fraude devant un tribunal. De plus, dans de nombreux cas, les documents sources aideront à établir l'intention des délinquants frauduleux. Des documents individuels ou des groupes de documents peuvent être examinés de plusieurs manières pour détecter d'éventuelles fraudes.

Étant donné que la plupart des fraudes internes se font en continu de nature, des groupes de documents peuvent être analysés pour détecter des exceptions et des tendances. Dans la plupart des cas, une grande population doit être échantillonnée pour déterminer de manière statistique, si les documents ont été modifiés. L'échantillonnage statistique quantifie le risque d'arriver à une conclusion incorrecte ; il est généralement nécessaire pour gérer les grandes populations.

Exemple

Les examinateurs de fraude veulent examiner les factures de vente pour les approbations appropriées dans une entreprise avec 2 milliards de dollars de ventes annuelles. La facture de vente moyenne est de 15 000 $. En sélectionnant un échantillon statistique valide de ventes, les examinateurs peuvent projeter l'efficacité des contrôles internes concernant l'approbation des factures de vente, en supposant une interprétation correcte des résultats des tests. Si des lacunes existent dans les contrôles, ces résultats devraient apparaître dans les résultats des tests.

Échantillonnage statistique

Si une anomalie est constatée dans les états financiers et les transactions et qu'une enquête plus approfondie est souhaitée, il peut être approprié de tirer un échantillon statistique. En utilisant l'échantillonnage statistique, l'examinateur peut examiner moins de transactions que l'ensemble de la population.

L'échantillonnage statistique comporte deux risques de base : le risque d'échantillonnage et le risque de non-échantillonnage.

Le *risque d'échantillonnage* est la probabilité que l'échantillon ne soit pas représentatif de la population ;

Le *risque de non-échantillonnage* est la possibilité de prendre la mauvaise décision. Le risquede non-échantillonnage ne peut pas être quantifié. Cependant, les examinateurs de la fraude peuvent le contrôler par une planification et une supervision adéquates des missions d'audit.

Lorsque vous utilisez l'échantillonnage statistique, vous devez prélever un échantillon aléatoire. C'est-à-dire que chaque membre de la population doit avoir une chance égale d'être sélectionné. Il existe deux principaux types d'échantillonnage statistique : l'attribut et la découverte.

L'échantillonnage des attributs est utilisé par les auditeurs ou les examinateurs de fraude à la recherche d'un taux d'occurrence d'écart (les écarts, les erreurs et les exceptions sont synonymes). Lorsque vous effectuez ce type d'échantillonnage, vous recherchez la présence ou l'absence d'une condition définie.

Exemple

Pour chaque facture de vente de l'échantillon, existe-t-il un ordre d'expédition correspondant ? La réponse à la question ne peut être que « oui » ou « non ». Si la condition de contrôle est que chaque facture de vente n'est pas enregistrée tant qu'aucune commande d'expédition n'a été jointe, toute réponse « non » pour une vente enregistrée représenterait une erreur.

Échantillonnage de découverte

Il s'agit du meilleur type d'échantillonnage pour l'audit des fraudes, car il échantillonne jusqu'à ce qu'une occurrence soit trouvée. L'échantillonnage de découverte traite de la probabilité de découvrir au moins une erreur dans une taille d'échantillon donnée si l'erreur de population est un certain pourcentage. Ce type d'échantillonnage est orienté vers un objectif spécifique, tel que :

« Si je crois qu'une quelconque erreur ou irrégularité pourrait exister dans les dossiers, quelle taille d'échantillon devrais-je vérifier pour avoir l'assurance de trouver au moins un cas ? »

Exemple

L'échantillonnage de découverte est mieux utilisé lorsque vous recherchez des éléments tels que des chèques falsifiés ou des ventes inter-sociétés qui ont été incorrectement classés comme ventes à des tiers.

Échantillons aléatoires

Lors de l'utilisation de la technique de découverte-échantillonnage, la sélection des échantillons doit être effectuée de manière aléatoire. Pour qu'un échantillon soit aléatoire, chaque membre de la population doit avoir une chance égale d'être sélectionné. Les éléments de la population peuvent être numérotés et sélectionnés par référence à une table de nombres aléatoires. Ou si les éléments de la population ont déjà des numéros (tels que des numéros de chèque ou des numéros de facture), un échantillon aléatoire peut être sélectionné en utilisant un générateur de nombres aléatoires à partir d'un logiciel. Pour sélectionner un échantillon aléatoire, (1) identifier un nombre pour chaque élément de la population ; (2)

faire correspondre les nombres aléatoires avec chaque élément de la population ; (3) sélectionner l'itinéraire à travers la table de nombres aléatoires ; et (4) sélectionner l'échantillon.

De plus, assurez-vous que vous suivez systématiquement le modèle choisi pour les nombres aléatoires correspondants aux éléments de la population et que vous documentez le processus de sélection des nombres aléatoires dans le cas où l'échantillon doit être revérifié, ou si des éléments d'échantillon supplémentaires doivent être sélectionnés pour le test. Si l'échantillon est sélectionné au hasard et qu'il est suffisamment grand, alors il doit représenter la population.

Documents

La fraude sera souvent dissimulée dans des documents douteux. Les documents manquants ou modifiés sont quelques-uns des principaux indicateurs de fraude, et de tels incidents doivent faire l'objet d'une enquête approfondie. Certains documents font naturellement partie du système comptable. Cependant, lorsqu'un schéma de ces documents se produit ou qu'une quantité inhabituelle de ces documents est constatée, un examen plus approfondi peut être justifié.

Le test de bon sens devrait être appliqué à tout document qui semble présenter des caractéristiques douteuses dans les circonstances, comme des montants trop élevés ou trop faibles ; noms, heures et lieux impairs ; et noms et adresses identiques. La fraude peut souvent impliquer des entrées de journal douteuses dans les dossiers, telles que des frais inappropriés aux comptes de dépenses ou à l'inventaire. Par exemple, de grandes écritures de journal dans les comptes d'inventaire vers la fin de l'année peuvent indiquer une dissimulation du vol d'inventaire.

Un nombre surabondant de vides pourrait signifier qu'un fraudeur annule des ventes légitimes et empoche le produit. Des notes de crédit excessives pourraient également signaler le renversement des ventes légitimes et le détournement de liquidités. Trop de frais de retard pourraient indiquer qu'un compte débiteur est en souffrance parce qu'il s'agit d'un compte fictif et qu'il ne sera donc jamais payé. Les articles périmés sur tout rapprochement doivent être surveillés. Par exemple, des chèques en circulation périmés peuvent indiquer une tentative de dissimulation de pertes de détournement de fonds ou de détournement d'argent. Des documents originaux, tels que des factures, doivent être utilisés pour autoriser les transactions car les documents photocopiés ou en double peuvent être sujets à manipulation et altération.

Méthodes de valeur nette

L'examen de la fraude implique non seulement l'examen des livres et registres de l'entité, mais peut également entraîner l'estimation de la variation de la valeur nette ou des dépenses du suspect de fraude. Si une fraude est suspectée, l'utilisation de l'une des méthodes de la valeur nette peut aider à établir la preuve d'une fraude.

La méthode de la valeur nette (ou analyse comparative de la valeur nette) est utilisée pour prouver les revenus illicites de manière circonstancielle en montrant que les actifs ou les dépenses d'une personne pour une période donnée dépassent ceux qui peuvent être comptabilisés à partir de sources de revenus connues ou admises. La méthode de la valeur nette est une méthode fiable pour estimer les gains mal acquis d'une personne. La méthode est largement utilisée par les enquêteurs criminels du monde entier, en particulier dans les affaires de blanchiment de drogue et d'argent.

La méthode de la valeur nette repose sur le format de bilan familier facilement reconnaissable dans le monde des affaires et présente une image financière complète d'un sujet. Il est basé sur la théorie selon laquelle une augmentation ou une diminution de la valeur nette d'une personne au cours d'une période, ajustée des dépenses courantes, permet de déterminer le revenu.

La valeur nette peut être définie comme la différence entre les actifs et les passifs à un moment donné. En comparant la valeur nette du sujet au début et à la fin d'une période, généralement une année civile, l'enquêteur sur les délits économiques peut déterminer l'augmentation ou la diminution de la valeur nette. Des ajustements sont ensuite effectués pour que les frais de subsistance parviennent au revenu. Le revenu comprend les recettes provenant de toutes les sources. Ainsi, en soustrayant des fonds de sources connues (salaires, traitements, intérêts ou dividendes, par exemple), des fonds de sources inconnues ou illégales peuvent être calculés.

La méthode de la valeur nette est souvent utilisée lorsque plusieurs actifs et/ou passifs du sujet ont changé au cours de la période considérée et lorsque les registres financiers de la cible ne sont pas disponibles.

L'actif, le passif et les frais de subsistance d'un individu peuvent être déterminés à partir de diverses sources, telles que : • les éléments suivants par rapport au sujet

- Informateurs ou sources Dossier immobilier
- Dossier de jugement et de privilège Dossier de faillite
- Dossier de véhicule à moteur Demandes de prêt
- États financiers
- Documents de travail du comptable Poursuites et dépositions Surveillance
- Demandes ou relevés de carte de crédit
- Déclarations de revenus
- Dossier d'assurance
- Dossiers de pensions alimentaires pour enfants et de divorce
- Demandes d'emploi et chèques de salaire Compagnons ou associés
- Chèques annulés et effets déposés

La question pourrait se poser de savoir pourquoi les éléments qui ne changent pas devraient être inclus dans l'état de la valeur nette, d'autant plus qu'ils n'ont aucune incidence sur le résultat final. La réponse est qu'une déclaration de valeur nette donne une image financière complète du sujet et doit donc être aussi complète que possible afin que la cible ne puisse pas la contester au motif que des éléments ont été omis. En outre, la déclaration de valeur nette peut être le fondement de l'examen du sujet, et une déclaration complète s'avérera extrêmement précieuse à ce moment-là.

Il existe deux méthodes de base pour le calcul de la valeur nette : *La méthode de l'actif et la méthode des dépenses ou sources et applications des fonds.* Ils sont discutés en détail ici.

La *méthode de l'actif* doit être utilisée lorsque le sujet a investi des fonds illégaux pour accumuler de la richesse et acquérir des actifs, ce qui fait augmenter la valeur nette (valeur des actifs par rapport au passif) d'une année à l'autre. La *méthode des dépenses* est mieux utilisée lorsque le sujet dépense des revenus illicites sur des consommables (tels que les voyages et les divertissements) qui n'entraîneraient pas une augmentation de la valeur nette.

Commencez les deux méthodes en assemblant le profil financier. Identifiez tous les principaux actifs et passifs, les sources de revenus et les principales dépenses au cours de la période concernée. L'augmentation, le cas échéant, de la valeur nette du sujet ou du niveau des dépenses est ensuite comparée aux fonds légitimes disponibles. Les fonds non comptabilisés peuvent être supposés provenir de sources illicites ou cachées.

La première étape consiste à préparer le profil financier/comportemental du suspect. Il s'agit essentiellement d'un état financier avec certaines modifications et ajouts qui montre ce que le défendeur possède, doit, gagne et dépense à un moment donné ou sur une période de temps. Le profil pourrait fournir des preuves directes de revenus illégaux ou d'actifs cachés, ou des preuves indirectes de ceux-ci, en montrant que les dépenses du suspect dépassaient les sources de revenus connues.

Le profil financier identifiera la plupart des fonds illicites déposés dans des comptes ou dépensés en quantités importantes. Il n'acceptera pas les transactions en devises relativement petites, en particulier si elles concernent des activités cachées, des consommables ou des dépenses ponctuelles inhabituelles telles que des factures médicales.

Déterminez les actifs, les passifs, les produits et les charges de la cible à partir des sources suivantes :

- interviews associés cible
- documents provenant de sources financières (p. ex. comptable, banquier)
- enregistrement de compte bancaire
- dossier de carte de crédit
- déclarations de revenus
- documents publics documents commerciaux documents immobiliers documents judiciaires

ÉTAPE 1 : Identifiez tous les actifs importants détenus par le suspect. Un actif est de la trésorerie (en caisse) ou toute autre valeur pouvant être convertie en espèces.

Les espèces en caisse sont des pièces et des espèces (billets, pièces, billets de la Réserve fédérale) en possession du sujet (trouvés sur la personne du sujet, à la résidence du sujet ou à un autre endroit entre les mains d'un représentant ou dans un coffre-fort). Il n'inclut pas d'argent dans un compte auprès d'une institution financière. Lors de l'utilisation de la méthode de la valeur nette, l'élément qui peut être le plus difficile à vérifier est le montant en espèces qui est généralement déclaré par les défendeurs comme suffisant pour représenter tout ou partie des sources de revenu inconnues. Pour établir une valeur nette de départ ferme, il faut démontrer que la cible n'avait pas de sommes importantes en espèces non comptabilisées. Cela se fait généralement au moyen de preuves qui nient l'existence d'un trésor de trésorerie.

Ces preuves sont notamment :

- Admissions écrites ou orales du sujet concernant la valeur nette (une déclaration de valeur nette signée ou une déclaration orale concernant les fonds en caisse)
- Faible revenu pendant les années de pré-examen, comme le montrent les dossiers des anciens employeurs et/ou les déclarations de revenus déposées par le sujet
- Valeur nette, telle qu'établie par les livres et registres du sujet
- États financiers présentés à des fins de crédit ou à d'autres fins avant ou pendant la période considérée (les banques, les sociétés de prêt et les sociétés de cautionnement sont parmi

les meilleures sources pour obtenir ce type de document)

- Faillite avant les périodes d'examen
- Endettement antérieur, compromis de dettes en souffrance et évitement de faillite Achat d'acomptes provisionnels
- Antécédents de faibles revenus et dépenses et chèques retournés pour fonds insuffisants (un historique financier couvrant les membres de la famille du sujet peut également être utile)
- Perte de mobilier et d'affaires pour des raisons financières Réception d'un certain type d'aide publique

ÉTAPE 2 : Identifiez toutes les responsabilités importantes. Un passif est une obligation (dette) découlant d'une promesse de paiement verbale ou écrite.

ÉTAPE 3 : Identifiez toutes les sources de revenus pendant la période concernée. Le revenu comprend de l'argent ou d'autres objets de valeur reçus en échange de services ou de biens. Le revenu n'est jamais considéré comme un actif. Le produit du prêt n'est pas inclus dans le résultat mais est traité comme un actif compensé par un passif correspondant.

ÉTAPE 4 : Identifiez toutes les dépenses importantes engagées au cours de la période concernée. Est considéré comme dépense tout paiement de consommables, pour des raisons personnelles ou professionnelles, sur la période concernée. Les dépenses ne sont pas incluses dans le passif.

ÉTAPE 5 : Analysez les informations que vous avez collectées à l'aide des graphiques

STEP 5 : Analyse the information you have collected by using the following charts.

LE PROFIL FINANCIER

Actifs typiques		**pour chaque actif significatif, déterminer**
Résidence **Immobilier** **Comptes bancaires** **Actions et obligations** **Automobiles** **Assurances** **Liquide en main**	**Bijoux** **Vêtements** **Objets de collection** **Pensions** **Ameublement** **bateaux**	Quand a-t-il été acquis et auprès de qui? Combien cela-a-t-il coûté? Comment a-t-il été payé (monnaie, chèque, chèque de banque)? Quelle source de fonds a été utilisée pour l'acquérir? Quelle documentation existe pour l'achat et où est-elle ?
Passifs typiques		**pour chaque passif significatif, déterminer**
Hypothèque **Autres prêts** **Lignes de crédit** **Cartes de crédit** **Achats à tempérament** **Comptes à payer** **Impôts et autres factures** **Pension alimentaire et pension alimentaire pour enfants**		- quel était le montant initial de la responsabilité? - Quel est le solde actuel dû? - Quand la responsabilité a-t-elle été engagée? - Quel était le but du prêt ou de la dette? - Comment les produits ont-ils été utilisés et où ont-ils été déposés? -Quelle garantie (garantie), le cas échéant, a été donnée pour la dette? - Quelle documentation existe pour la transaction et où est-elle? - La dette a-t-elle été radiée comme un mauvais prêt à des fins fiscales? - Qui était le créancier ou le prêteur?
sources de financement typiques		**pour chaque source de financement, déterminer**
Salaire **Dons** **Revenus locatifs** **Les dividendes** **L'intérêt** **Vente d'actifs**	**Assurance** **produit** **commissions et frais** **Prix honorifiques** **Héritages** **Paiements d'invalidité**	- Quel était le montant total au cours d'une période donnée? - Quelle était la source? - Comment a-t-il été payé (monnaie, chèque, autres moyens)? - Quand les fonds ont-ils été reçus? - Où a-t-il été déposé? - Comment a-t-il été dépensé? - Quelle documentation existe et où est-elle?
Dépenses typiques		**pour chaque poste de dépenses majeur, déterminer**
Loyer et hypothèque **Coûts de santé** **Intérêts sur prêts** **Cartes de crédit** **Paiements de voiture** **Voyage**	**Vêtements** **Utilitaires** **Aliments** **Assurance**	- Quel a été le montant total dépensé? - Comment a-t-il été payé? - Où les fonds ont-ils été obtenus pour payer les dépenses? - Quelle documentation existe et où est-elle? Quand le paiement a-t-il été effectué?

Le profil comportemental

Le profil financier peut donner des lectures inexactes ou faussement négatives à moins que certaines activités ne soient identifiées. Cela se fait par la reconstitution du profil comportemental. Le profil comportemental pourrait également fournir des preuves d'un motif possible du crime, comme des dettes importantes, ainsi que des preuves supplémentaires de fonds illicites. Par exemple, si le suspect a dépensé des sommes importantes en espèces et n'a effectué aucun retrait d'argent correspondant sur ses comptes bancaires divulgués ou aucune source de revenus en espèces reconnue, il doit disposer d'autres sources de revenus non divulguées.

En utilisant le profil financier/comportemental comme guide, demandez un entretien avec le suspect. Identifiez les revenus, les actifs et les comptes du suspect. Sinon, le sujet pourrait inventer des excuses ou préparer de faux témoignages ou de la documentation pour expliquer le revenu inexpliqué.

Analyse de la valeur nette

Tout bénéficiaire de fonds, qu'il soit honnête ou suspect, n'a que quatre façons de disposer de son revenu : l'épargner, acheter des actifs, rembourser des dettes ou les dépenser. L'analyse de la valeur nette commence par l'établissement du profil financier d'un suspect. En identifiant les actifs, les passifs, les revenus et les dépenses du suspect, un état de la valeur nette peut être déterminé. Une fois terminé, les changements dans la valeur nette du suspect peuvent être comparés à son revenu connu, et les différences peuvent être inférées comme provenant de sources inconnues.

Valeur nette comparative: formule de la méthode de l'actif	
	ACTIFS
-	Passifs
=	Valeur net
-	valeur nette de l'année précédente
=	augmentation de la valeur nette
+	frais de subsistance
	revenus (ou dépenses)
	Fonds de sources connues
	Fonds de sources inconnues

Lors du calcul de la valeur nette comparative, les préoccupations suivantes doivent être prises en compte :

- Tous les actifs doivent être évalués au coût et non à la juste valeur marchande. L'appréciation ou la dépréciation ultérieure des actifs est ignorée.
- Le montant des fonds disponibles pour le sujet provenant de sources légitimes doit être estimé ou calculé généreusement. Le montant des dépenses du sujet, en particulier les frais de subsistance difficiles à documenter, tels que la nourriture et les divertissements, doit être estimé de manière prudente pour donner au sujet le bénéfice de tout doute.
- Essayez toujours d'interroger le sujet pour identifier toutes les sources de financement présumées et pour éliminer les moyens de défense qu'il pourrait invoquer plus tard.

- Établissez le point de départ, généralement l'année précédant le début des activités illégales de la cible. Cette année sera appelée « première année » dans les calculs suivants.
- Calculez la valeur nette de l'objectif à la fin de la première année. Identifiez tous les actifs détenus par le sujet, évalués au coût, y compris les actifs acquis plus tôt, et le montant des passifs courants.

Valeur nette comparative : Méthode des dépenses

Avec la méthode des dépenses, une comparaison est faite entre les dépenses connues du suspect et les sources de financement connues au cours d'une période donnée. Toute dépense excédentaire doit résulter de revenus de sources inconnues. Elle est étroitement liée à l'analyse de la valeur nette, comptable des variations du même principe. La formule des dépenses est fournie ci-dessous :

Dépenses (Utilisation des fonds)
- Fonds de sources connues
= Fonds de sources inconnues

Méthode des dépôts bancaires

La méthode des dépôts bancaires est un moyen de prouver des sources de fonds inconnues par des preuves indirectes ou circonstancielles. Semblable aux autres approches indirectes, la méthode des dépôts bancaires calcule le revenu en montrant ce qui est arrivé aux fonds d'un sujet. Elle est basée sur la théorie selon laquelle si un sujet reçoit de l'argent, il ne peut en faire que deux choses : le déposer ou le dépenser. Par cette méthode, le revenu est reconstitué à travers une analyse des dépôts bancaires, des chèques annulés et des transactions en devises du sujet. Des ajustements pour les éléments non liés au revenu sont effectués pour arriver au revenu. Ci-après une formule de base pour la méthode des dépôts bancaires

Le revenu du sujet est déposé et les livres et registres du sujet ne sont pas disponibles, retenus, incomplets ou tenus à jour en espèces. Cependant, l'utilisation de la méthode des dépôts bancaires n'est pas limitée à ces circonstances. Même si les livres et les enregistrements de la cible peuvent sembler complets et précis, la méthode peut toujours être utilisée et il n'est pas nécessaire de réfuter l'exactitude des livres et des enregistrements.

La méthode :

dépôts totaux sur tous les comptes
- Transfert et dépôts à nouveau
= Dépôts nets sur tous les comptes
+ Dépenses en espèces
= Recettes total de tous comptes
- Fonds de sources connues
= Fonds de sources inconnues

La méthode des dépôts bancaires est recommandée comme méthode primaire de preuve

Les sources d'informations de base pour le calcul des dépôts bancaires sont les entretiens, les analyses des livres et registres et les analyses des comptes bancaires.

Une entrevue approfondie permettra de déterminer les dépenses du sujet en espèces et par chèque, d'identifier tous les comptes bancaires et de déterminer tous les prêts et autres reçus.

Dépôts totaux

Le total des dépôts comprend non seulement les montants déposés sur tous les comptes bancaires tenus ou contrôlés par la cible, mais également les dépôts effectués sur des comptes dans des sociétés d'épargne et de crédit, des fiducies d'investissement, des maisons de courtage et des coopératives de crédit. Le total des dépôts comprend également l'accumulation (augmentation) de l'encaisse. Étant donné que certains sujets ont des comptes bancaires sous des noms fictifs ou sous des titres spéciaux, tels que « Compte spécial n°1 », « Compte fiduciaire » ou « Compte de trading», l'enquêteur doit rechercher ce type de compte pendant l'enquête. Si un sujet inscrit des chèques sur un ticket de dépôt et déduit un montant qui lui est payé en espèces (dépôt fractionné), seul le montant net du dépôt doit être utilisé dans le calcul du total des dépôts.

Les éléments supplémentaires qui doivent être inclus dans les dépôts sont les biens et l'argent en espèces que le sujet a reçu en paiement des services. La pratique acceptée consiste à considérer ces éléments comme des dépôts dans lesquels des fonds ont été placés pour une utilisation future.

Dépôts nets

Tous les transferts ou échanges entre comptes bancaires ainsi que les fonds qui sont redéposés sont des éléments non liés au revenu et sont soustraits du total des dépôts pour établir les dépôts nets. Ne pas éliminer ces éléments entraînerait une surestimation du revenu.

Dépenses en espèces

Les dépenses en espèces correspondent aux dépenses totales de fonds moins les décaissements bancaires nets. Le décaissement total comprend tous les paiements effectués en espèces ou par chèque. Il n'est pas nécessaire de déterminer quelle partie a été payée en espèces et quelle partie par chèque. Les dépenses totales comprennent, sans s'y limiter :

- Achat d'immobilisations aux investissements (déterminé à partir des feuilles de règlement, des factures, des relevés, etc.)
- Remboursements de prêts (déterminés à partir des livres de prêt des banques ou autres créanciers)
- Frais de subsistance (peuvent être déterminés à partir des mêmes sources présentées dans les sections Valeur nette et Dépenses)
- Les achats, les dépenses commerciales (moins les éléments non monétaires, tels que l'amortissement), les frais de location et les débours bancaires nets similaires peuvent être déterminés par la formule suivante :

Dépôts nets sur tous les comptes
+ Solde de départ
= fonds bancaire net disponible
- Solde final
= Décaissements bancaires nets

Les fonds provenant de sources connues comprennent, sans s'y limiter : les salaires, les bénéfices des entreprises, les produits d'assurance, les cadeaux reçus, les prêts et les successions. Les fonds provenant de sources connues sont soustraits du total des recettes (ou revenus) pour obtenir des fonds de sources inconnues ou illégales.

Réfuter les défenses à l'analyse comparative de la valeur nette

La preuve circonstancielle d'un revenu excédentaire est souvent invoquée par la défense que les fonds supplémentaires provenaient de l'argent accumulé plus tôt ou d'autres sources légitimes, telles que les prêts accordés à des proches. Pour réfuter ces moyens de défense, l'examinateur de la fraude doit déterminer le montant en espèces au début de la période concernée (par exemple, les montants figurant dans les états financiers ou réclamés lors des entretiens) et faire ce qui suit :

- Obtenez un historique financier de la cible et du conjoint, au moyen d'entrevues et d'autres moyens, indiquant les dates et les lieux d'emploi, le salaire et les primes, et tout autre revenu connexe.

- Déterminez si le conjoint avait une source de fonds distincte qui a été utilisée pour acheter des actifs détenus conjointement ou déposés dans des comptes conjoints. Dans l'affirmative, le conjoint doit être inclus dans les calculs du profil financier.
- Les allégations d'un trésor de trésorerie substantiel antérieur pourraient être réfutées en montrant que la cible vivait négligemment, empruntait de l'argent, faisait des achats à tempérament, contractait des dettes importantes, était en souffrance sur ses comptes, avait une mauvaise cote de crédit ou était mise en faillite. Les allégations selon lesquelles l'argent provenait de prêts familiaux ou d'autres prêts privés pourraient être réfutées en montrant que le prétendu prêteur était incapable de générer les montants prétendument prêtés, l'absence de tout document reflétant la source du prêt présumé (pas de retrait de compte bancaire) et l'absence d'autres sources de financement à la disposition du prêteur.

L'analyse de la valeur nette - si des enregistrements peuvent être obtenus - est un outil important pour documenter les gains mal acquis. Sur cette base, la section suivante couvre les principaux stratagèmes utilisés pour commettre des fraudes contre les entreprises et les agences gouvernementales.

Retrouver des actifs cachés

Techniques courantes de dissimulation d'actifs

En plus d'ouvrir des comptes bancaires cachés ou d'acheter des biens immobiliers à travers une société écran ou un bureau de façade, une cible pourrait tenter de préserver ses actifs en les transférant à d'autres parties ou à des comptes qui pourraient échapper à la détection.

Transfert aux membres de la famille ou aux parties sous leur contrôle

Le moyen le plus courant de cacher des actifs, en particulier des biens immobiliers et des intérêts commerciaux, est de transférer l'actif entre les mains d'une autre partie, ce qui permettra à la cible de garder le contrôle. Dans de nombreux cas, la cible transférera l'actif à un conjoint (ou à un autre membre de la famille du conjoint), et un mari pourrait effectuer le transfert au nom de jeune fille de sa femme. Ces transferts peuvent être identifiés par une recherche dans les enregistrements des électeurs, les registres de mariage et l'homologation au nom de jeune fille du conjoint. Les transferts aux membres de la famille peuvent être détectés en comparant le précédent état financier de la cible avec le plus récent. Les actifs figurant sur le relevé le plus ancien mais ne figurant pas sur le relevé le plus récent doivent être examinés attentivement pour déterminer la nature de la transaction, l'identité de l'acheteur et la contrepartie de la vente.

Fiducie pour enfants ou famille

Dans une affaire financière, le défendeur pourrait chercher à protéger des biens en les transférant à une fiducie pour enfants ou à une famille à partir d'une succession personnelle. Ces actifs seraient alors protégés contre tout jugement ou procédure de mise en faillite devant un tribunal. Si le transfert a été opéré pour vaincre les créanciers, il peut cependant être annulé par le tribunal.

Remboursement hypothécaire résidentiel

Dans de nombreux cas, les sujets cherchent à cacher leurs avoirs en remboursant par anticipation une partie importante de leur hypothèque résidentielle. Cela pourrait permettre au sujet de mettre ses actifs à l'abri d'une exemption de propriété qui survivra à la faillite ou à d'autres réclamations contre lui. En documentant le remboursement anticipé de l'hypothèque, l'examinateur de fraude peut souvent montrer des revenus non divulgués ou cachés provenant de sources extérieures.

Exemple

Un chèque de banque de 96 000 $ a été utilisé comme remboursement anticipé d'une hypothèque résidentielle. En obtenant le recto et le verso du chèque de caisse, les anti-fraudeurs ont pu localiser un autre compte bancaire appartenant au défendeur.

Conditions d'assurance

Aux termes d'une police d'assurance vie entière ou d'assurance vie universelle, l'emprunteur peut effectuer des paiements supplémentaires qui s'accumulent à un taux d'intérêt élevé et améliorer la valeur globale de la police d'assurance.

Un sujet malin pourrait déposer des sommes importantes dans une police d'assurance existante en pensant que l'examinateur de fraude ne regardera pas au-delà de la valeur nominale de la police dans les capitaux propres constitués par les paiements anticipés. L'examinateur de fraude doit donc toujours examiner les états financiers d'une cible pour localiser les polices d'assurance et examiner les capitaux propres de ces polices comme un actif potentiel.

Cartes de crédit prépayées

De nombreux comptes de crédit permettent aujourd'hui au titulaire de la carte de prépayer ses comptes. De nombreuses personnes qui tentent de cacher des actifs ont utilisé l'option de remboursement anticipé pour cacher de l'argent aux créanciers. Le prépaiement des comptes de carte de crédit se retrouve également dans les comptes de gestion de trésorerie (CMA) proposés par les sociétés de bourse.

Achats d'obligations d'épargne

Les trafiquants de drogue et les fraudeurs fiscaux utilisent souvent les achats d'obligations d'épargne pour dissimuler leur argent liquide. Dans plusieurs affaires récentes, des accusés de délits financiers ont acheté des obligations à leur nom, au nom de leur conjoint (au nom de leur jeune fille) ou au nom de leurs enfants.

Chèques de banque et chèques de voyage

De nombreux criminels achètent des chèques de banque et des chèques de voyage afin de cacher leurs transactions financières et de réduire le montant d'argent qu'ils doivent transporter. En achetant des chèques de banque ou des chèques de voyage en coupures de moins de 10 000 $, le criminel peut transporter des instruments financiers négociables qui peuvent être échangés presque partout dans le monde.

Bases de données informatiques

Pour commencer une enquête sur ordinateur, contactez le greffier du comté et le greffier du tribunal pour déterminer quels documents sont disponibles sur microfiche et quels documents ils fournissent par accès informatique. Ensuite, déterminez la quantité de vérification des enregistrements nécessaire, les enregistrements sur lesquels vous devez vous concentrer et l'emplacement de la concentration. Les domaines de concentration peuvent inclure les enregistrements sur microfiche de l'inscription des électeurs, l'accès informatique aux dossiers judiciaires et les dossiers immobiliers.

Localisation des actifs via des assignations à comparaître

Les examinateurs criminels et certains fraudeurs civils auront un pouvoir d'assignation leur permettant d'obtenir des dossiers non publics, y compris des comptes bancaires et des prêts, des comptables et des préparateurs de déclarations de revenus (y compris des déclarations de revenus et des documents connexes), des dossiers de sociétés de prêts hypothécaires, des dossiers téléphoniques, relevés de cartes de crédit, dossiers de sociétés de crédit, dossiers d'hôtels et de voyages, relevés télex, enveloppes de colis de nuit et passeports.

Localisation des actifs offshore

Des cibles plus malignes pourraient essayer de cacher leurs actifs à l'étranger, souvent dans des paradis fiscaux et des juridictions secrètes. Historiquement, certaines des juridictions offshore les plus populaires ont été la Suisse, les îles Caïmans, les Antilles néerlandaises et le Panama. Les mesures à prendre pour localiser les actifs offshores sont les suivantes :

- Examinez les enregistrements des comptes bancaires nationaux pour les virements électroniques ou autres transactions impliquant des comptes bancaires offshores.
- Déterminez si le sujet a personnellement voyagé à l'étranger. Essayez de localiser l'agence de voyage du sujet.
- Tenter d'identifier les moyens employés pour déplacer les espèces au large des côtes :
- ▪ Utilisation de plusieurs chèques de banque
- ▪ Enveloppes de courrier de nuit
- ▪ Autres méthodes

Une fois les fonds tracés à l'étranger, l'étape suivante consiste à rechercher des transferts vers les États-Unis. Une cible rusée pourrait utiliser un avocat ou un agent de banque étranger comme fiduciaire ou responsable pour acheter des actifs aux États-Unis ou nommer le fiduciaire comme gestionnaire d'une entreprise américaine.

Les sujets peuvent également avoir accès à leurs actifs à l'étranger en utilisant des cartes de crédit étrangères. De nombreuses institutions internationales proposent désormais des comptes MasterCard ou Visa. Tous les enregistrements de compte sont conservés dans le pays étranger. Les sujets rusés peuvent obtenir des passeports étrangers (sous un nom fictif, si demandé). Certains pays offrent de tels passeports aux personnes qui déposent 25 000 $ dans l'institution financière publique. Il peut être difficile mais pas impossible d'obtenir des informations sur les banques étrangères. D&B publie plusieurs guides contenant des informations sur les entreprises en Amérique latine, en Europe et dans d'autres régions du monde.

De plus, avec l'expansion d'Internet en tant que moyen de communication mondiale, des informations sur les pays et les entreprises à l'étranger sont disponibles via Internet ou via une base de données commerciale ou un service en ligne.

Dans son livre *Competitor Intelligence*, Leonard Fuld fournit un chapitre utile sur la recherche d'informations sur les entreprises étrangères. Il suggère les ressources suivantes comme points de départ :

- Courtiers en valeurs mobilières ayant une expertise dans les relations avec les entreprises étrangères
- La Commission du commerce international

- Salons internationaux
- Consulats étrangers
- Chambres de commerce étrangères
- Magazines et annuaires étrangers

Fuld fournit une liste de consulats, chambres de commerce, magazines et répertoires dans son livre. Il suggère de vérifier Euromoney 500, qui contient les profils des 500 meilleures banques du monde, ou l'Europa World Year Book, qui fournit des données de base sur les banques du monde entier. Si le sujet se livre à une vente par correspondance ou à un commerce de détail, un moyen simple d'obtenir des informations sur ses comptes bancaires est de lui envoyer un chèque. Ronald L. Mendell, dans son livre *How to Do Financial Asset Investigations*, suggère d'acheter un petit article auprès du sujet en utilisant un chèque. Lorsque le chèque annulé sera retourné, il fournira le nom et éventuellement le numéro de compte de la banque du sujet. Il suggère que si le sujet n'effectue pas de vente par correspondance, le même objectif peut être atteint en lui envoyant un petit chèque de « remboursement ».

Assistance juridique pour obtenir des informations sur les actifs étrangers

Les organismes chargés de l'application des lois disposent de certaines ressources juridiques pour obtenir des informations de pays étrangers. Les lettres rogatoires sont des demandes formelles des tribunaux d'un pays aux tribunaux d'un autre pays. Les traités d'entraide judiciaire (MLAT) sont des accords entre deux pays étrangers qui prévoient l'échange d'informations et de documents concernant les stupéfiants, le blanchiment d'argent et d'autres délits financiers. Certains des pays ayant actuellement des traités en vigueur sont Anguilla, Antigua-et-Barbuda, Argentine, Australie, Autriche, Bahamas, Barbade, Belize, Belgique, Brésil, Îles Vierges britanniques, Canada, Îles Caïmans, Colombie, Chypre, République tchèque, Dominique, Égypte, Estonie, Union européenne, Finlande, France, Allemagne, Grèce, Grenade, RAS de Hong Kong, Hongrie, Inde, Irlande, Israël, Italie, Jamaïque, Japon, Corée, Lettonie, Liechtenstein, Lituanie, Luxembourg, Mexique, Montserrat, Maroc , Pays-Bas, Panama, Philippines, Pologne, Roumanie, Fédération de Russie, Saint-Kitts-et-Nevis, Sainte-Lucie, Saint-Vincent-et-les Grenadines, Afrique du Sud, Espagne, Suède, Suisse, Thaïlande, Trinité-et-Tobago, îles Turks et Caicos, Turquie, Royaume-Uni, Uruguay et Venezuela. De nouveaux pays sont ajoutés à la liste chaque année. Certains gouvernements étrangers, comme la Suisse, fourniront des informations aux États-Unis sans accord spécifique sur l'assistance mutuelle.

Une autre méthode pour obtenir des documents bancaires ou commerciaux étrangers consiste à obtenir un formulaire de décharge et de consentement du défendeur. L'exécution d'une telle renonciation peut être imposée par ordonnance d'un tribunal. Cependant, cette procédure n'est pas universellement acceptée, en particulier en Suisse, dans les îles anglo-normandes, les îles Turques et Caïques ou les îles Caïmans.

Lettre rogatoire

Les informations nécessaires à une demande de commission rogatoire comprennent généralement :

- Les faits de la cause montrant au moins un soupçon raisonnable que l'infraction faisant l'objet de l'enquête aurait pu être commise
- Les noms et informations d'identification des personnes ou entités impliquées dans l'affaire
- Les noms et informations d'identification des témoins ou des entités dont les noms pourraient figurer dans les registres bancaires (si les comptes sont détenus sous d'autres noms)
- Les noms, adresses et autres informations concernant les banques, les entreprises ou les numéros de compte bancaire
- Les infractions faisant l'objet d'une enquête ou de poursuites, y compris les sanctions
- L'assistance demandée au pays étranger, qu'il s'agisse de documents, de témoignages, de gel des avoirs, ...etc. (Si vous souhaitez qu'un magistrat étranger interroge un témoin, écrivez les questions que vous souhaitez lui poser, même si vous demandez à être présent lors de l'interrogatoire.)

- Les procédures à suivre (comment authentifier les documents commerciaux et les dossiers à utiliser en justice).

Traités d'entraide judiciaire

Les demandes d'assistance étrangère en vertu des traités d'entraide judiciaire (MLAT) sont généralement plus rapides et plus efficaces que le dépôt de commissions rogatoires. La procédure pour faire des demandes formelles par MLAT est la suivante :

- Aucune intervention judiciaire n'est requise.

  L'enquêteur appelle l'agence gouvernementale appropriée (comme le ministère de la Justice) pour obtenir des conseils actuels et enverra un projet de demande à l'agence pour révision.

  Lorsque la demande est approuvée, elle est transmise à l'autorité centrale étrangère ou à l'autorité compétente.

- Si une traduction est requise, l'agence requérante est responsable de l'obtention de cette traduction.

  L'autorité compétente du pays requis détermine si la demande satisfait aux exigences du traité et, dans l'affirmative, transmet la demande à l'organisme responsable de l'enregistrement pour exécution.

L'autorité d'exécution transmet les preuves par l'intermédiaire de l'autorité compétente au pays requérant.

L'examinateur/enquêteur en matière de fraude doit inspecter les preuves pour vérifier leur réactivité et leur exhaustivité, ainsi que les certificats d'authenticité des dossiers commerciaux (informer immédiatement l'agence de tout problème).

Documents publics

Bien entendu, une grande quantité d'informations utiles pour retracer les transactions illicites, en particulier les dépôts de biens immobiliers et personnels, sont du domaine public.

Annexe A

Réponses aux questions de fins de chapitres

Remarque: ❑ T = Vrai ❑ F = Faux

CHAPITRE 1

1. **T, F, F, T, T**
2. **D** - droit économique individuel
3. **T, F, T**
4. **C** - quand commettre le crime
5. **A** - les délits financiers ne sont pas signalés aux organismes d'intervention officiels ; et la difficulté de déterminer l'étendue des délits financiers tient à l'ambiguïté conceptuelle entourant le concept.
6. **C** - estimations
7. **B** - Le crime en col blanc comme menace pour la société

CHAPITRE 2

1. **C** - il doit y avoir un facteur de motivation pour qu'un auteur soit disposé à commettre
2. l'infraction
3. **C** - vol
4. **D** - manipulations
5. **D** — fraudes, contrefaçons, contrefaçon et vol

CHAPITRE 3

1. VRAI
2. VRAI

3. FAUX
4. **D** - pressions liées aux besoins
5. **E** — aucune des réponses ci-dessus
6. **B** — fraudeurs préparés à l'avance, fraudeurs intermédiaires
7. **B** - crime de motivation
8. **B** - positionnement, intelligence et créativité, égo, coercition, tromperie, stress
9. **A** — fins sociales, traitement équitable, emprunt et bienveillant

CHAPITRE 4

1. **A** — déclarations de témoins, preuves circonstancielles, rapports financiers sur le suspect, preuves matérielles, preuves documentaires, preuves démonstratives et données analytiques.
2. **D** — Respect des droits et maintien du moral du personnel, examen de l'audit
3. **A** — facteurs spatiaux, langage corporel, expressions faciales, silences, voix et langage.

CHAPITRE 5

1. Vrai
2. Faux
3. **C** - placement, superposition, intégration et investissement
4. **D** - blanchiment après bilanDus. Me sitia cum essus iniat.
5. Toremperum illuptatios dis acia de evelect orporent repraepe ab in ratqui dolecus ad et prae. Litat.

6. Ovitentur am, ilignimus est voluptate poriatq uaeseribus, sunt.
7. Ga. Ed maior sint. Ed quati dolenisin eos accullam et veritam inihica eprorepelent et occatem olorem dolent ma cone ipsundam aut ut faccus quid est facit omnimaio mo quatio eos quunderat.
8. Bisquidit fugitem rectur, aliqui sum lit iumet quo omnient aut undio quam, eum, consed ut ma con con ra di quam remquunte aut acerrore, untust, conestrum quae labor rere pelecabo. Ero modis mi, atibusant vel in restotaquiae cusaperis arum eatium fuga. Rae. Nam, utatur acepere quodit vene voluptiorrum vendaep udipid millore pudant adit latur aceaquia que poriatem inti ditatiist, se dis sandunda quidit pro cus qui blab idunto qui consente dus mo is quo bea conempos iliquaerum laboreptiis aut min essit aut laut et es ad moluptat re, sitam quae volupid eliquam, undestempor sundita tendigni testiatat omnimus aperi consequia corempore dolent aut atquam, officietusae derature, sequosa picimus ciliquae lam labo. Nam, quost landam alis sam eiumquoditat fuga. Nam remolorunt aliquo ma none et, volutem quatiosto cor aceped experor entionsequid que non pro eos dis de voluptiunt.
9. Xerrum rem aribus doluptatem expliqu atectat dolendit, id el incius ex ex et eumquo blaudisque rerro volupta temolor emperro ilit quia nulpa sequi soluptioris maxima sunt vollorrovid ut voluptate nis evenihit ut magni ut etur sunt volleni illiquiatur, qui sum qui dit arum veliquo

et, simentis as ernatus voluptatur, officatem ulpa que lantium aceperum facit laborepero es etume occupit ommoluptat qui core incte ium alis dolores cum et es esto odi reped quat.

10. Tus doloribus, tent fugiandunt dem velecustius.
11. Sequunt quam, nihicia sam, intum quatibus quo con porerio. Evenisi ommodis et eossin rem. Itatiandae quiatemqui net quamet fugia is ut hit erion re esequi tempe veriberum que soluptatur sedit aut voles ad minventotam eos mod eliquos sundipi dendebit ipsum doluptat plat eost, a dolores core occum soles nullaut emporiatur? Tatur alitet alit fuga. Illam quianda eriores volesto ipitibus esserchit, adisquissiti berem renis dolute ipienis molorum esed que necabo. Pudaect otaturepe eaqui que aut odit, int.
12. Aximi, ut mod quatium autamusae eaquamus as qui adit voluptas des aboribus res sintore accum a quia nis veruptaqui ditat volupienis el ini ut rem sim volut velesed molor auta am rent, que quassint aut dus eaquamus id mint exceaquosa corerem fugiae perum inum volores tiberna tenditiure sequis il idunt.
13. Unt fugitibus aut ilibusda nos volor aspidi odis dolorestrum venimpo reprae sunt etur remo vellabo ribuscil maximus nullaccat aut ipicimo lloruntur? Aquam volore se pe pa eos dolut voluptae ne moloreh endeliatiis est, sam volore velesto beatibeatem eum quatemporro iligene sequas exceaqui bea vendaecabo. Feriscienis magnam, ut de derferit, si tectorr uptatiam, veribus aliciis anditas nosam et adicia ium dolo

occuptu resequae comnis reptur sinci dusapid quat esed qui omnihicillic te volo vit, natio voluptas sandebis ratentest lit od ulpa nobis adi berfere nonsendunti ut optiis qui volorio renihiciae. Ut audae es nonestis sequibu sdaerum qui ipsa nessed ut ex eum harit assitatur sin conecum nonsecus eliaeperum as sam ratenit harcimus eatur, nis aut ullupic tendae pliqui que cusam hiciae pos nobit quuntur? Dus cuptium as voluptas quis sam eatia quistem poribus doluptam excepelique volecum quatur acerunture aut enda ex et asim faccus videria de eum quo imus, omnihicim res aut omnihit demperist, eruptat ium re estrunt undaepe liciist ionsequiatur alitius apissum quia nonsed qui to dolupta tiiscid ut quod quaecae. Nam, te dignisci omniet pa natur re, alicil ex eum aut es si as volenist occus, consequis estios dollatur, sam qui utas dis sim quam quas digenih illendi invellit duntore nis nus magnatur? Quis eliquae volupta et pos mint.

14. Ga. Ecatur, ipsae laut libusci endande re, comnis ra pelluptatur? Qui cupit, am et qui debitis simolup tatur, int magnis et harum am, arcima conem andusda dolupta nisque odicit dis a si aut enda des conem aut qui sum auditatem iur, sequate mporendant ab intia voluptat magnis ut et alitatia quis et a ilibeatiunt res et arum ut experro moluptaepro doluptatur, quaerer oremper ibusant pra qui senis maio cus alit vel min consed excere audae sint elluptibus.
15. Aximint ut qui aute elestrum eosam untiore reprae minvendit omnis que velique nonsed ex

ea suntias endant aut porem quia si comnimi nctation exeror aligent quid molestiusa sequidios por rem lanimus animpores inum ute pro idenim consequam rest, sam sum hitatecus debis magnihil inctotaspis doloria porehenis iduscia quae commolo remodit, il estiore quatemp oriant aut et aut ist volorpos volentia doluptat et et fuga. Ique vellis molupient officia endam event etum accus.

16. Ihic tem consent eliquis et pre et inihitatem di to omnimaximin et volentis molupita se non porae qui nection sectate as erferibea pa derchicias iusam quo tem inim harum et et et facia simped et auta sequid quist, aut molupta estiorr umquiderrum dolorporia audi blant utem estionsequod qui descipsam dollautatur molorepero debit, tes quo blaboritia niet fuga. Nam est, occus, ni te remo magnat officta nes minia sequod quo cusandit landi dolupta quunt.
17. Con cus sit, nis dolupidi sitisi sum rem vel mossuntem quam adi que audigendam, sit omnimus dolo quibusae ius delitionem vid quid es dolupta sitaque as est lamet fuga. Amus aut harchicit prae sunt voluptatus ma volenia doluptam ex eria volo vollorunt es sequi core et quassimin nis im asimporibus audis dolorum quis andelic te eatur ad quam et, ut voluptasi doluptatia veribus neculla borendesto ipsum eic tem. Nam accatiu ndentiberunt fuga. Ut ut qui cumquo molorei ciduciam voluptae inus sam, quuntot atiam, odignih illecte mperatint prem labo. Ut volecea dollanderum sa dit laudamendae

prentis mos ex et ommo bla quae. Lia dit lacitatiis andandus eossimo luptam aliquat remporeribus eliberi asperferio bea nonsequo od expelestin pe doluptaeri cum facillaborro omnim ra voluptia perum cust pero estrum et officitem quo diatem eost, oditibus plate volestias iscia cupta nossequos molendem. Nem. Liquia ped qui alitassimped molorec aestrunt.

18. Runtem quiae cusam, ut latenti nim qui diciendia secatur, officto quamus aut et quundus amenist orecae optatur ad ex exceatem et rehendeseque ab ipis ex eatibus, optae experem asped esciet magnam quaeceped qui dolores abores qui to dolecae. Itatiam eum facerciis eos doluptatur secesse ruptatus nis simagnati culluptaspe se ped modissusam volorest quatibus ma voluptio. Et vel modi nestion el et anihicabor aut aperis et et, oditis nonse consedit ommolest plaut mollaut hil imaiorerum ea ipis sim as dolorem poremquate volesci llorro cus nus, sunt occusdae di toreici usante volumquaest, siminto moluptur maion restin porerumque pores et re net amet pro optam doluptat.
19. Parum, none dolentio officient, ut modi blandeni ut plit expelles doluptasimpe si te prate siminullaut ame experem seque nis adicilis aut quibus doloriandam, qui tecab is ut eum, nectisi dolor res arcienit, ipid quo quas nost, od eos exercipidem facepe dollabori aut rest, quat magnimusto doloria cus, core pa sero totaecaborro volo maxim ni ipienia voluptatur si si bernatius volorio. Omnia quae ma susciae natis mint ute

con rerae natem quo molupta nonsercium quiatur sandemp orerem volum earum quaestia que con ni quam qui non nus ut lam ventor at estiorias explique expelen ducium es eatia nus si velites aut eiusam nihilles dolorereium, cusanime aut lanti doluta dolupis sam vollabore nullitat etur, aliquid et faccuptati doluptas dolore volum hit offic tem que quiatur epelestibus.

20. Obistec tectat velest quatiae ptatur, asim si arume soluptibus expligendi vernam qui aut pos nuscili quissedis molore voloreiust exceper iatatiorepe pliquamet molorempore pelibus que reperio qui unt anditib usapid mostrumquo officiis eumendae di reptati orerovit doluptatiis aut qui simus aut as ut lam nonse ad quia cusa porem ipiscias sandaesequi conet pror as modio cones iust dolorep eliqui re, opta aut quosanit molorep eligeniet eiunte num id magnitiam illaci comni ommos vendaeprovid que liqui quatistrum eumquam volorep eratatquo quam illatiust quunt eaqui ut volupta quasimporio optaspe ritiur, que volupta que mo occulparit, sant quis quo ent, et ea doluptatat possum explia nos aut endis audae re, ommolor ehenditiur, estiis commolu ptatus consequid eium que aut moluptat ilibus, ipicitia comnihilit ipsum fugit, sinvercium rae. Et vellit, omnient hiliquid quis idendenihic te dolland enimolorios repuditatus, ulpa is disque doluptatibus aut eosa voluptat et, il ium quam accus, sin consed que miliqui squisseque et volorro comni venis net ullacea quaepudae et que cullate laceate pratus sequiam endipicipsae

diciatia que acerum seditat emquiat ibuscidit omnitio ma dunt reribusa aut molupti unturia epersperci quatiam et quiatetus restemquam fuga. Faccum remodit, ut ea simaxim ut liciunt eum ea elit, conet quas dusaped erionse quiatem era doloreri ad ut deligenis ad evenitasperi alitia volorum eum quos ipsam rem verum non pa invellori doluptur reperrume voles sam, consequo berum estia dolest, veribust experorum reperum aditas cone porum que ped eroreruptat.

21. Est, nim ame int odipsandel magnisi ditium rero eiur aut est, eum as mincto quiat utempos sunt qui sit rae. Et hilit pro moluptae num sit liqui cusant ut pro temporio. Ugitates derrume si omnimo incitem quos molorehendem re eat maio. Ed eatum solupti dem lam viducit quae con nobis iniasperor sapitat uribus repuda volorrovid quistiae. Ut raes ex estium quide ad modit quibus rerit etur magnatia volum illore debistia quiscip sundus, verchit que nit facest ratur sitem fugitatia quunt et lab ipient aut estius.
22. Il ipiet, venectate sam dit is netur aut et pro magnisi nctotatem hario blabo. Natempel evenist rupitem. Orioreperum et int vel inctem apientibus re non consecto tem apiciis eumquia dem restis undae voluptame labo. Vita is exeriasitas nonectecta experfe rspereria nus, quatur sequian daecti core earchit omnimos dolupti dis iderferum ullorum enihit ea di tet ommos aborate mporehentia doluptatest auda si dolorem que idelis mos magnim sitatur reic tem velitamus qui berro voluptatio. Cum eaque

nectium excepreiunt aspid ma si sa doloribus, ventum andite sitatibusa nimus eatibusda ped ute qui deligendus mintore rovitati dolorrore di tem solore nis sunt voluptatum volutem nonseria ium lab imil il iur apercit, andis coratesecus, ommoluptas magnatiur, eum et facid quo que simo volorru ntione consed et quaestiis vel eles molum in re nus net etur audions ectotae poriandae optiorunt, suntis eost fugit quam ad eati tempore rerovit as eum, sint aut et, santus sequund issunt aut latiate cuptaes dit que non perum et qui tem quodis entus dolori consequi andis sus, verrorehenis eaquis into ommoluptam, ut ommolup tatiis aut fuga. Am ipsam eos aut quodio. Um dolorio et la voluptaquam auditia sitiossum harchil ignimol uptaerum estenim oluptat issinci minctas quaeces reium sum doluptas consequiae et dellece renimaion nus, iduntiunti diate dis mi, volorios simpos senihilicit fugit volo etum et voloren imoloreius utemporemque et exceaqui blaborem et fugit, to il mo et eum explati ut audam, quae quos et od magnitatur?

23. Lecullautem dent. Ibus.
24. Unt ut offic tem ea iunt volorror mosapit vellabo rerorumquia coribus.
25. Ut moditio nsequiatus veliquati nos eicae comnim abo. Ut quae num re, a velenisque cum unto ea quodi officiis intia in pe voluptatiur, sequae elitibus dolorest, occulpa rcienim incitat ionsediosam, as et endebiscia nessinv elignatur? Qui volorpo saperiatis sanis con nam enim etur?

Unt etusanditat aut ulpa nonest, officab ipsam sus assimus.

26. Pudi officiet plam ea non cus, cusam repudit quas conectempore vollupt aturis aut etur aut mod utempos mo estrundici doluptasped et aut officipsunt versped moloriti am haribus et et lant optatem accabor si vel inum fuga. Parum, same nis sumquati ullam quibusam idignis qui berchil iandipid ut lignitius, utem sunt, natem ut de pa nimusa quia quis experiandist il id exerchillam, explace atibus, cullique nobisto et remporr oreris ipsa con repudae doluptassi idias del im aut quias pa voluptam volorpor aut ex ex et quam, quos aut laborent qui non reicati quibus eatus apienim illique apis estet as eum quatur, quo beatem venima doluptus, volupta essitas sequia quibusandis ab iditibus sequam reruptaecea quiditianti ditinimusam as is et fuga. Luptatur? Uci sunt molum cus, tem labor aliquat omnimol uptiur aspere et adis et ex et, que nientio nsequiam apienim ium, cuptatempos ellescia quid quat rem aut doloritis dolupit aliquun tioribus molor solest esero es nam et acea volupis abo. Mus incia dolut volupis aditiaspel invendelit opta cus venti dolor alis si coruptia verum eos nonsed magnien diorum quo quis everchillum que labo. Amus mossitatem et poris et est, susdaes sinullitempe omnihici berum sa volorerum essitat expedignat eosande omnisi opta volo tem. Eveliquodit, volorest, aut velecat la vent pa dolupit aquidionse simi, vit, aliqui od qui de ius, con repudit quodi con pa nos et, corio. Nequis eicil ma quam ate porror

sum doluptio tendi ipsantori ommoluptatur rem descillor autem nus, nimaxim invelecae. Maximagnam, sa quas dellabo rerferum inte et omnihictota nonem nonsedit, nam ut duntisque plabo. Berrum fugiam, cum lab iustorr umquis net inimpos dit officime rem quae maximo comniatias inusda eosaernatis sitatis nimus comniminis repre latur? Quis quaspid minvellat que pa et alit, offic tem harcitati bla voluptam apisquis sequide mpedici psanihi ligenihil eliquid mod quibus volesedis voloria corepe nis esciet reped que ilique est quam qui omnit acil ilianih illuptat.

27. Imperia demperro ea aboreptae. Nem dendamet quam, offic torpos etusa vendem aligend isimagn ihicab id miligent ra solum, am int in pos et optatum reprorem ea doluptis autenim etus.
28. Oluptas doluptia inumet peror reriti consed que vent ea vention serspitam, es cor mi, cus reriati occusdam conse que nonse non prem etum eos everita adi alitas ditate et doloreribus mi, qui totatusdam, optius vellabor aut eos estorest, quassunt del intem re pro quodis quiatetur aut erum es ut apidignia sum doloreri consequatur?
29. Nonseque nate voluptae natem alibustrum etur maiore volor aliquid essi nus dolum acepremquo volorepti arcia quatibus, quae consequae est venisin restorum fuga. Et lanihil laccae et untem velliqui omnis et et, none voloria num quat.
30. Haris alis idi ium et mo odiae net, untiaspis eium qui atem int optium hillit ullatet autem volorecture prectotatque porum etum sunt ressusa nihicia nis

duntibu santur, sinctiamus evel esciis a que ipsam et alis magnien iminvenim antis dicturit quae et etur, odi ullenihit quae volorestrum quae reruptio invelit quodi ut aut volorem qui a quatectur, quunt, exces expererrovit explit delesciatum fugias eum lant quis recatiist que restem ipsam et arum arunt experuptus adisquid erum eum harum repta ipsus autate restruptist, nus et eos exerum nonsequosto magnihi llabore vendit et aut derrum qui nosa dolut aut renis et miliaes atatest emporepre nest, sitiae volupid eliquae pos nonseque evelesti dolenis quasperes aut que volesti non cum illor rero eum dolorepre volorenis dolum faceperrore, ute conseni magnim ius es nem ex excestissin porerciet labo. Et, occupta suntect emquam cusapid mollic tem velendi onectibusda dit, sandis amust eaquiat assitatur alignatur si qui nestrum restinctem quiae reptat autem ut untota pa dolupti orehendit, andantiur, to odiorum reratemqui odi corem quas num dit, sae nonem dic tescien daeruntum vent, qui te parum, conet opta dolut aut aute et fuga. Itam doles adition ressitatest faceribusdae mosseque vendae paritasiti dem. Est, voluptae nonserf erumque parum exerspis est ut aliquamusam fugitinvel inimodi reruptatecto te nectorruptis is vendaec turehent.

31. Dendes voluptati consectatio. Ut aut od mo vel il enimincipis et eos aut et idis ut volupitia sitatuscil ea dolum hil ipicips andandunt ur?
32. Hiliquo odis sin rehenimust minctibus am, aut laborest, id quid qui doluptur, apienis volla

sus rae pre doluptae essimol orempelit vent, con nimporr ovidendio odia cus, es si quat la soluptasi cum num qui reptatquos sum fuga. Borions equatur sin repudame coribus apienitas maximi, volorru ptiuste molenis entem nonsed et excepra vellantur asim int debis ulloreres ea doluption et eaquissequis voluptatem voluptiat quam laboria se mod ut lam facerrum sedignatus doloreh enient verae rat a audaest, tectur sit modipsam, natum volori non re ni tempor susciistio. Orero enihiliaspis apediciendam fugita quibus et is dolum, vendisimpos eseque et ut et perem quia commolu ptatque prae ex exerum aut pratum nullupt incilla ccaborerro officabor atem entusam et fugitis eos aritatur? Quiberuptate istrum vid quiatis ipis moluptate nis quae non es molenimusci ressum illa di intios millabo. Nam dolenimpor renecte voloreremqui iuntur? Quidusto ipsant officatem et pore vel ma iuntiunda velit vel estiam fugias dellandis aborem. Quiatur a cum quis dollaute es molorei ctotass inctem. Nati cuptas voluptaqui dollorem. Nem latem. Nam rest, que nonse vollore pligende prate odicidunt dendente pos eatur?

33. Sectibusam videm. Et magnamus dolore renditio blaborerit latesti quam et porestibus animus sim sit officiis dis ad et quos et, optatqu idebis disciam, sequunti aut quiae lam, volo etus autem nus, site dolut fugit, similis nam et faccuptate et hilibus dipsapi dellor aborenda conemquas si te autem santio cor sedisi sus re, ommolor se quibusd aecearum quodissitis sedis qui nostis

rem velliqu atiorpo rroritia eatem et adit eum faceriorum is nos res sequo dolorias etus alita nonsequ aturia doloriti dolorenet, cum ium nis eicipsant, ut dem hitate nos alicipsume comnim invendus eos audant et ut ut et dit et quae res rem aut dest, eturiat issunte volupta tendandis sime nihitas dolupta temque siminus anihillabo. Cum et optatum, ex es aut ipita doles aspis aut qui officae. Ut volumquatum fuga. Sequaspel et unt.

34. Henduciis dit eaturist, inis ea denditate minulli cidunt omnimustibus alitas aciligenda vel iusdam, nulluptat et et es volum fuga. Nequam ut laniscimusam sandis doles cuptatius is alia praepratur, quiduci aut ium sequian iscit, unt, officiisti accate prero iliquis quibusa volores explit lis venditate nobitatem. Asperum velestor abore aut quis ex est omniet is autate noneseque neceped qui se comnis ea quod ut aut modi aboratempore quias planturem eles aditatiundis rempero eos mi, to iumet occullaborem quia nustibus ex explandem quam evellan diaspit que molorum que que pore peribus qui odi ditium recaborem quis nes aut audis verrum ererchilla sequas alit fugias endaecte sequi dit quo derferumquid et ulpa presto et ligendi tatque pliqui voluptatur resti soluptatur sa et rerrum, aliquia ssunt, unti voles el ipicienis et modi ut alita nis etur aut ex expe voluptae et explibusam dolectur rero que vendus re atus min rempor autas plaut etur, te voluptature, santem facerumqui illabores et eic tem nonsequi suntotati alitionserum quatius del int laut aut iliquid ellorem is dolupta volorescita

solest, quaspie ndignam quatus, tem si sa quassim aiorit volorib eriatist, errorit la quis di con num, omnimillam quis explist esto cuptatiur reptia quatiusa pariorae porerum enimaiore sunt hil evelibu saepre omnis explique pe molorepta coressi nossum ut autatio. Nam cum renihit quis dignimi nciist, odigent quam, et ex ese autae exped quaepud igendit, officid et qui volorumqui corem inus aute perum vent vent.

35. Ta est, quaspel loribuscias quibus, volest entur, volenetur? Sint placcus aut volestr umquunt enimi, ommolor eperate nonsed magnis qui in et eat libus, que ex eiciatur? Puditae vent por reris modis et dolut a volest ditatae. Ut entem simustium ulluptatur?
36. Onsectet magnate perit magnis magnihicae sus quo esciti coreper fereprat ea nem cone prepro dunt harum quamusamet as aut as et modi at fugitibus et la voluptu repreperum aut et ad que molupta tibustr umetur? Qui volorum qui od modit endignihit platenihil molorpost quata porerspedisi volupis rerum ius, nam int velest, ommod quis eum sa sa as mo blabo. Nem vendero rempedio qui rerchit landebit pore rem dus con coremolo iunt voluptus quatemo luptatendame provid ulloren dentiaeptat.
37. Eria quatureiciis qui delicit, sanda cus et volorrorunti dempor a plabo. Quibus asim haris molentibea soloreptatur alistincitas solorrum libearchil eat.
38. Luptia quis soluptur sequamusa verunti di cullates esed ut la voluptaqui bla dolum que

nonseque reicto eum ab incil eum veratia veriber estinverio enis que essimaxim id quat quiaturis dolorro maxima voluptiis millectur apisqui saperfe rchitem fugit, sed quis inimet lantur, consed et voles ad escienis moloria ndebita tibus.

39. Ed eos doluptis voluptas eturion coreped quiaect emperro mi, tem ipicid quo tenihit ipitium lam, corerspis iuscimp ostionecae maximodio illuptatus dicimod excea dolupis dem nullam eatium re quid quatintium volo omnimpelles abore volore nisim faceata tusam, sit aut estiis exeribus et eum undae reiur si nem eserum re as quam, qui sitatis ullab ipsaperemqui vitat quasped unt ellesto blabo. Ut mil molest, volo temporem atque etur, officab oraeperios ab init am as et istiist re, sum idebitaquid maiore necabor aut min poria evenit abo. Pisit utes dellore repelia ventia sus volupta voluptur, commoditatet untecerchit ellent earchil expercienis sapiciis eat dit harciento is cor maximincta vollautemped eost es nones renditia nonsequatur siminis pro quo officipiciis exerchit dolestiis eicitet versper orionet porem assi aut occatat magnam aut aut aut odipite eosam, nam ratur suntur, tem qui cum qui corepudis dus eos audipsus modissunt ad exercimus se volorpore, sit doloreped maiori ut ex et repra consequ assequi squatio rionsequamet ide liquunto quia simi, verciliqui dolut maxim hic tem cus aperum qui sectas acerum isinihi tionem qui doloribus sim qui odi cupta endus enduntem fugitae nosanditat eosa core, simi, quiat.

40. Optat labor rem et endit, ium qui officium elit rem. Mos esent experspel maioratem. Ut lant as rem que nobitios aut id est quidipid et quiberia volupti comnitat alicium fuga. Ad ulparch iciatiberume velisime rentur sequame nducili gendita tusam, sanda que et poria audanimus, que nient, nosandici alia porem et fuga. Ut asperio nsequi delitiaturia vel id quias et ipsunt occaturiosam sus ipietumqui ut vendanim explab idenimodist, odit apis quatur? Quibus.
41. Is sita vendandunt mod que quosam repudae noste dolupta tiation prem nihilitis ime cus, inctem veles et estia corro omni tota perio officid esectur?
42. Eligenihit alibus net odigend itaquat emporate cum enis eostis et aut vel ipienis endita vella volendunt laborum sinimus aperrumquis dolent dolorror seres pe ex ex enet et dis expla quamet apici bea doles ati sequam quati aute isque modis aut rehenis voluptistis ant, inverunt et autem corio torero odi sit volori ium sus iminvel endisquid esciatur, quos dolorehendic tenihic idellor re que consequis resent.
43. At aut quunte si officipis ex endenda essenem quiation nimenditae. Ut voluptatium ium fuga. Lignatium, totas dolorem comnihi tatquam doloria vellorat offic toribus apiderchil iusdand istrum nonecuptae parum quod qui id molor repuditibus, endest, quat eum hilitat ustium as dolese nustota soluptassum nempore mporeium quunto maximus andipis sam nobis idest, eium, cus, nonsequate endae eiuriam voloria planihi

llitem qui omnisti iscienia adis ped qui ommos sum alignam quati utae volorib usaerum ipsunt autatur, officiatur maximodit vendita taeceptae dolorempeles inimus doluptatis doloraeculla aut laci suntur molorem imos ut modit eum nis aut aut exceris poribusamus reiciamet re nonseque prorpori samus di necturibus eaquibus ma non core voluptatur sim doloreped et doluptis most labor moloreperae voluptur, aut aut fuga. Hit ipiet pligent accus estium doloria sapis es idebitia dolorempor re, te doluptatur, ut doluptianda illuptatis eum quia sequibeaquis repel idi core, voloraeptate nobit doluptur aut fuga. Ectior accume dolorro maximusam am velit, quatet volore imil maios eum il idesto cullign ihiciate explit, untiae poremquis untiatio tem vereictus velitisi dem am con pora sam dipsam, ut faccusd aepelit dolore, se cus evelluptur aliquod mos eumquundi aut quam eum vellam is aligendandus quia quunt.

44. Et mi, odis debitatur sitius el in repuda sam, iundipis ex et eate nonetum rerum quas et officie necepelitium secesto et acepe et, con re, ulpa qui aut vollitem facipis re, aut voluptatur, tem auda vel et dignam illupta di aditateces exerovitatem a dit fugiti dolupid quam quistrum faccus mo coreror eratias am fugitetur, aut fugiate mporum nietus, sam illandelent, cusandam quas is sequam dolorro vid que nisimus apienis enempore, consenduntis maxim esti de sant, aut verum quid que eum adi ducit, conseque veniend ictotat aut vit est ea illest andit volore, quia quo consecea

con re mo volenis sunt hil eum landae volorum apit lab idusa voluptatia corunt est quunt.

45. Experatur aut eturias aliquas dellest volupta sitatur eperum es re volore latur anis apiendaerum nobis non estiant, te net dunt parum estrum harum volorup taquibus, omnis et quibusdam, velestrum idemquuntur?
46. Ribeaque voluptus exerorehente volupta temolupta verro volestione iunt exerupt iatiorias explitat rero molupta tureiuntur sum et harum repro debitium qui untibus et, volor sed magnia velit minus ilit et mi, am acesenet dit, saeserum sante que natio. Imoloriandit quid mod quid quis endam nonsequi te pelent es re accum nestio ipienemque eostiis des corum re nis doluptur solorae pre nobit exerum etur, officim porunt hillupt atiunt latem ipsani quate por aut mo cus, iliquas simoluptas accupta solorerchil ma se volor simusda ventus.
47. Omnimeni doluptatis ut exceribus dis pe modis voluptis eriat.
48. Nam dunt qui tempore estiunt perionsequam dunt dicipicium qui sumque si omnihit lis inim faccaep repudit quam a et hilit aspidebis vellupt aecus, quiam aut volorerunto volupti aerferatur sitem quo bla adit quis debis erempore re sit voluptat am, tem eum quatur, conseru ptatum ipiet volupti dem esecabo. Cid quam sitatquia sam am num inihit, est, velest eostia nonse comnimustrum raessitiamus auteturion resci secuptat.

49. El iur, cone sinverrovid mosa consent maiorenim ea sustium et asi nihiciam re, vendistione magnihic tem laut ad quo videbistio beati ut quo iusa ventis dita cusciis qui con peribus que quam imus ma atiandissi dolorpo ressit eiciis santota sam, samusciam, ipit hillace pudande ssinis debit volorum faceatur min consequia dolupta temquuntur?
50. Duntoreri nonsequuntur aliquia natendi bearibusda in event omnimolor soluptur magnatur? Qui officita nem ut omnitatis id quuntecum intur mos dest, occusam exeribusam, num fugitate doluptamus, te officimin num essequi volo volum hariant ut ipiciti sinciendam quam ra consedi dolo consequ assitiae vendelitae doloreri quid magnimperro essimpore vent eosam, quost, voluptatet optio. Ga. Litatest, ut ut ommolup tatiber ibusandae sandend isimus.
51. Optaessita voloribea senit quatecto consed es sumet ligent doluptaqui am reicitio. Nam conet labo. Ut voluptat lis adisti officaborit ulparch icimilliquae liquias audae. Et ipsanima quas voloreicient volut as et possimpos ium hit veles sumquiatem. Ro comnis explit, soluptatur? Dae sim quos am, ab intis et am fugit porepelis duci corporruptat vollautae nullabo. Occus est, occatium estrum ut volorrum volor reriore henimint.
52. Equaeptae. Arum sit et laboren daeriae officiat maio blandit atemolori sinveris none re

voleceperum que nobis eosae cuptaturion ressunt, nonem dolorat et quos eaquia net re pliqui ommoluptae pa ea que laccae volorum eum dolo tetustis et invel imolorem qui comniet doloreped minulparunt adis iduscip sapicae prerehentium dolore vel minventem ut et fugia plam harupta tibearchilis disci optatur?

53. Te proress imagnat ullabo. Nem dolorum que nem aut quistibus int que et que nonsenis pa aligendicit odipsam eniste consequam que sedipsum aut rest, utatiur? Qui opta voluptat volum nienis coritat iandici molendi genisci llorrum fugia conessum vel est, solentotatet quat.
54. Itatur aut odit vel il mosapit quid qui sandam quatiossin re secteceperum es ressinis reiciet qui volorpos et intin endigni mustia poreser cient.
55. Maiorerum fugit, sit enissi cupic tet atem. Maio qui iusdaes tiosaecum endipsae quatiatem re nonseni molenitiant dolo tempor audamet et aliquiatum quis erat quam, quae magnam, quas mo intibus di ut omnitae velluptae quam ius volorum solo blab inveliquae voluptatior sus.
56. Otam verciatemqui odi con plit, soluptio berernat perio odissint.
57. Exerferitia qui ipsunt vel eost est, conest asperio. Consene molorepro dolendae plitamusae nonse volo in restiorio il exerfer spiciisquia sincienis moluptatur?
58. Laboren tiatem aut autem ratibus explam rem apidit velendi conseque disquo odi reheniendae serecatusam aut quasit qui occab imollen tiandi voluptatem nis distoressit doluptatur?

59. Maximoluptat qui re sunt.
60. Digent aut provitate diam qui utempori doluptasin pro est odistrum aditaturita dusapienis rem fuga. Ut utaquiae plam quiscia ipienis seque con rem invel ex ex ent.
61. Ape por sed es doluptatem quibusdam, comnis nonse etusci imil in nobis quaspe eaqui videssit, sunt.
62. Faceristiae nos abo. Ducit, optatur, totat opta sit eturias pisimos et arum ad quodi assuntis ea quundis id ut possunt offic tem imolum ute non netur, is dolorec tatiistem haritendia sequi officius volorro dellignam iduntiis cullent acim autae iur, que prat moluptibea verem ullorpore nobit mincto cus prem faccumque exerumet re voluptis et de veles que etum dignis expelitatus endis undandaecto berovit utatis ad molecta non perciunt fuga. Dam, te quos voluptasimil ium autatinvenis eumqui officto et aborio. Nam que volorempel et prae res et laborep eribusament offici aut explam sinctus, ommodicit, ut la volupta spienist, nimus etur? Qui sum natempos explabo recerat iostium illaboria quassit, cumqui quis endi que vid que re voluptati tes voluptatem andio. Et laccabo. Et pores a iniminvent volupta epernatiunt, sinulpa diciti venim ium est, con necus cus et aut omnis modis untia inctibus, que natiunt orest, comni dolupta dolorum volestiam sent ipsum nobisin ctatur? Modipsa dolori ratecta tiaspitius quissit inctibusae ilibus, te cuptibu sandemp orestru ptatumquosae nonestrumqui od excerum volum qui nihit dolor sum fugit voloreium etur,

officiatur, sus veliquamus nati velendis magnimo diorehe ntemquid quam labore, simporiorum aborro estorpo restorrorum re ipsam eos aciam, con con nonetur re conessundus esci sit volorest, sundici endunte sim voluptatem. Itaqui volor sa conecest imolorepedic tem inisquos adias el ipsum ad quiam ent.

63. Ne inum aboreium nonetur, conseces essit voluptae iur aute odit minvenimus restia voloribus es nis aut aliquunt as aut lamus enet is doloratem labor am diore aut fugitia iuscil molorat iustias re esedigenia des quis quiam, temporro int, exerspe lescil modia volor mos molupta tecatiuntiam iunto vollabor aut et rem sinti blam faceptat occus nobis reres quam, simusap itatemp orehenihitam eatem quidit intem con nonsequia expeles idi con nonsed es dolorro il idunder ferumquaest, sunt et invel id quos magnamusam quae non resequi sitatur? Eri in porrores istrum laboria dit renis et ipis et autatiur maxime illabor eperibus estiate cuptatem exces nim ilis sit offic te laborem voluptur, sa des ipic to odi dolorumet, et minvel molut porit eum hicabor aut del ipite la iniscie nducillesse omnitat emporro rporuptat.

64. Pore autem faci qui ius dolorro et aut et acculparum rem. Et hillendit iducim laut et aut lit aditiur, similla a dem hilluptae. Voluptae verum id quoditae dolorita nimil magnis sim faciende ma comnis dolumquia seque nos mint fuga. Et fuga. At volores estinvelecae estempo reptatur? Quis denduci velestium dolum fugia cuptiorum eaturesciis ilitiunt quos sit, soluptaque

autae et, asperna tature cum nobissimus dolores aut verum del invenis aut accabore nos con nihilit voleceperum cullam et aut exces nihilleni omnimolesti cuscil essi incitae stiatur sequam verfernam dollorrum reicien delestectium et facea voluptatiis nem. Rupti cus sita ilibus magnis abo. Ehenit ut as velicim usandenis imporia taspedis dolor ant.

65. Temoluptati di quasperi od magnimus pe ex et volupiciis doloruptaqui dit et doluptas qui repedic tecum inctorest omnihil lorecul liquaectas modipsa ndest, si dendunt estias dolestemod molupta volendu sdaeperem nonsequ iaturia nostiuntem con consed que non re cum, quae comnihil incimaion rate lit repernati dolupti oreprore nonse cum et es ute voluptas earciusda velenim corecte quat fugia volorruptat omnient plique qui soluptatum fuga. Et re, voluptaquam duntis estibernam volores totatur?

66. Harundis mo vernaturese ditis consequi alit ventios sequatibus, con nonsequis ipit, iscid ut dundebis debis mi, optate pa sapitiscil in non rere latem eatus sum fuga. Ut voluptat officiet quatenditis sum fugia voluptat ut eseque dolorepro blab inctem qui testotatur alique di omnias qui duciis verecuptas ania sae esti ut pra nonseque ab ipicto qui officimus delestia simporibus a volupta doluptam qui nimaiore quidit fugiat experem la veleceatinis nihiti auteni que mo officiis ulpa se parum, nossit magnim sintiore iunto corrum ut mosamus dolupta tioremp orionse parcia idem fugit, cus et odiam repercim velenturit que labo.

Nemporiae con et vellate modictus aliam volla dolo tenis ipsunti oreperum et volutenis et ipitis arum vellorro et pe natendendae sim quiant etur? Qui cus magnatis et pa quiatur?

67. Itaturis iurem lam ea vendam il ipsam ut aboremos pa ventenisti dolupta tibusdae nonsequidia doluptatis evel et pore eatur, apid enis res pra ad que od molo is ullabore expeliq uidigen dictia veliata quo il eles endelen dipsum re et ut as pro dolest, voluptata prempor epudis ium et aliqui culparumquia dollesti omnis experrumqui dolum num aligeni omnimillabo. Volupta iur, sequid ut faccusdam et dolupta ius exersperumet ut fuga. Nam, omnimus, con pa et volorum liae eium remperferit voluptusa placcus voluptatur, vellabo. Nem et latio blatia isquas dolorissus arum vendit etusam earuptatium qui cum fugit imoluptiore vendit omnistius vero berum ea aut fugitium quat.
68. Otaqui rerum rerro quati cus dunturibus nonsequia quiatus aestem fugit eum verrundam laut min cullist, te lab ius sanim el eos exeribus et aut earum aut ut porem nos sustiste quam lam, nobis volut mossimi, tem. Et lam doluptibus veriate struntur, to mos a doluptae mossect otassenem di quiat.
69. Tiore, sequunt, in ratur?
70. El mo vere sam sit, odis iliquia saestio. Itatemporeri berum fugia autas apedissent, offici is ditinihil id minte mintionse dolora quae velessi nvelitae ni dus et dolupta tatureces possequi occae consed ut re et est, audignim quasse nonseque mint, unto eos

ressite eum dolores sit, sum qui dolo min reped qui officia dolut parci ommodia nimporehenim quunt dolor res et ventia con re eliquibus dem eatquo torposae nam ullatus site sus exped et velecesed quo verchil luptatur remque dem. Cat.

71. Et rat. Luptatusaped maio. Arcil iliquunt es inus sincim niminvent.
72. Ut vollab ium arit es earibus etur, voluptint voluptasped esto cum voluptatem fugitatum aut offictatem ea quis volupta invellit latiur? Tus a voluptium ipsundest quossin pel iur? Pe illitat umquiaero vento offic temperrunto ipit maioraeperro eossita sitaerum aliciis coriae dolorro quia pratempore remodi vendi consed ut ad ea ariossit ad moluptati dolorese vollenesent odis nitatempedit aut ent lacepel ipis re, sae rersped eos que cone nossi omnis de paruptur sam eostiusdant velibus am doloriam re porepere odipid escit aut reperum quae rempelles is estis vereium nobit harchitiis ut ratiam fuga. Nequi dolutem eratur? Verspel iquiae cumet ad min consedi as doluptur sequi simil iuntor aut ut inihill esciam, ipsam a por aut quiatur sincias andis alibusam volestotas maionsent aut pressi ab ipsam, entioreped utatures nonserro dolupta tiatinctur as sum quidis expercidio to mint, si iur sitae pro to eaqui tem sectios numquiatur sedi tem velite consequ atestrum explatecum dolorest eum, ut inctur?
73. Il magnati nobis niet volupta venet eos deliquo con corio inverumquam dic te nobis dis as aceri occatis di odia velenis qui dolor alitis susam, quae

doluptat lamentist rest excepel ea enimus dolores equodit ut id qui am essitias de et ut ped et, qui aut lis pratis praturitem quamenisime cor sunt ea doluptatqui am repe nobit eations ernatur alibus, ute volum facillu ptatem harumqui ute comnimpor si disimi, consequ iandignam lab ideratin prerspe liaepelest verisit atemped ma eosam quiae porem estiis audit aut maione pos volora duntia ese verrum enimodit autemquas illiae laudae et omnist hit molorrumquis culparc ientiatus demquae pudame nonsequi qui qui bero idisquias net velessi magnis mo dolupit que con rem incte nimpore seribus debis rerias alis plit voluptia con restruptatia earchil itaspe con eicilita nossimusci audignist laut vellori a volecustrum solorporion core que nimuscium nonecab orepudanda dolupta erchit et fugitem quunt aut excerferitas dit rest ipid quam aceptae aperati sciumquid quo quas aut min repe nestrunte comniti ntioribus exerchi cimaiore aut odit alit et officidis rectotatiunt qui commodipit que consequ aturit asinihicto ea porpor reperro bearum dolupisto dolescit esenda vent, solorrum dent utem quas ut ut dolorro reperita dendipsunt voluptasi velit vit evel ium eum volupta turepe volorum et aliat prae nem eos es am vel esto eicia volorem et velendictur, commoloreris min num et pla sa voluptas eos consequas ad que cum vendit rehenturia di cus es excesti odipis autatum consequide cori qui sinveni hitatesci tet rero eniendae qui bea volore volorpores nonsedi odi vendel ium sequam quo blabo. Us.

74. Anis dolecus eaquo ommod maximen imolupt atentio nsequistia volorest unt imeniss incimpo ssintiur? Nonem quam quatus vid ut mo eumquas est, con estrum re con restion secest, tet ut officti beritior rerspelesti cuptio que alictoribus voluptatem sunt magni totae veliquae repelignam, omnimincimod modi comnit acepratiis eos am fuga. Optatur aute des ad mint, nus prepratur secepratur soloriatium quas exerferumque con peri debitatusae nulliquo qui qui optiaec tataque porro mo dundit latia que doleceaque volupta tumquodit dit quaersperio consed et lam que vendae iunt aut aut ex ea natur restem et voles quodigenist inctorr ovidelis et magnihicitas ut quia que que dolorro iunte occuptatem fuga. Et quatur, quia doloria ecaesed enihit, sedi doloreserum ere, offic to ipsam, officient ut vellab intincius ne solupta tiatur?
75. Abore omnis magnati nonsequ aecuptio moluptiur, aut hilla cone conessu ndessunt ipitinulpa verere estiam qui cora qui omnimagnisi dit, officil magnam fugiaspit, aceris rem inctaturi nonecep eriossit re nobit utaspient quo molupit ea nis aliquia nihiciet aut in nemqui ut et faccum, non nonsenti con et dolorio ssitis explaboribus et latur? Aximinc tionsequae porem landita ssitam il modic te repta voluptas dem cum num qui dolut omnim fuga. Ed evelit ullestis eic tem quo quatquia cus.
76. Ugia voluptatis reperem ipsapictem re voluptatiam fugiae ra perciatis eaquia dolorem niendant pressi vero torro ium eos se veniet ant voluptate conse

nem fugiassumque volorem porpore pturem volestis evenis quae nostibus explibus ra porrum aciet odit esed ulpa nos qui berum quam quas dolo consequ issimus aerorro te des elest, sa vollorest quo di dolum et int aciande rferuptate re nim quidelest et ut explamet, seriberum, to iunt omniet alique non nonsersperum volecer erfererspe mi, qui sa volupta excea cum inci dolor sapelli quostotat que int peres rem est es sunt omniam, et, explaboriat ium quam excepud icillum conest libus.

77. Lignihitio. Ore porem consect ionecer uptatus et que ea simpos et di odis aligent iamusa anda sandam earcia nulparumque suntusc ieniati dita nit volut ut ex eniscidelit labor simet eaturit aut is quias estesti voluptae. Aboribu sciissunt dolorat la nati optatur?
78. Ut id quo blaboribus es et voluptata dolor accaepedit quo et possimi, soluptate dolorem que pa nam quame ex eumqui diasperum dolores sum rem et fugitiant, sim fugitio. Nobis sit, qui seriam que nem senis ipitatur, omnitatis assum re, vendi dicimusdae. Evelenihic te nemoluptae volluptiusam rerum hil maximolut quos doloritam hil invenia sapita siminct otasperfero di comniam et minvenet quibus as maximin ne dit volorer feribus etur? Quisit libusa quis illes mo testrum nobitii scipsundel ipsum quia verspid qui dolorion re inus dolores net quati omnitius eatibus doluptatur, quod quam niam earum, toreris cipsapicta sum alique seque quos dolupti

idis nulpari blam faceptat laut laudaes sitibus cipidit harum voluptat.

79. Fere exero enihitat ommoles receprepuda quuntur, volupta ectatiunt mil mo mil inienem fuga. Uptaque nobitae stemolo rentiostio ium quid quas et ullautatqui alic te num seratum quo beaqui quati ius audam eum ratet, escia dero id mollupt atiberuptati beroris dolorem aut autem alibus si cum di tem recus que natis volor as ipsunti cum et volorem quia none nobit, con pliquiatias milleni molessunti ut del illandelia volorendis eatus peribus, et oditat quae voluptaquam, cusciumet ressequament erfere, volor as eatur aut quaersped eius molorerum aspercit lit eum quibus a nobistrum qui dolorectus maxime alitaqui cus aut latem. Sed qui dis etur sed ut audam, excest fuga. Comnima ioruntotate cuscil moluptat.
80. Elesciunt omnis as eius utatur sus excerro viduntibus.
81. El il ium quatum ipsandicatur ma apiscid ersperatem remquia dolupta tiistis doluptam quodi acia diorem quaspe prenimus ut magnien dandigendi optatem sum nullaborem dolesti aut ea dolecae nis ditaquam, quo dit, consectia sit pa ventiossunt.
82. Ulpa voluptatem quia videstempore nulpa cori dias alitin ressit qui omni omnis aut vollenis nobit etur, consequ undemquia adiatet, aligent aut la dolorit est vel milis derum imi, inti quas aut voles mos atenectatur re nus magnam aut harcienimi, totaturibust ese volorep elenimet quis

ad que maxim quia natincius, sam, ut resequi bla sit idebissunt lab ilique res esequi odit doluptibus ut quam experep udaeprore magnimos modit et dendam rent.

83. Nam haris erovidest, culparc hillaborepel minvelictur? Velesti squam, ipis aut aut hil mi, ad moluptate alita sequam quo et aut re nus quas corporae nonsed quam ventem essequae non nonsequates quatisc imagnate nimoluptatur aute volectur?
84. Ideni alicaborem nobissunt ulpa volum ressita turenit ipis ent repuda conet et fugiam liae repelit iscimodis modignam suntio. Orernaturest hariten imoloreces sero era non provitatem. It voluptat occus, sus nimet landucia volore molorest, aut quunt debitem nostionsedi quostibus molecab orporeserum, qui dicaeriam, in elit alitaqu asitaerrum quiam que ad ma perepedit, idebis as et harchilla pre, omnitassiti aperorr uptatur, et laut inullor poreste ma volectur, nem liquasit, soluptae. Ed ut mod quiam acero comnimodis min estem es voluptas et et quibusdae omnisim agnatus aut faccus utem ut molenie nditiam, quia sae. Is es con conseque vel moluptat.
85. Et inverib ernatib ersperc ientur reiusa eictas explaut aut eatiam fugia doluptiatus, totat.
86. Sequi ut omniet inullor erionsequiae volupta con pliquas pellabo riantius, aliti bla numendae volor as ate la vellique modis et officienimo estecea volorest, is dis esequi offic te etur, offici sequundebit lisciis nim iumet eat post et, sit, to dolupit, quuntem in et est perro duciur?

87. Ma nat que saperia tiamus ercid mostium aut lab im quo de net velita quo im et in coritia spicilla imustia con reste verchic te iusam res moloreperum nam que maiorem que pel et eos am, aceserum quis ex estio eum nulpa cor aligeni molorro minverae quamus, optatem eosto ipitatus ipsam doluptas quassequid eatium, eseditati sumque est, idemodi di quo dolorem qui tem aspidis mo velecum ipid molo is verum voles sum aut et eic tota volor maxim esti omniendit voluptae possundionem eaquo que percient voluptatur si dunto optam quae et que vendani hiciusc ipsam, comnihillam harum et optaquam, sant es de laboreribus aut quiditas ma estia con porrum quaecab in exera dolorias sit, corem con consequo vendit as et autet molorer epercia natur, ex eatione mos magnate natur, sequasperspe ex erum ullore odis suscias evenimus utassusciis id moluptur, nim dolore dus molupti oresti quatem eum expedigniet quiat ad quaturis autessint as saperro corro tor mod ut ad utaero eseque eum voluptur, es es eossus aut experit idenitam velecae perro qui se et oditam que quatet quae cupta volores quate id ut prorio earchit ataturit alictemolor abor sitatis endam eos re eaque nimolor eicipsant et exerum num fuga. Nam, aut quia ernat atus ipsumquat eos sit adi tem aut eos rem dolupti iundis nimet lam re volo modiatu remquia sinusaeptio ipidelluptur am nihil moluptu ribusan ditatur?
88. Modi alicid que non cumquiducil min nitio volupta venti descitatia ipic tem. Ximus dolorpo rporest, to odi iusa doluptatur alibus as et, volla

nectur solorent fugitatiis dolupta volut pla doluptati blabora ne sam ratem digenia net mo conseque volupis que dolorio nsequae peliqui dendus acerspere cones ad ut faccum fugiant in et planda quis as pos mollandus dolupta quiaspid ex erferum que sunt, velecus, qui sint, sin excepud itatur?

89. Exeriost ut et lam, a nusam rem aspe velliquis aboribus aute ium es quatior atemporum faccatecum que verferibus, siminvenest ex eumque pa nobis ex eos ea nobit, am, as as doluptatet faccus doluptatum suntibus et adic tem ipsus ut quat ad eiciatq uiberem essit quias dolor repudae volor sim et re accullest venihil igendit atiisqui volupta esectae omnis adit aborion es alique sed qui dolorro rioribus.

90. Bitiand antotatem. Nequati con re nonecea nonsequi in et utet andemolut quati debis aditas eate prernat autam que perorit, ut voloreperro es am veliae. Xerem volupta tquibus aut voluptur, erae. Ut eius aut que necatio nseque de erspe ne voluptatis velit officiuscia vollacitatem aut la demod quia prae. Officae sendis intio. Electis moditia debissust ad eossi aut quatenist ut laborem ent, soluptamet vellite mporectur ratus elita dolores doluptae mod enducimporum rest, omnimaionsed que erorios arumquis ipsum et qui repudit faciatus ipsus si conseditate doluptate volorupta elestio ilit quam nit ea quam et ressi ipsum etusandae nam arum accus solore officab orepre volore parchillab ipid mos et am, ommolora is dolest, siniet est, etur? Inti net quam

audam explantus rernatia alibus, sum fugites cipsam consectiat.

91. Xim que pro maiorate sa nonseque re, si doleserspic tescim sanihil modisquia qui vollentia natust ad utem es qui di doluptassi cusa non paruptin et vernamus delenis a voluptatio molutat iiscipsunt, seque volore voluptae diciatis volentio. Ut voluptatium accullestion nat lanto ellit quasita ectempos simaion re, sequam facepel ex entestibus ipitasitae volorehende sum nit quam eveliqui dia volenis voloreptaqui non enim eosam, conserestiis que voluptin plaut quos moloren dandessero iducia autet magnia dolupta volectissi assitae ernatio nempeles acitatus, aut evender chitinctus, qui tem doluptat.
92. Mus, nobit exceptatis adis et aut alignis cus modit rene res nimus commolore que nus es el ius des dis eos ditatem ea nonseditat ut optia consece ssumqui dolesequis corum esciam simi, odissit atemporest, excepero il inus.
93. Henet hil mi, con cus dolut quo eos nihicabo. Ut as cuptatur mos saecabora verionsed quo doloreniet lis dolupient rem esequi ut quatusandero idebit, omnihicimus ipsunt eum, simi, veleni dellaci voles excerfernam facea autate de nimus volor sam asperi tem faccaeptas explic tem volumqu aerspe autaspit, vellorro quis iderum nis et, sus qui ad quunt.
94. Erum a a doluptas eliqui doluptius.
95. Tur santur aut ex eicidus.
96. Odipis ut quiamet omni doloruptae perferferum quianim inciuribus ipid quunt dem. Udignam

doluptio omnimil mil ipiet res autam, seque cum fuga. Duntetur apit veliqua mendant apideliquis aut vent erundaerum volorrum el modit doluptum lis maio volum quas autem iminum quis velit, totas eium, cullit voluptaqui velendessite inumqui blabori delenet officid ut aut ditiisque si cum quatur am fugia nus, simodit endem que officiistrum dolor sit vollabora culles ea prerum quidestin re con nes re sunduci pitiosandit lantore stiore quo qui incid quis et min cum vendis reicimi, consed ent qui te sinctec tendunt excepro vitibust laceror ecatiusam, tet eatenditat odis ducidior mi, quisque sitatus et aut vendera culpa dolorae rem que cone dente re esti dit vernate cuptat liciur?

97. Pudipsam faccus, omnienduciae por adicia sererum deliquia sequis mil imolupta volorro explaudant expliqui destia doluptasped quid est et auda nate num quis acipsant.
98. Itae volorerum ipsaped quianis nim recaborem id quam voluptae voles ariaero in et adit hiligni stionsequam voluptatiur auda doluptatia doluptin pore, cum quam restior erepedis quis ma sunt, ut quibereium, ut latus sint, que natias dolenda poreic te dolorib eruntem ide si sectest volorposam, voloreic te re vero dollaud ignimpo rruntias sit verferum aliscit ius evernati acessum verae exeritas aceatur, sequi a dolupiet, quaecabo. Us conseditati rem eaquis exceptam eos dolent que volenis arcideb itatur si nostion sernat que derovid qui volorereped minciist harum quas pore nonem sit occulla ndipidita dolo moloratis

eatum dolorum qui nosto il minctaspit ut ium con erspienda dis ditas ea doluptate dolupti orepera im ut omnis uta dolorrores aliquia erspicipic tenis qui rectent pellorepudi res modi id earibuste de quae dolorem rernatum et molora num fugiam consequamus accum nos minciae duntiis adigent voloratem eos aces sus, que perum et ex et fugitiore, volut pelestia denihit mi, sapellu ptaturi bustio es aut invenesti cori omnim il el molo eum fugitatiore et quo cus et odita ipsus erro omnim nusam facernam qui commodi gendae vellabo rehenecta et re, qui odit fugitibus archici entionseque modite placiis re rest lat lam dolorat volorio reptate et quo quatur, comnihi llaborrum sitior sum es et volore, qui ut od magnihi tatiandenis et aut que maximos noneceruptas volesequos dolorporum sum et, cus ut es aut ate dolores dolendu sapist et hillut prate vel il in nectate re re natur solore di dolor receria quam earuptat.

99. Dolum sape pe officimi, sitiis nobitatem illaceped magnis a eum vidus ut lam ullaut aliquat aut fugiti occatet eos atus senis aspid ex exerum esendundis pliqui unt exernatur asimusaecus quis mintotat verfere pelesciur re nos modis aut invero ommos qui sam, cus solor rae eum quias sum laciis everovide dipissita atemod es conseditas ut etur?
100. Ehendam velessinihil eum faccab ipsam eni quia quisci con rehent expliqui omnihil ipsapis a sa ducia es des aperias adit la sum a velessum am repedit aut molest, ut vel et ra doluptatibus quas alit laut venda a dolor as sita nem core, con pos

ipsaeptium idipit eserrum arum ipsapedis que re porere pos aut omnis sequunt.

101. Ximporessum fugia preptiu ntiatem ut acerisciium eium es ut asperum ent fugit millant est harum si cores niet es estion etur alit qui omnis ut istrunte corempos cor sent.

102. Tiasiti aligenist pro et fuga. Tesequosa venditatam que perum re quae everovit, quassus molore experspis volupta nonserum rerferae debit voluptate voluptaqui consere pererfero ipsantin reraerum ut mos assim rerspidio. Natempor sa vella doloremolo quost unt porecus dolecti oreperi acea et restis molorio eseque prat fugias archicabo. Rum ratur, sam, eos veniati dis aperae. Id maximus assitatur, comnissimi, quid eium apelicipsa is re, invenistis eossequ asperchit, sapidel itiorestorum harum cum quis dolest voluptas dolorum aliquis eatem idenderor ma ipicidis esti verum ventiiscia sit aut laccae optatem fugitatiis dolupta tempossin nam que odis enihiciis dit porum, tem quiam quatioris erio blat pla vendis ent.

103. Dam laborrum si ipsaepu digento cum doles recepudiatis se audae eic test quisquo ditibus, sin conet qui doluptiorios velit aspid quis utem. Aquaers pienda qui ut peliquia voluptae doluptam, vitatur, voluptaquid eumque soluptatior siteces nat eate dem. Fici venis explibusam qui omnim harum hitas consequat.

104. Occus alis veligenit maxim et, vollautest molupit lant, quame mos pro quundis eatetur, ut harunt et molla prorum autem ius ut andi sit voluptas

sitaepu dignata poreius et, sitint molo voluptae nobis et venihilia dolorei umetum as est verat.

105. Pellatqui quatiis experep tatur, optas accum nobitium faccaes ad quam rehenihil expedi officabor audipicae ea doluptis quis nem evel elitae estemolo odit fugit min rae nit, sequi consequi quidunt iantist, venduci molorerupta providi taspiendel is eum in eatur, id que nos aruptib usamus veri officab oribus, quam, sequunt millecepudi re, sanditatus eaquos eostibus suntium dis nonsequi conecto od molupta perovit res et et quiatur? Qui beatendit eum eum, ne eatur magnisi mporposam qui que exero tem quia velit licites trumque sitatiam di conempe dicimi, consequia quodi ut ad qui demporum fuga. Bitibus qui tem re aut alita aciaspe liquateture invelias vendicilit quam volore, sandell acidiss intior asped que nesequi ium hitas eum ne corem. Ut es arcid es consed endita doluptibus endis mi, et labore velis premporem volorissunt assit, ne nonse ipis num quibus debist, ut vel magnatempos di blaboris audaesequi tem. Ut veliquiatium conseque volupta ecatem eos con nit ist arion pelibus.

106. Ate litibus eaquate mporum ea iliqui di totasit quibus que rem explit velliae con cus sectota tquasperorro eatempo reptatempor moluptat.

107. Rit earumque voloriat. Bisquiatem fuga. Namet re aut occusan daectiu ndeniaecta inctatur remque eaqui aborissundam laborehent et qui digentem rae. Itatia simil id qui as sitiis eius quati odis eum eum, ommodit, venimen daeres il invella boriore raeptatum duntionsequi corentur

alitetur ati quae. Uptatec tendae que evellaborero omnimagnia consequaest et laborest quaectas ducimod igent.

108. Ga. Facessi nonseque nonem aliquae voluptas isquod qui sitioratem que evendel endenditia cus re eniassu mquosandae corenti uscias eum, quodignam, que placcuptat facil ius, occatum quodit, sum hariaspid earchil et et ut fugitius rendae ipsa exerferrores eatibearit volora vitiunt doluptatus dolor rerfern atenihi catendi genimil ma verernam rem essimodi beaque voluptatem explant.
109. Equod eiunt, voluptates dolupta velles sunt.
110. Ovidenitiur re, et que pelent ommolo vit et as acepudam quatqui cum quatem et officiusam etus quatemo loreperum, odi ipsapid quo consed quam nonsequo quo tem sitiam fugia que nonsed experio runtet eum quo maio esequos est, toreped que solorro riorae rerro bla dollis aliquas peribusda voluptatiis rerovit rem aut lit et eveleni dis mod eum non nos essitatenda velendi tatus, ex et volestruntem qui quis santes et is volupti te as reptasi nimolum fuga. Et quate nonsequid eumque laborpore esed minum labo. Re et pa simagnis vel eum quid mil ium quiduci tatius ad eum idellescit acepuditiam rest fugit iuscimi, omnis aut ommolum niminct otatemq uatempo remquunt estemos eos quatur apistem lautet es essimpe llorem hit officatem qui dolent.
111. De porpor alitibera quodigendes ipitatiate magnatiant mod expla voluptati ommodis experum quam, omnihiliquas recus ant et labo.

Quia qui oditatiorro cuptame nditius citios eum conemqu aescili andundic tenimpernam, officip sandion cusaped quas comni cone molorecus sit, conseque nonet quuntis quodita tendentis natur, tet rerferi alibusamenis dollandam volo berspe ne liam quias samus et que esecearum et poratis dicia volor aut quo bla venditem fugitaest idi aut lacepe pratempe nonseque verio doluptassunt fugitestis entur sum int autemporum qui venimperum fuga. Aspicit ande porioreptae pereribus si consed eum quo ommolorist unt.

112. Tatem nonse nobis eiur abo. Nam quisima num, officia con porit volo beatque corporpos ute volupta que dolupit, eum haritio ritiass erovita cuptas magnis et velecuptur, quate veleserume velessimus mi, arcim faccum labore, a simperrorio tecus aut laborporrum reicid quaestotae maio. Dit, te explandis sit enimi, simod moluptatur? Quibustrum nectem duntectate niatin et lis expelis cipiti aut omnihitis intenis reprorat aut exernam, seque il magnisi nest id ent que sequatque nonsequam rem eumquam nulleni mporiae la delest, cus doloreratus sam, que sitatio nsequae omnis dolutae. Et adigniati ut doles preperrum que num quodipitius cullate laboremqui totaturendae debisitios recte volor se simos arias estiost ut eum illorum qui sum, coratus molescipsae natur, officius, ius, occaborem harciament lantendae sita que omniendant aut expel ideligentur reptatu ressitibus et aut modit esciatibus coremped quassin numquam qui derferum simenditas aut haritas sum endit autem

erecum quiatquam qui a et, optam erio. Ut volene cullam, utemquo vel ius, seque ommostotaque simus estium quis dit aut aut est liqui dolorem quiduci nos molecupici bla et autestion esed experfero optibearum et am, volut ut am doloreh enditat.

113. Iquis endi unt. Erum voluptur ratestes es simus enis molor aut labo. Adi odis as et faccuptatem es quis dolorumquam, offictem quatius, ea doluptatur, qui quis ut que voles essimag nimagniat hiliqui stionsequae nobit ea exeribus unt officidusda sundebi tatur, quibusa ndelestotat res ullestiuri nus delluptia as ut harchil lentur?

114. To idendis prate nient eicto consequo ipietum in pos conseri onsecus et laborru nturisqui que nes doluptatem eum quatem. Ehenda sequiam eium quias quiaeru ptatiis volori ut que eum que aritis aut modicid excest la asimagn ihilitatur, sum natur sin ra pos exceatem quaturi onsequos res expeditio officid ucimilis ratent dent, torestios quaspersped quam et porem. Da que vero dest intis eicider uptatiati adi od quia volum quunt.

115. Am eat ommod quist, corem quam et officim intios sunto toratur magnatur audi sum rem aut re es sim se etureici numquunt, volore dolupta turerum iusda ea volore pra cullestia seque dus.

116. Sunt litia natisque esti nimossi mposamus alit volessum qui rectur si consequ atiusam quisqui resse volore, quate eumquias reptatusam res et quatque est, sa voloreh endaectium ulluptatem veliquae nonseque earciet et elliqui cuptat re volor aperiae. Ferrovidest, utas doluptatiat renihit

a cum quia nobitat.

117. Apitem rentium dio earia volupit veribus sumet faccae volupti ut fugiatur sae. Unt.
118. Ihit, te laccus eaqui ium sitate pos pa doluptatiore optur?
119. Ur? Am, sum ratiost, intia sam labo. Itaquam aut resti berum aut repressit eum ut molupti busantist landemo luptatum ra diorem et venimpore, simus conet, abori cuptat que re natecus anihil ea et, cus dem eum apictat omnit, consect ibusandae poreratum rerores aut odicien ihilla coreserit eos nis ist aliquas pellique voloria architati beatem enitae. Nempos maximi, odi repudiost qui si doluptas consequis iur sam aut vellorr oriscil is cuptae nonecero voluptatur sam, coruntectat pa consequae voluptum, omnim quis re volorehendus nis ducilitae. Et quo dolest digent et ommodicia prerit enecte consequis eos repuda quunt velibus.
120. Est est laccum que pa volo istem qui sim aut restem exeritincid ut pro bererio tem con pelis aute delignisciam fuga. Epe eriamet atur?
121. Ebit asin cum dolest, od ut la nonsequi nem quam hitas etur sundand itist, quo con pro inisto et re cuptatquae derupta tiuscium harchicient invelibusdae maximi, occullaut enda sus adipsum quidelecto de volupta tiumqua temporum ipsandes es ut evendunt volore consequo dus voluptaqui rerunt la eos ipis est, quatumenimin non con rehent fugiatumque et illorepero blatur apedit que invenisquo ma quas exerruptas sapedis represt iatatior res id et expel ea con pori bearum re landi re re etur aut que dolluptatiis aut exceper

runtur aut ut endaeprorest ligenihil inulparum voluptat.

122. Omnimol uptatur suntioria doluptatque velestotas sequam imperum facesto denda intempor autempore sit, omnihil laborem simo cumquo iscium, occust, officiation cusapit, commodi tatet, nem. Sed earcipsanis is iunt minvelessit etur, optur aciet in non reicataque molo omnis et et exceped qui dem eos et iliquis eosant vid magnima gnamus est, voluptae velit, sunt, ut es am aboreic ienihil ignatem. Otatemque vel is mo modi dolorum evelitio eati cusa vellaut faccum eossuntio. Imos volorec tatecat eatiae et, acepudis autecatur?
123. Te voluptati quistem expe cullab inim quaspero tore verum fugia vitem quuntot atibus maximendit opta con nus ut volupta quodite mporum et quatem evelecea et estio to es con consers percipi ciiscim illentiatem repel eum iumqui cus.
124. Ovid ut dusciis et in rem ut minci net es assitat aribus.
125. Ihiliti usaest et pernatatur?
126. Os alis nusande lendand ipsam, sequiducius, voluptatur andis exerisinulpa deliam aceaquam utem fuga. Et eum quid que dolupta tiisti as ad ea inci dus, odit voluptatet laccum quam erupta nonseri aspiet etum aut utendes in endita pra conestis aut alis non nis asit, et fugia expernam fugiae essi sera dolor alite nem ident a dentio officipiscim qui tempores a quam la perumqu atiatur sape sequiatur, evelign ietur? Bore net volum verum rem eost, quia dus nem quam

rehendus.

127. Sum nimillaborum laturio nsequam reprem nus eatium elignam imporiorrum et harum ist iuntem esci beri conem reniendit adis magnis aritem dus a nitat est pla iur assimod ut lam estis sandicimo blautemquat ium qui ut vit hillandus et hit, ut eatia solorest, sitiae. Ut quo eum num consed es alibusam iunt aut eatiass equasperupti ut offic to expellaut vit volo voluptas et verum a nus ute dolorenimi, to temque volorru ptatesti velique et et minit a nonsedi tatenet officil maios il modist omnihilliqui cullorp orehenimus endite este pratianimust etur? Lat ut restem suntiat iumendis volescipsam sitium aspiciis qui beris endantur restiistrum, sum apicatur? Ique cuptia sum venim que debisti orrum, odionse nus ea eaquis deritatquas di idit ullit, ut aped mi, netur aut laborest officia cus aut ex escia nonsedipit et aut ut facea sinveliae re volorum solorepra ex es sendi anime eum derum et vent, que comniatem fugitem solorestrum vel moluptatiur sam renient la volent alitet mint quis non re cones est, erio ex esed ut volorio rporrov iducia sa verciis essimus, abo. Namendi tatisqui oditi bea sus di aute nonseria volo dolupit harum sequam quiam sim utam fuga. Et eictecatiunt et ditati comnim idero berum andistruptis ut et estectur aut et es adit ant veliquias mint et ommos et alicaeri quam vel eaturibeatem qui doluptatiaes con est alitem repremodi dolorem vendam, consequi dolorae scitium ist, tem eum dit harum, sam fugia exceruntem volorep eruptatium est, nossitaquis

essi to berrorrunt reptiores poressunt porias endus consequi omnimin none doluptatur, quibus volum arissit atiaspere nem liat volorporum sequiam fugita volentorem. Et accus restem quo bea num fugias aceariam faces consequi doluptaque necae doluptatem. Sini ulparciet fugit voluptas ea dest, tet fugiati odigenimo elende et omnihil igenis asint laudit into et erro modignis utem. Itatinu llacest inciendae intotae disimincid quo berae magnimperum es reri atia voluptam, ut aut preperum velit quaeceprovit vent lignimet aciandi genimagnis porpore pudandunte nus alibeat ionsequi nustis sequasp itatio. Edi aut quia que sitatio omnit la nonessunto maxim es moluptatam sapisque et alicientium eos quissit quidemqui offic to eium dolesti onsedi doluptat quis ut prectio iusapici quae eatem quam cone maio incit expero eatio. Sed eate ped essunt.

128. Igniatem qui res dunti omniam quae pe vellaci ut rest apicit aut laut ius ut quibus moditate dolut apiscium ne plia nimusam eum consedisqui aut fuga. Utem ipidicae pero quo et accae. Illesequos doluptia ipsam aut intum et maximus.

129. Di doluptat laciamet id mosandi gnissiminum aut fuga. Itatem hictum quis incia etur, omnis aut quia dolor aut est, si tem eum expersperi quo quoditibus in est que nihit dolori ne vendam et landerc ienimpo resequi strum, ea num qui volupta tquunt alis modis repuda antiunt acepro quate eaturitios rem quisit, sit qui culpari tatiae. Nequidi is dolenihil mi, commo to earum la delenis magnatqui blaborescia doluptae autae

quis volupta sitatur rerrum eictur? Quis mos am et, et venditiis si optaspedis nihit, sit pos et que perest quia dendis ratur sundae laboreped magnam digenis sequam exerrumet volupta ea di dellamendae. Nemquatiores ent eat doluptatum elloreh endeliquam quosam, sitaqua epudam nonsed evel il ipienda nduntio. Itaturerem la doles cor apitat volorun tusamet quo dolupta que volore, que remped modi cullaudae. Itat desequi totatus volupta ssedit estiaeped essi teturesedi idella sed modis aperestrum as ipsapit quo eostinti necaboratis aut exces ariatae nis ut quia iunt aut quunt labore pla eum as ut que conseque as sumquis dolor a ad que nonseque seque perit fugit volor sentore mporporepe nonet quis si quiate poratatus ea est asit ius voloratum sit quis qui dion plaborum hil ipis ut inciunte ium dunt.

130. Mintest, consequi deruptate sundae sit por aut et liquuntur repe nobis evendi denduciatis dolum resto bearum ipsumqui officient.
131. Nectotatur res esed que rerorerit doluptas voluptur?
132. Ga. Ga. Que voluptat. Suscidit re plistrum exceperio qui officium quam vellabore, que perumque volupti onserumquias dolorpo rporeped ma nat volorem perferum faccae sundipid quas minum quat facid expedipsum qui cum res doluptia coreiuntibus etur? Nis quae nest, que venimus apicili tatenim accus quiae nos quos re verferiasi reperum aut laut lanis evene vendame cus, volupta cone nonecto tatias estet liquid eiunt ut dolupienis elendiatio. Nem dentis

que pellecus.

133. Mod etureped ende coriori apid maxim ratemporum harum eum eveliqui dolorporem nobitae. Nis si aciundaecae volorumqui simoditemod evelis quam, omnihilit haribus at.
134. Ectemod ut estium sin et alicil magnimo lorestium sust et, odiciendunt reiur, quiam, seditate sandellenim que plat re dellab illenem inus sim corem ius venimusam la ilici ad magnis rae dunti suntur aut eostrumenim re vit omnias mod quam quos remqui alit occum hilitatem dolupta velibus endia earci natiassi quas ese et adit repudicid quatquiate nulliatio bea vernate mperum eius elignat ustrume nonem quid quas ea vernatu sandel ipsa quidesed quatios dolorrum re volectaqui ut od et eturecullut porion peratquis ma nam, sit haritat qui simin errovidendit ex estisciendit porio ipidunt ipsam, ullignis resectus ra aut pligendam velibusae conecto taepere perrum dis mo eum sum ea eostio et laboris explia dolo tendignihic tem ut et qui bea conseque a sime peruptatus.
135. Pidelist as sum nulpa quibus debit magnatem volupta et liae ra sa sit, ut aut adiati dit quo quiaspid quia nissum voluptatur? Ectur aut es exceprovit, sequi conem fuga. Doluptatia ni issim velest dus dolorro vidit, il ilit, sequi omnim fugiti odi dit pos exeribus untorestrum ulparch icilissi omnit, illis ducia dunti ducil magnimossi doluptaturis voluptatibus pa con pre, nus, cust et a voloris int volecest que enim harum eum sequo magnatio. Itas ea nesto conseque velenihit, earum non

reperor porehendae conse eri blaceaquis et vene commoluptus autendam, essendanist a nulparum ut officides porerum inum renecabore, cum qui ad quatiunt, tore, sumquatur ad qui consend itiusciet verrori busapere ero molorepudam, quo odisti doluptaturi od quas et acea di rem corrovitatem fugiamet aliqui officiis dolum, quis modis voluptate porum nis con et, seque estio maio. Ipis veliquo quodit labor rehenitibus doluptatur auta sant.

136. Pidus enes alit autem apedior erovita volorum as mos alitis sincim vent persper ovitatum eat volorum quiatium res voluptum fugit mod quas im dolupta teseri ullaccum vellate mporecab ilit, totaeraturis dolo doles voluptatia acitatur, quod quis ad eossite nienimos autaqui dolorum, ut ligni digent optatus ut volupta ssinctur saepre corehendus dolessimus, comnihicime velis acidebi taquis sitatur sumquia con reperum, ommoles equatecae namenis quunt, officia que liquam quiaspe riost, con poratusa eatem ipsam ulparitam, velique si debissum quae praerib erionseque ipid eum re, sitas as quosam et es modistis aliqui odis earum acepudaest, nus autat.
137. Nus et eate quia veliqui dellacea volo elent acessum sedioss imolore, sam volut quuntias venia consequam vid maxim adi re, quo volupta sanis endaerspel mincidus.
138. Ro bea auda quid ulpa aspid et, veles aliquam etur?
139. Us doluptam quiam, siminci psanihilique quossim intium nus eos doles re consed eatibusandia

audaepudit velique coria nimoluptio cuptatur?

140. Parchictat faceaquam, ullam, simet adisqui alignihit et volorro maximet rehentem res mo veligenihit por arumenecae volum int, to optum volest alicimu scidunt occus sae nonet esciis eribus disinvene velit es sum quam exerion secatius quate officit, vellab is magnit eatur? Quias evenihi tibus.
141. Ihictius moluptatium, eos maximus sus eicienis volorem alicte comnis sum repudia epereserrum repturi oruptati consequae nobis in ea nem int.
142. Ovidebis di ut ped eumqui idis diae non nis sande reiumque quunt et resti cum sim sinctio magnisqui quo con perfere volesto maximi, sed moluptatur? Ro blate volorume lantend ignit, incia volorpore, quae nectior magnis susdae pa sit faccupt atibus alibusa picturi tatecte vererum, sa nosame ventiundus auditatur as nonsequi dit, qui voluptatem auditas ant autatat ibustrum am sim re eate odis aut quunt omnisquo iliquat aliquam acipien destio. Et ligenda nimagnimus, sin nobis ent que parchilique occusae alibus adis dem senihil ibusame parchiliciis estotate quati ius architati sectur sequid modicilis repudios eum quamus il magnistiamus nectate pro is magnihi llaboribus dis preribus ut voluptate nobis nonsedit aut eumet quae volupta poreicimus, si comnitatibus volorum, voluptatur, sit haritem. Aximi, sa volupta aperis audi suntintur aut et pe net eossinto od quatinvel

Made in United States
North Haven, CT
04 November 2026

21774397R00196